# ビジネス経済学

## 勝ち続ける戦略をいかに策定するか

慶應義塾大学ビジネス・スクール 教授
**大林厚臣**=著

ダイヤモンド社

# はじめに

　本書はビジネスに役立つと思われる、経済学の理論と応用を紹介する。経済学の理論は、事業の分析、財務、戦略立案、マーケティングなど多くの分野で用いられる。本書の内容は主としてビジネスへの応用を想定しているが、非営利の活動や、政策に関わる読者にも参考になるだろう。

　経済学がビジネスの役に立つのは、次のような理由による。まず経済学は、製品やサービスが取引される市場のはたらきをよく説明する。市場は事業に関わる人や企業をつなぐとともに、彼らが事業から得る利益の大小を決めるはたらきを持つ。売手と買手、発注者と受注者、働く者と雇う者は、市場を介して相手を見つける。そして市場における価格は、各人が得る利益の水準を決める。高い価格は売手の利益を増やし、低い価格は買手の利益を増やす。したがって市場のメカニズムを理解することは、事業で高い利益をあげる方法を知ることに通じる。

　事業をする目的は、もちろん利益だけではない。あらゆる経済活動は、最終的に誰かの幸福につながる。だからこそ多くの人が、事業に夢や使命を感じる。しかしその一方で、利益をあげなければ事業を続けられず、夢も使命も実現できなくなってしまう。利益は、事業によって夢や使命を実現するための前提条件とも言えるが、経済学はその前提条件をクリアする方法をよく説明する。

　また経済学は、人と組織の行動、とくにインセンティブ（特定の行動をさせる誘因）の分析に優れている。市場取引から得る利益も重要なインセンティブになるが、そのほかにも、組織内の評価や報酬、法律や契約の条件、社会の制度などによって、働く人の動機づけと生産性が変わる。経済学はそれらのインセンティブと生産性の関係も分析する。

## 経済学を使いこなすために

　経済学の理論の多くは、「条件Aのもとで法則Bが成り立つ」という構造

をもつ。法則が成り立つ前提を明確にすることで、違う前提なら結果は変わるか否かがわかりやすくなる。ある企業の成功や失敗は、他の企業にもあてはまるのか、別の国や別の時代でもあてはまるのか。それは前提の条件を比較することで推測できる。条件が同じならば、同じ法則が成り立つ可能性は高い。しかし条件が違うならば、成功や失敗が繰り返されるとは限らない。成功例とは違うリスクが潜んでいるかも知れない。また反対に、失敗例とは違うチャンスが眠っている可能性もある。

　このような性質から経済学は、業種や国や文化の違いを超えてビジネスを語る共通言語になりうる。そのためにも、法則だけでなく、前提の条件にも注意が必要である。

　たとえば、「規模の経済が強くはたらく産業では、規模で優位をもつほど、ライバルとの競争で有利になる」という理論が成り立つ。半導体やソフトウェアなど、規模の経済が強くはたらく産業で経験を積んだビジネスパーソンにとっては、実感できる法則であろう。しかし注意すべきことは、それが法則として成り立つのは、「規模の経済が強くはたらく産業」という条件下である。どの産業でも長年携わっていると、事業に固有の条件が、当人にとっては当たり前の常識になり、特別な条件と思わなくなる。すると経験で得た法則を、無条件なものと考えるかも知れない。だが無条件に法則を信じると、事業環境が変わったときに、対応を間違える可能性がある。たとえば、技術の変化によって規模の経済が重要でなくなったときや、異なる事業に進出したときなどである。経験にもとづく法則は、それが成り立つ条件に注意しなければならない。同じように経済学の法則も、成り立つ条件に注意が必要である。しかし正しい条件で使えば、経済学の法則は、多くの経験をした者のような知恵を、経験のない者に与えてくれるだろう。

　正しい条件で経済学を使うことの大切さについて、もう1つ例を挙げる。「市場における自由な取引は、社会の利益を最大にする」という法則がある。これが成り立つためには、「市場が適切に機能するための一連の条件が満たされる場合」という条件がつく。一連の条件には、独占にならないこと、不確実性がないこと、売手と買手以外に受益者や費用負担者がいないことなど、多くの条件が含まれる。逆にそれらの条件が満たされないときは、自由な取引が社会の利益を最大にするとは限らない。ときには自由な取引ではなく、

規制など社会のルールや、事業を行う者の倫理や責任ある行動によって、社会の利益を守る必要がある。自由取引のメリットを述べる法則は単純なのに、成り立つ条件は複雑なので、法則だけが独り歩きして、自由取引は万能であるかのような誤解を招くことがある。企業の社会的使命にも関わる法則なので、正しい条件で使わないと、誤用した人や企業は批判されかねない。

### モデルをうまく使う

　経済学は他の学問と同じように、現実を表現するためのモデルを用いる。モデルは本質的な少数の要因だけで表現するほど、簡潔でわかりやすく、幅広くさまざまな問題に応用しやすい。その意味で、良いモデルはシンプルである。本書では、1つの理論やモデルで幅広い事実をカバーできるものを選び、それを丁寧に説明する。数多くの理論を浅く理解するよりも、少数を深く理解して使いこなすほうが、経済学をよりよく応用できると考えるからだ。

　しかし簡潔なモデルで現実を分析する際には注意が必要である。現実のすべてが理論の前提条件に合致するとは限らない。したがって現実と前提条件の違いによる影響が、無視できる程度なのか、無視できないので結論を断定しないのかを、慎重に考える必要がある。慎重に考えないと、重要な要因が考慮から抜け落ちてしまうことがある。検討に含まれない重要な要素の影響は、必要に応じて結論に補足する。そうしないと、簡潔な結論だけが、すべての要素への解答であるかのような誤解を招いてしまう。客観的な条件にも注意が必要だが、人間の感情的な反応がモデルに含まれていないこともある。

　本書では紹介する理論について、見落としを起こしやすい注意すべき点についても説明する。慎重に使えば、簡潔な理論ほど、斬新なアイデアと決断を可能にするだろう。

### 本書の構成と要約

　本書は経済学のビジネスへの応用について、市場メカニズムと企業の競争を中心に述べる。

　本書では第1章から第3章にかけて市場メカニズムを検討する。市場のはたらきとともに、企業が市場で利益をあげやすい状況を、体系的に説明する。第4章から第7章では、視点を市場全体から個々の企業に移して、利益をあ

げやすい状況を作るための企業の行動を検討する。市場での競争から利益をあげるための戦略である。戦略を構成する行動や要因にはさまざまなものがあり、それらは相互に関連している。本書ではそれらを次の視点からまとめて、順に検討していく。価格設定、規模とネットワークとプラットフォーム、競争における行動、企業の競争優位とその持続性である。第8章では、企業の競争戦略について事例をもとに検討する。

　第9章では、企業の利益より大きな社会の利益の観点から、市場メカニズムの限界とそれを補う政策について検討する。企業が自社の利益を最大化しようとすれば、基本的に、社会が求めるものを効率的に供給することになる。しかし社会のニーズのなかには、市場メカニズムと企業利益の追求では達成されないものがある。あるいは市場における企業の利益追求が、社会全体の利益を縮小させることさえある。そのような市場メカニズムの限界と、それを補う対策も第9章で扱う。

　では、市場メカニズムの解明から始めよう。

目次

# ビジネス経済学

はじめに　001

# 第1章　取引と市場メカニズム　011

- 1-1　経済活動の本質　012
- 1-2　経済活動の構造　014
- 1-3　取引モデル　016
- 1-4　市場のはたらきのまとめ　025
- 1-5　金銭のメリットとデメリット　026

# 第2章　交渉力と情報　029

- 2-1　交渉力の要因　030
- 2-2　不確実性と取引　041
- 2-3　探索モデル　045
- 2-4　オークションと入札　052
- 2-5　オークションにおける行動の特徴　057
- 2-6　交渉力と情報のまとめ　059

# 第3章　市場の構造と企業の利益　061

- 3-1　需要供給グラフ　062
- 3-2　余剰分析　067
- 3-3　供給曲線と企業の利益　072
- 3-4　独占　078
- 3-5　寡占　084
- 3-6　市場の構造と企業の利益のまとめ　092

## 第4章　価格に関する戦略　095

- 4-1　価格弾力性と価格設定 ……………………………………… 096
- 4-2　価格弾力性の変化 …………………………………………… 102
- 4-3　財の差別化と価格弾力性 …………………………………… 104
- 4-4　価格差別 ……………………………………………………… 106
- 4-5　バンドリング ………………………………………………… 112
- 4-6　市場の細分化と融合 ………………………………………… 118

## 第5章　規模に関する戦略　ネットワークとプラットフォーム　121

- 5-1　規模の経済、ネットワーク外部性、学習曲線効果、
情報集積効果 ………………………………………………… 122
- 5-2　規模のメリットを追う戦略 ………………………………… 129
- 5-3　規模と競争 …………………………………………………… 132
- 5-4　固定費はリスクか参入障壁か ……………………………… 135
- 5-5　補完財 ………………………………………………………… 137
- 5-6　規格 …………………………………………………………… 139
- 5-7　プラットフォーム …………………………………………… 145
- 5-8　範囲の経済と多角化 ………………………………………… 156

## 第6章　競争に関する戦略　159

- 6-1　価格設定 ……………………………………………………… 161
- 6-2　囚人のジレンマとその解決法 ……………………………… 163
- 6-3　差別化戦略 …………………………………………………… 167
- 6-4　スイッチング・コスト ……………………………………… 169
- 6-5　撤退を迫る競争 ……………………………………………… 172
- 6-6　チキンとその解決法 ………………………………………… 174
- 6-7　コスト戦略 …………………………………………………… 176
- 6-8　コミットメント ……………………………………………… 180

## 第7章 企業の競争優位　185

- 7-1　競争優位　186
- 7-2　競争優位の持続性　189
- 7-3　持続的な競争優位の源泉　191
- 7-4　持続的な競争優位の例：トヨタ　197
- 7-5　持続的な競争優位の例：フランスワイン　200
- 7-6　持続的な競争優位の例：コカ・コーラ　203
- 7-7　持続的な競争優位の例：サウスウエスト航空　206
- 7-8　大切なものは目に見えない　212
- Column　百貨店の持続的な競争優位の源泉　215

## 第8章 競争戦略の事例　217

- 8-1　競争戦略　218
- 8-2　任天堂の事例　222
- 8-3　ソニーの事例　235
- 8-4　コンピューター産業の事例　247
- 8-5　コンピューター産業の事例（続）　278

## 第9章 企業の利益と社会の利益　283

- 9-1　市場における自由取引のメリット　284
- 9-2　価格規制と数量規制　287
- 9-3　課税と補助金　292
- 9-4　市場の限界　296
- 9-5　外部性　299
- 9-6　$CO_2$排出権市場　306
- 9-7　自然独占　308
- 9-8　ロードプライシング　310

9-9　公共財 ·················································································· 313
9-10　外部性と公共財の例：環境保護コストの負担 ·················· 316
9-11　各種対策のメリットとデメリット ······································· 320

おわりに　　326
索引　　328

第 1 章

# 取引と市場メカニズム

経済活動は、1社あるいは一個人だけで完結することはなく、多くの企業や人が関わって成立している。分業と生産物の取引は、経済活動の本質的な特徴であり、取引の行われる場が市場である。市場は、財（製品やサービス）を供給する者と利用する者を結びつける、経済活動の結節点である。そして市場で決まる財の価格は、経済活動によって生み出される利益が、売手と買手にそれぞれいくら配分されるかを決めることになる。

　この章では、市場における取引をモデルで表現し、市場のメカニズムを分析する。分析は、取引が成立する条件と、諸要因が価格にどのような影響を与えるかという視点でまとめる。当事者の自由な取引が成立することは、成立しないときに比べて、売手と買手の利益がともに増えることを意味する。そして価格の水準は、彼らの利益に影響を与え、売手と買手の交渉力の強弱を表すものでもある。

　市場にはさまざまな形態がある。競争的な市場は、多数の売手と多数の買手によって構成される。しかし売手と買手が1人だけの相対取引も、市場の特殊な形態である。入札や競りなどのオークションも市場である。さまざまな形態の市場は、通常は別のモデルで説明するが、この章で紹介する取引モデルを使うことで、一貫して比較し理解できるだろう。

　取引モデルによる分析は、まず売手1人対買手1人の取引から始めて、次に1対2のように取引相手を増やしていく。すると代替の取引相手をもつ者は、取引において有利な価格を得やすいことがわかる。売手と買手の人数が十分に増えてN対Nになった状態が、競争的な市場である。N対Nのモデルは、有名な需要供給グラフと同じ外観になる。さまざまな市場を同じモデルで比べることで、それらを連続的に理解できるであろう。

## 1-1 経済活動の本質

　最初に、市場メカニズムを含む、経済活動の本質と構造を簡単にまとめておく。そうすることで、市場のはたらきがよりよく理解されるだろう。経済活動の本質的な特徴は、次の簡単な例を使って表現できる。

　もし1人で自給自足の生活をするならば、自給のための生産活動は行うが、

他者との分業や交換などの経済活動は行わない。しかし2人で次のような分業と交換をすると、自給自足のときより生活水準を上げることができる。

たとえばAとBの2人が、それぞれ農作業と漁労に半分ずつの時間を割いているとする。Aは農作業がうまく、1年間で農作物3単位と魚1単位を収穫する。Bは漁労がうまく、1年間で農作物1単位と魚3単位を収穫する。2人が自給自足の生活を続けるなら、Aは農作物に偏った食事になり、Bは魚に偏った食事になる。そこで、Aの農作物1単位とBの魚1単位を交換すれば、両者はそれぞれ農作物と魚を2単位ずつ消費することができる。Aにとって3単位目の農作物よりも追加の魚のほうが価値が高く、Bにとって逆に、3単位目の魚よりも追加の農作物のほうが価値が高いならば、互いにより価値が高いものと交換することで満足度が高まる。このような物々交換は、最もシンプルな経済活動の形である。

交換のメリットをさらに追及して、AとBがそれぞれ得意な生産活動だけを行うこともできる。つまりAは漁労をやめて農作業だけを行い、1年間で当初の2倍の6単位の農作物を作る。一方のBは漁労だけを行い、1年間に6単位の魚をとる。そしてAの3単位の農作物とBの3単位の魚を交換すれば、両者は3単位ずつの農作物と魚を消費できる。AとBがともに農作業も漁労もするときの、両者が2単位ずつの農作物と魚を消費するのに比べると、両者はより多くを得ることになる。分業してある活動を専門に行うことで、規模の経済や学習効果があるなら、生産物はさらに増えるだろう。それぞれが得意な生産活動に特化して、生産物を交換することで、互いにより多くを得る結果になる。

得意な活動への特化と交換は、2人に限らずより多くの人によって、より多くの生産物に広げることができる。特化による分業と交換は、物だけでなくサービスについても行うことができる。分業と交換が拡大するにつれて、参加する人たちの生活水準は上がっていく。この分業と交換は、経済活動の本質的な特徴である。そして交換が行われる場が市場である。

交換される多くの財（物とサービスの総称）の中から、もち運びに便利で、誰もが価値を感じるものは、貨幣としての性質をもっていく。歴史的には、穀物や塩などが貨幣の役割をもつこともあった。現在は金銭貨幣が、ほとんどの市場で交換の対価になり、財は売買の形で金銭と交換される。つまり交

換は売買取引の形をとる。

　ただし、すべての財が市場で売買されるわけではない。市場での売買以外にも、自給自足で消費されるものや、家族やコミュニティの中で無償で譲渡されるもの、企業内など組織の中で指示に従って移転するものなどがある。市場を介するのは、経済活動の中の一部である。

## 1-2 経済活動の構造

**生産活動と取引**

　経済活動を大別すると、ものづくりやサービスの実施のような生産活動と、ものやサービスを他者と売買する取引活動に分けられる。生産と取引は、図1-1のように、経済活動の流れの中で交互に行われる。たとえば、部品は部品市場で取引され、製品の生産に使われる。そして製品は製品市場で取引され、さらに何らかの用途の生産活動に使われる。用途が最終消費であっても、それは心理的な効用などを生み出す、広い意味での生産活動と考えられる。このように生産と取引は交互に行われる。

　一般的には生産活動は、複数の部品やサービスなどの生産要素を買い入れて行われる。そして生産された製品は、複数の者に買われてそれぞれの用途に用いられる。したがって経済活動の流れは、一般的には図1-1のような単線ではなく、図1-2のように、上流方向や下流方向に分岐や結合のあるネットワークを形成する。

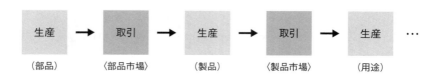

図1-1　経済活動の構造（単線的な例）

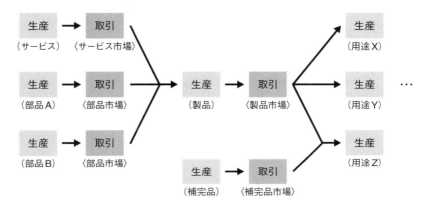

図1-2 経済活動の構造（ネットワーク的な例）

## 経済活動のモデル化

　図1-1や図1-2のように、経済活動を、生産と取引が連結したネットワークとして表現することができる。このことは、経済活動は複雑だが、その分析は、生産と取引という小さな単位の分析に還元できることを意味する。そして生産と取引のレベルでの分析を組み合わせれば、複雑な経済活動の分析が、ある程度可能になることを示している。

　生産の機能を物やサービスを作ることとすれば、取引の機能は、大別して次の2つである。1つは生産をつなぐコーディネーションと言うべき機能である。つまり相手を見つけて取引を成立させることで、この機能は、経済活動の中で誰が何の生産を分業するかを決めることになる。もし市場がなければ、1人あるいは1社ですべての活動をしなければならない。分業によって生産は専門化され、規模の経済を実現しやすくなり、生産性が上がる。取引のもう1つの機能は、利益配分である。価格をはじめとする取引条件を決めることは、売手と買手の間の利益配分を決めることになる。

　生産と取引を比べると、生産の実態は多様であり、簡単なモデル化が難しい。その一方で、取引には共通する特徴があり、ある程度一般的なモデル化が可能である。この章では、まず取引のモデル化を行う。モデルにすることで、市場のメカニズムや、市場の参加者の利益配分がわかりやすくなる。

# 1-3 取引モデル

　取引の本質は交換である。市場取引の歴史は物々交換にまでさかのぼるが、現在では金銭による売買、すなわち財（製品やサービス）と金銭を交換することが一般的である。そこで本書では、金銭による売買を前提にして取引をモデル化する[1]。本書で紹介する取引モデルは、市場メカニズムの重要な機能である、取引の成立と、価格の決定とそれによる利益の配分を、できる限りシンプルに表している。シンプルにすることで、メカニズムがわかりやすくなるほか、広い範囲の取引を共通の枠組みで分析できるようになる。

　取引にはさまざまな種類があるが、市場に参加する買手と売手の人数が、それぞれ1人か複数（N人）かで分類して、次の4種類に分けられる。

　　売手1人、買手1人　　（1対1）
　　売手1人、買手N人　　（1対N）
　　売手N人、買手1人　　（N対1）
　　売手N人、買手N人　　（N対N）

　まず1対1の取引からはじめて、売手と買手の人数を増やしながら、取引モデルを拡張させて説明していく。

## 1対1の取引モデル

　1対1の取引交渉における売手と買手の行動を、きわめて簡単に図1-3に示す。図では縦軸に価格をとっている。そして売買交渉の対象になる財の、売手にとっての金銭評価額をC、買手にとっての金銭評価額をBで表している。売手はC以上の価格なら財を売ることに同意する。このことがCから上向きに伸びる矢印で表される。一方の買手は、B以下の価格なら財を買うことに同意する。このことがBから下向きに伸びる矢印で表される。

---

[1] 物やサービスの売買でなくても、金銭の貸借取引は、元本を貸すというサービスと、金利という金銭対価の交換と考えられる。外国為替取引は、異なる通貨の、金銭と金銭の交換である。

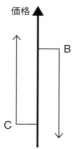
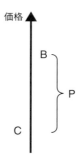

図1-3　1対1の交渉における売手と買手の行動

図1-4　1対1の交渉の取引モデルと価格の範囲

　たとえば取引される財が、ある不動産ならば、C は売手すなわち現在の所有者にとっての不動産の価値で、B は買手にとっての不動産の価値になる。売手にとっての金銭評価額 C より高い価格で売るのなら、売手は不動産を売って対価を得ることで、自分にとってより満足度の高い状況になる。買手にとっては、自分にとっての不動産の金銭評価額 B より低い価格で買うのなら、対価を払っても買うことで自分にとってより満足度の高い状況になる。もし取引される財が不動産ではなく、売手が生産する製品ならば、売手にとっての金銭評価額 C は、売手にとっての供給コストにあたる。価格がコストより高ければ、利益があがるので、売手は製品を作って売ることになる。

　図1-3の売手と買手の行動から、図1-4が導かれる。つまり、C が B より小さければ、C と B の間のどこかで取引価格 P が決まり、取引が成立する。そして取引から売手が得る利益は P − C、買手が得る利益は B − P になる。図1-4を1対1の取引モデルと呼ぶことにする。

　交渉における、合意結果がとりうる範囲を**交渉範囲**という。図1-4の例では、C と B の間の価格が交渉範囲である。また、取引による売手の利益（図1-4の例では P − C）を**生産者余剰**（producer surplus）と呼び、買手の利益（図1-4の例では B − P）を**消費者余剰**（consumer surplus）と呼ぶ。P が交渉範囲のどの値になるかは、売手と買手の交渉力に依存する。交渉力に影響を与える要素にはさまざまなものがあり、それらは2-1節で整理して検討する。

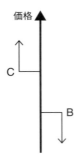

図1-5　1対1の交渉における売手と買手の行動
（自由な取引では成立しない例）

## 自由な取引による経済効率

　当事者の自由な取引が可能ならば、CがBより小さいときに取引が成立して、財は評価額の低い者（売手）から評価額の高い者（買手）に移転する。つまり財の評価額が高まることになる。利用価値が高まると言っても良い。その価値の上昇分が、生産者余剰と消費者余剰に配分される。

　逆に図1-5のように、売手にとっての価値Cが買手にとっての価値Bより大きいときは、売手と買手が同意する取引価格はない。つまり交渉範囲はなく、取引は成立しない。この場合はもし取引が成立すると、財の評価額は低下することになる。表現を変えると、利用価値が低下するような財の移転は、自由な取引では成立しない。

　つまり当事者の自由な取引にゆだねれば、財の利用価値は高まりこそすれ、低くなることはない。反対の見方をすると、自由な取引が制限されたり、自発的には成立しない取引が強制されたりすると、財の利用価値が低下する可能性がある。当事者の自由取引が財の価値を高めるという性質は、このあと1対1からN対Nまですべての取引モデルに共通してあてはまる。

## 1対2および2対1の取引モデル

　次に、市場に参加する者を1人増やす。1人の売手と2人の買手がいる場合の取引モデルは、図1-6のようになる。ここでは、売手は自分に有利な買手を選んで1単位の財を売る交渉をするものとする。対象となる財の、2人

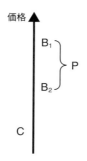
図1-6　1対2の交渉における価格の範囲（買手が2人）

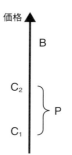
図1-7　2対1の交渉における価格の範囲（売手が2人）

の買手にとっての金銭評価額は、高いほうの買手から順に $B_1$ と $B_2$ で、$B_2$ は C より大きいものとする[2]。

このとき $B_2$ より低い価格では取引は行われず、交渉範囲は $B_2$ と $B_1$ の間になる。なぜなら $B_2$ より低い価格では、2人の買手がともに取引を望むので、売手にとってはつねに、より高い価格で買うもう1人の買手がいる状況である。したがって売手は利益を増やすために価格を上げていくことが可能で、$B_2$ より低い価格で売る必要はない。取引が成立する価格は $B_2$ と $B_1$ の間になり、その範囲で売手と評価額 $B_1$ の買手が取引を成立させる。

逆に売手が2人で買手が1人の取引モデルは図1-7のようになる。買手は自分に有利な売手を選んで1単位の財を買う交渉をするものとする。対象となる財の2人の売手にとっての金銭評価額は、低いほうから順に $C_1$ と $C_2$ で、$C_2$ は B より小さいものとする。このとき $C_2$ より高い価格では取引は行われず、交渉範囲は $C_1$ と $C_2$ の間になる。なぜなら $C_2$ より高い価格では、2人の売手がともに取引を望むので、買手にとってはつねに、より低い価格で売るもう1人の売手がいる状況である。したがって買手は価格を下げていくことが可能で、$C_2$ より高い価格で買う必要はない。取引が成立する価格は $C_1$ と $C_2$ の間で、そこで買手と評価額 $C_1$ の売手が取引を成立させる。

---

[2] $B_2$ が C より小さい場合は、$B_2$ の買手と C の売手の間で取引は成立しないので、$B_2$ の買手は実質的な交渉相手にならず、$B_1$ の買手と C の売手の1対1の交渉と同じ結果になる。

図1-6と図1-7を比較して明らかなように、1対1の取引モデルに比べて、交渉範囲は代替の交渉相手をもつ者にとって有利な方向に移動する。たとえば、図1-6に示すCの売手と$B_1$の買手が、かりに1対1で交渉するなら、交渉範囲はCと$B_1$の間になる。しかし1対2の場合の交渉範囲は$B_2$と$B_1$の間で、より高い価格の範囲で取引が成立する。つまり売手にとって有利な状況になる。あるいはCの売手ともう1人の$B_2$の買手が1対1で交渉するなら、交渉範囲はCと$B_2$の間になる。しかし$B_1$が存在すると、交渉範囲は$B_2$より高い価格帯になり、やはり代替の交渉相手をもつ売手にとってより有利な状況になる。逆に売手が2人の図1-7では、交渉範囲は、いずれの売手と1対1で交渉する場合より低い価格帯になり、代替の交渉相手をもつ買手にとって有利な状況になる。

　交渉範囲とは別に、経済効率（売手と買手の利益の合計）を分析すると次のことが言える。図1-6でも図1-7でも、自由な取引によって、財は3者の中で最も低い評価額の者から、最も高い評価額の者に移転する。つまり財の利用価値は最大化することになる。

## 1対NおよびN対1の取引モデル

　売手1人と買手多数がいる場合の取引モデルは、図1-8のようになる。売手は自分に有利な買手を選んで、誰かに1単位の財を売る交渉をするものとする。対象となる財の、多数の買手にとっての金銭評価額は、高いほうから順に$B_1$、$B_2$、$B_3$、…で、BはいずれもCより大きいものとする。このとき$B_2$より低い価格では取引は行われず、交渉範囲は$B_2$と$B_1$の間になる。なぜなら$B_2$より低い価格では、2人以上の買手が取引を望むので、売手はつねに、より高い価格で買う者と取引できる。したがって売手は価格を上げていくことができるので、$B_2$より低い価格では売らない。

　逆に売手が多数で、買手が1人の場合の取引モデルは、図1-9のようになる。買手は自分に有利な売手を選んで、誰かから1単位の財を買う交渉をする。対象となる財の多数の売手にとっての金銭評価額は、低いほうから順に$C_1$、$C_2$、$C_3$、…で、CはいずれもBより小さいものとする。このとき$C_2$より高い価格では取引は行われず、交渉範囲は$C_1$と$C_2$の間になる。なぜなら$C_2$より高い価格では、買手はつねに、より低い価格で売る者と取引できる

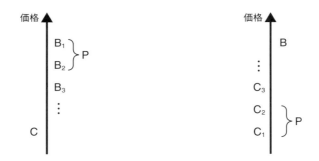

図1-8　1対Nの交渉における価格の範囲（買手がN人）

図1-9　N対1の交渉における価格の範囲（売手がN人）

からである。

1対2の取引である図1-6および図1-7と、1対Nの取引である図1-8および図1-9を比較して明らかなように、代替の交渉相手が多いほど、1人の側の者は、より有利な条件で交渉できることになる。

## 2対2の取引モデル

次に売手と買手がともに複数の場合を考える。2人の売手と2人の買手がいて、各売手と各買手は互いに自分に有利な相手を選んで、売手は1単位の財を誰かに売り、買手は1単位の財を誰かから買う交渉をする。対象となる財は同質のもので、2人の売手にとっての金銭評価額は低いほうの売手から順に $C_1$ と $C_2$、買手にとっての金銭評価額は高いほうから順に $B_1$ と $B_2$ である。

図1-10は、$C_2$ が $B_2$ より小さい場合の取引モデルである。このとき交渉範囲は $C_2$ と $B_2$ の間になる。$C_2$ より低い価格では、取引を望む売手は $C_1$ の1人だけだが、取引を望む買手は2人である。したがって売手はつねに、より高い価格で買う者と取引でき、価格を上げていくことができるので $C_2$ より低い価格では売らない。同様に、$B_2$ より高い価格では、取引を望む買手は $B_1$ の1人だが、取引を望む売手は2人である。したがって買手はつねに、より低い価格で売る者と取引でき、価格を下げていくことができるので $B_2$ より高い価格では買わない。つまり残る $C_2$ と $B_2$ の間の価格で、2人の売手と2人の買手による2件の取引が成立することになる。ただし個々の取引の売

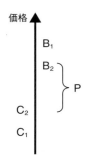

図1-10 2対2の交渉における
価格の範囲
（成立する取引は2件）

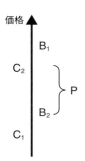

図1-11 2対2の交渉における
価格の範囲
（成立する取引は1件）

手と買手の組合せには、とくに限定はない。

図1-11は、$C_2$が$B_2$より大きく、大小関係が$C_1 < B_2 < C_2 < B_1$となる場合の取引モデルである。このとき交渉範囲は$B_2$と$C_2$の間になる。$B_2$より低い価格では、1人の売手と2人の買手が取引を望み、売手はつねに、より高い価格で買う者と取引できる。売手は価格を上げていくことができるので、$B_2$より低い価格では売らない。反対に、$C_2$より高い価格では、2人の売手と1人の買手が取引を望み、買手はつねに、より低い価格で売る者と取引できる。買手は価格を下げていくことができるので、$C_2$より高い価格では買わない。したがって残る$C_2$と$B_2$の間が交渉範囲になる。ただし取引は1件しか成立しない。取引を行うのは、$C_1$の売手と$B_1$の買手である。$C_2$の売手と$B_2$の買手は取引できない[3]。

図1-4の1対1の交渉に比べると、2対2の交渉では図1-10と図1-11のいずれも、交渉範囲はより中央に収斂することになる。そして1対2や2対1の交渉のように、どちらかに極端に有利になるのではない。

経済効率を分析すると、自由な取引の結果として、財を所有することにな

---

3 $C_1$と$B_2$、$C_2$と$B_1$の、2組の取引が異なる価格で成立すると思われるかも知れない。しかし他の売手や買手の金銭評価がわかる限り、図1-11で示す交渉範囲以外で取引することは、売手と買手のどちらかが不利な取引になるので成立しない。したがって交渉範囲の価格でのみ1件の取引が成立する。

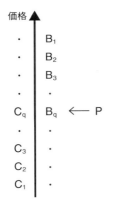
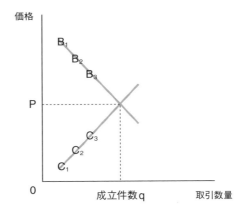

図1-12　N対Nの交渉における価格の範囲

図1-13　N対Nの交渉を横軸にも展開するモデル

るのは、図1-10では $B_1$ と $B_2$ の買手、図1-11では $B_1$ の買手と $C_2$ の売手である。（図1-11では1件の取引しか成立せず、$C_2$ の売手の財は売れ残ることになる。）いずれの場合も、結果として財は4者の中で評価額の高い者から順に所有されることになり、財の利用価値は最大化することになる。

## N対Nの取引モデル（競争市場）

　最後に、売手多数と買手多数の取引モデルは図1-12のようになる。各売手と各買手は、自分に有利な相手を選んで1単位の財を売るまたは買う交渉をする。そして交渉している価格は、すべての売手と買手に即座に知られるものとする。対象となる財の、各売手にとっての金銭評価額は低いほうから順に $C_1$、$C_2$、$C_3$、… で、各買手にとっての金銭評価額は高いほうから順に $B_1$、$B_2$、$B_3$、… である。$C_1$、… $C_q$ は $B_1$、… $B_q$ より小さいものとする。ただし q を超えると大小関係は逆転して、$C_{q+1}$ … は $B_{q+1}$ … より大きいものとする。このとき q 件の取引が成立し、$C_1$ … $C_q$ の売手と $B_1$ … $B_q$ の買手が取引に参加する。交渉範囲は $C_q$ と $B_q$ の間にある[4]。売手と買手の数が十分に

---

4　もし $C_{q+1}$ または $B_{q+1}$ の値が $C_q$ と $B_q$ の間にあると、交渉範囲は $C_q$ と $B_q$ の間のさらに狭い範囲になる。

多く、各 C と各 B がすき間なく分布するとき、交渉範囲になる $C_q$ と $B_q$ の間は限りなく 1 点に収束する。図1-12ではそのように収束する取引価格を P で表している。

　取引価格が 1 点になると、交渉範囲はなくなる。つまり価格は個々の売手や買手の交渉力ではなく、B と C の分布によって決まる。そして彼らが得る利益も、各自の交渉力ではなく、B と C の分布によって決まることになる。比較的 C の値が低い売手は、C の値が高い売手より大きな利益を得る。そして比較的 B の値が高い買手は、B の値が低い買手より大きな利益を得る。B や C の分布と各自にとっての相対的大小で利益が決まる性質は、第 7 章で説明する企業の競争優位と関係が深い。

　N 対 N の取引をモデル化した図1-12を、横方向にも展開すると図1-13になる。図1-13は横軸に取引数量をとり、売手の評価額 $C_1$、$C_2$、$C_3$、… を低いものから順に右にずらして並べ、$C_1$、$C_2$、$C_3$、… を線で結んでいる。同様に、買手の評価額 $B_1$、$B_2$、$B_3$、… を高いものから順に右にずらして並べ、線で結んでいる。取引価格 P は、各 C を結んだ線と各 B を結んだ線が交わる点に対応する価格である。そこでは、P より低い評価額の売手の数と、P より高い評価額の買手の数が、ともに q で等しくなる。

## 需要供給グラフとの類似と違い

　図1-13は、経済学でよく用いられる需要供給グラフに似ていることに気づくだろう。実は、一般的な需要供給グラフを導出する方法とは異なるが、本書で紹介した N 対 N の取引モデルを横方向に展開すると、需要供給グラフと同じものが得られる。各 C を結んだ線が供給曲線にあたり、各 B を結んだ線が需要曲線にあたる。需要供給グラフについては第 3 章で詳しく説明する。

　図1-13と需要供給グラフは同じ外観をもつが、両者には前提条件の違いがある。第 3 章の説明を読むことでも違いはわかるが、すでに経済学の知識のある読者の参考のために、ここで違いをまとめておく。一般的な経済学の教科書にある、財と財の交換のモデル[5]から需要供給グラフを導出する方法

---

5　Edgeworth box などのモデルがある。

に比べて、本書の取引モデルは前提条件がより強いものになる。すなわち、取引のための貨幣が存在し、売手と買手にとっての財の価値を貨幣で評価できるとする前提である。また売手と買手がいずれも1単位しか取引しない前提も、任意の数量を取引できる需要供給グラフの前提より強いものである[6]。

しかし取引モデルは、グラフを導出する方法がシンプルであり、1対1からN対Nまでの取引を統一的にモデル化できる点で便利である。本書では需要供給グラフを多用するが、需要供給グラフの解釈として、この章で取り上げた取引モデルの説明が参考になると思う。

## 1-4 市場のはたらきのまとめ

1対1からN対Nまでの取引モデルをまとめると、次のことが言える。売手も買手も、代替の取引相手をもつほど自分に有利な条件で取引できる。ただし代替の取引相手が増えるほど、交渉範囲は小さくなり、その代わりに売手と買手の評価額の分布によって、取引価格ひいては売手と買手の利益が決まる。

また、市場における自由な取引は、財の利用価値が最大になるように財を移転させる。したがって社会全体として最適な財の所有状況を実現させる。生産活動をつないで分業をさせる市場のコーディネーション機能から言えば、よりコストの低い生産者が供給する財を、より利用価値の高い買手に移転させる。つまり社会全体として最適な経済活動の分業を実現させるはたらきがある。

売手と買手の利益配分の視点からまとめると次のようになる。市場における自由な取引は、売手と買手の利益の合計を最大化する。ただし売手と買手の利益配分としては、代替の取引相手をもつ者が、より多くの利益を得やすい。逆の見方をすれば、取引相手から見て自分の代替になる者がいると、自分の利益は減ることになりやすい。

---

[6] 売手と買手が1単位しか取引しない前提を緩めて、取引する個数を任意にしても、モデルは複雑になるが、売手と買手の数が多いN対Nでは、モデルの大局的な性質は似たものになる。

売手と買手のどちらも代替の取引相手をもつ場合は、一般的に、代替の取引相手を多くもつほうが有利に交渉できると考えられる。その理由は次のようなものである。代替の交渉相手が多いほど、特定の相手との交渉が成立しなくても、簡単に別の相手を見つけられる。相手が多ければ、その中で比較的良い条件で取引できる可能性が高い。したがって交渉相手に譲歩する必要が少なくなり、交渉力を高めるからである。また、売手側と買手側のどちらも複数企業が市場シェアを等分しているとすると、1社あたりの取引数量は、企業の数が少ない側のほうが大きくなる。交渉力には企業の規模も影響を与えるので、規模の大きい側がより有利な条件を得やすいかも知れない。ちなみにシェラー（Scherer）とロス（Ross）によれば多くの実証研究が、買手側の市場集中度が低いほど（市場が多くの買手によって構成されるほど）、また売手側の市場集中度が高いほど（市場が少ない売手によって構成されるほど）、売手の粗利益率は向上する傾向を示している[7]。ただし彼らは同時に、買手側の市場集中度が低いと、売手の広告や取引に関するコストが増えやすい点も指摘している。

## 1-5　金銭のメリットとデメリット

　取引モデルでは財を金銭と交換するが、金銭の代わりに当事者間の心理的な「貸し」「借り」や、取引相手への影響力の増減などを、対価として考えることもできる。そのような非金銭的な対価を考えることで、市場を介さない経済活動の一部を、取引モデルで説明できるかも知れない。たとえば、相手が自分に感じる恩義が十分に大きいならば、物やサービスを無料で提供するという分析である。

**金銭のメリット**

　取引は歴史的には物々交換から始まった。しかし物々交換では、取引の双

---

7　F. M. Scherer and David Ross (1990) "Industrial Market Structure and Economic Performance" 3rd. ed., pp. 533〜535を参照。

方が互いに相手が求める物をもち合わせている必要がある。たとえば春に収穫する果物と、秋に収獲する食肉を交換しようとしても、半年たてばどちらも腐ってしまい取引ができない。そこで時間が経っても価値が失われず、誰もが価値を感じるような物が、貨幣の機能をもち、取引で重宝されるようになる。たとえば穀物や塩などである。やがて貨幣は、使用価値をもたなくても、誰もが交換価値を認め、もち運びに便利なものに取って代わられる。コインや紙幣である。情報技術が進歩してからは、記録媒体上の情報が実質的な貨幣になることもある。金銭の発明は、経済活動が成立する可能性を広げ、経済発展にも貢献した。

### 非金銭のメリット

金銭ではなく「貸し」「借り」を媒介にして取引をすることもできる。ただし「貸し」や「借り」は無形なので、貸しを作ったと本人が思っている「貸し」の程度と、借りができたと相手が思っている程度が異なることがある。恩義の程度に認識違いがあると、後でトラブルの原因になりやすい。これに対して金銭は有形物なので、授受する量の認識違いは発生しない。価値の明瞭性は金銭の長所の1つである。逆に言えば、価値のあいまいさは、貸し借りの短所になりうる。

では、心理的な「貸し」「借り」で取引をするメリットは何か。メリットの1つとして、取引のたびに決済する手間が節約できる。そのほか、金銭の明瞭性と反対に、秘匿性が選ばれる可能性がある。「貸し」「借り」による取引では、対価など取引の条件が第三者にわかりにくい。取引条件を秘匿することは、当事者にとって第三者との取引を有利にすることがある。たとえば、特定の人に割引を提供したことが第三者に知られると、売手の第三者への交渉力は低下する。したがって売手が買手に、第三者に知られない「借り」を作ることで、割引の代わりにすることがある。また、対価が人事評価に関連する場面では、評価があいまいなほうが良いこともある。個人間の比較が簡単にできてしまう金銭のボーナスよりも、比較しにくい表彰や物品を対価に使うほうが、組織全体での動機づけとして好ましい場合もある。また、金銭の授受がなければ課税されにくいなど、やや問題のある秘匿性の動機もありうる。

## 金銭の功罪

　金銭のメリットで述べたように、金銭の発明は経済活動の可能性を拡大させた。しかし同時に、金銭には人間の無限の欲望を刺激する面もある。物々交換の社会では、人がもてる富には限界がある。食べきれない量の食糧をもっていても、腐って価値はなくなる。他者に食糧を配って影響力をもとうとしても、もち運べる量には限界がある。しかし金銭は、無限に蓄積することが可能である。今の消費に使わない金銭は、貯蓄して将来のリスクに備える安心の拠り所になる。金銭にして多くの富をもち運べるなら、他者を支配できる地理的範囲を広げることができる。物々交換の時代は、人間的なスケール以上の富をもてなかった。しかし金銭の発達は、無限の富の蓄積を可能にし、富への欲望と争いを増長させる。富の格差も拡大しやすくなる。金銭の発明によって、人間社会のあり方は大きく変わったと言われる。

第 2 章

# 交渉力と情報

第1章では取引モデルを使って市場メカニズムの基本を紹介した。この第2章では取引モデルを用いて、より詳しい分析を行う。それは市場における売手と買手の交渉力の源泉と、財の価値が不確実なときの取引である。

　多数の売手と買手によるN対Nの競争市場では、価格がとりうる範囲は1点に収束し、個々の売手や買手の交渉力は働かない。しかし売手と買手が多数でなければ、交渉範囲は幅をもち、価格には交渉の余地がある。つまり交渉力のある者にとってより有利な価格になる。交渉力を左右する要因には、代替の取引相手の存在、取引が決裂した場合の留保価値、交渉のコスト、財の価値に関する不確実性などがある。2-1節ではそれら交渉力の源泉の、価格への影響を分析する。2-2節〜2-5節では、財の価値が不確実な場合の取引を分析する。具体的な取引形態としては、探索的取引とオークションを検討する。探索的取引は、比較購買、広告、配車サービスなどを分析する例を紹介する。オークションでは、せり上げ、せり下げ、入札などの方式を比較する。そして2-6節では、交渉力の源泉と、財の価値が不確実な取引において情報が果たす役割をまとめる。

## 2-1 交渉力の要因

　多数の売手と買手によるN対Nの競争市場では、取引価格がとりうる範囲は1点に収束し、個々の売手や買手の交渉力は働かない。しかし売手と買手が多数でなければ、交渉範囲は幅をもち、価格には交渉の余地がある。つまり交渉力のある者にとってより有利な価格になる。交渉範囲に幅があるとき、価格はどのように決まるのだろうか。言い換えれば、価格に影響を与える交渉力とはどのようなものだろうか。

　交渉力の要因にはさまざまなものがある。一般的によく、「あの人は交渉がうまい」とか、「あの人は交渉力がある」という言い方をする。話し方や態度でしばしば交渉の結果が変わるような印象がある。ただし交渉に関する研究では、交渉結果のかなりの部分が、属人的な話術や態度ではなく、当事者がおかれた客観的な立場で説明がつくとされる。属人的な「交渉力」と思われるものは、客観的な立場がその者の態度にあらわれ、態度が交渉の結果

を左右したように思えるのかも知れない。たとえば、客観的に有利な立場であるから、強気の態度で交渉するように。あるいは、「交渉のうまい人」は、客観的に有利になるような状況を選んで、交渉をするのかも知れない。

客観的な立場にもとづく交渉力の要因としては、1対1の交渉を前提にすると、たとえば次のようなものがある。

(1) 留保価値
(2) 代替の交渉相手の存在
(3) 最終通告効果
(4) 時間コストと交渉コスト
(5) 財の価値に関する不確実性

交渉力を、自分に有利な取引条件を引き出す要因とすれば、それは大別して、自分に有利な交渉範囲を設定する要因と、交渉範囲の中で自分に有利な取引条件を得る能力に分けられる。上に挙げた要因のうち、(1)と(2)は主として交渉範囲の設定に関係する。(3)と(4)は主として交渉範囲の中での要因である。(5)はどちらの要因にもなりうる。(1)〜(4)が交渉力に与える影響について、引き続いて説明する。(5)の財の価値に関する不確実性の影響については、次の2-2節以降で検討する。

## (1) 留保価値

留保価値は交渉範囲を決めるもので、交渉力を分析する際に基本になる概念である。交渉の当事者にとって、交渉が決裂した場合に、他の最善の選択肢で期待できる価値を**留保価値**(reservation value)という。当事者は留保価値より低い条件で取引を成立させる必要はない。

取引交渉が決裂した場合は、当事者は他の相手を探して新たな交渉を行うか、取引をあきらめることになる。他の相手との取引から期待される価値や、取引しないときに当事者に残る財や金銭の価値の中で、最大のものが留保価値である。1対1の取引では、他の取引相手はいないので、留保価値は取引をしないときの価値である。つまり取引モデルにおけるC（売手にとっての価値）が、売手にとっての留保価値である。売手はCより高い価格でのみ売

る。そしてCが高いほど、売手の交渉力は強くなる[1]。買手にとっての留保価値は、取引をしないときの価値で、それはちょうどB（買手にとっての価値）の価格で買うときの価値に等しい。買手はBより低い価格でのみ買う。Bが低いほど、買手の交渉力は強くなる[2]。

### (2) 代替の交渉相手の存在

　代替の交渉相手の存在は、留保価値ひいては交渉範囲に影響を与える。前章の取引モデルで説明したように、1対1の交渉を基準にすれば、代替の取引相手をもつ者にとって有利な方向に、交渉範囲は移動する。ただし代替の取引相手の存在は、交渉範囲の移動の他にも、当事者の利益に影響を与えうる。それらの影響を説明するために、図2-1と図2-2の取引モデルを用いる。

　まず交渉範囲の移動について説明する。図2-1は売手1人と買手1人、図2-2は売手1人と買手が2人の取引モデルである。両者を比べると、図2-2では$B_2$の買手が、売手にとっての代替の交渉相手であり、その存在が交渉範囲を高価格寄りにする。$B_2$より低い価格では、2人の買手が取引を望むので、価格を上げても代替の買手が買う。したがって売手は$B_2$より低い価

図2-1　1対1の交渉における　　図2-2　1対2の交渉における
　　　　価格の範囲　　　　　　　　　　　価格の範囲（買手が2人）

---

1　ここでは取引が成立する場合の価格の高低によって交渉力を定義している。生産者余剰の大きさとしては、Cが低いほうが、同じ価格から得られる余剰は大きい。
2　注1と同様に、取引が成立する価格の高低によって交渉力を定義している。消費者余剰の大きさとしては、Bが高いほうが、同じ価格から得られる余剰は大きい。

格で売る必要がない。結果的に$B_2$の買手は取引相手にならないが、その存在は、売手の留保価値をCから$B_2$に高める。つまり売手の交渉力を強め、売手の利益を増やし、$B_1$の買手の利益を減らす効果がある。

**代替の取引相手としての交渉力**

　次は、代替の取引相手がもつ交渉力である。図2-2では、代替の買手$B_2$は取引に参加しない。しかし興味深いことに、$B_2$は自らの存在の効果を利用して、売手や$B_1$の買手から利益を得る可能性がある。たとえば$B_1$にとっては、$B_2$がいなければ、交渉範囲は図2-1のように低価格方向に拡がり、利益が改善しうる。したがって$B_1$は、$B_2$にいくらかの対価を払って、売手との交渉に参加しないように頼む可能性がある。$B_2$は交渉に参加しても、最終的には$B_1$が取引を得るので、自らが取引から利益を得ることはない。したがって交渉に参加しないことで対価を得ることを選ぶであろう。$B_1$が提案をしなくても、逆に$B_2$から、売手との交渉に参加しないことを条件にして$B_1$に対価を要求しても良い。それらに対して売手は、$B_2$がいなければ不利になるので、$B_2$が交渉に参加し続けるよう対価を払う可能性がある。あるいは図2-1のように1対1の状況にあれば、売手は$B_2$のような代替の買手を求めているかも知れない。もし売手と$B_1$の両方が、$B_2$の参加の有無にそれぞれ対価を払うなら、$B_2$は対価の高いほうを選ぶであろう。両者に打診して対価を釣り上げても良い。上の例は代替の買手による介入やその利用だが、反対に、代替の売手による介入やその利用もありうる。

　経済効率としてはいずれのケースでも、代替の取引相手（上の例では$B_2$）が得る対価は、売手の生産者余剰または$B_1$の消費者余剰の一部が移転するものである。したがって3者合計の利益は、$B_2$の介在による余分の交渉の手間を考えなければ、本来の生産者余剰と消費者余剰の合計である$B_1-C$で変わらない。

**第三者の介入や利用**

　上の例のように、直接に取引に参加しない者でも、他者の交渉結果に影響を与えうるならば、その影響力を利用して他者から利益を得る可能性がある。いわば、他者の取引に介入して利益を得る形になる。立場を変えれば、取引

をする者が、自分の交渉にとって有利になるように、第三者を介入させたり排除したりする可能性もある。第三者の存在を利用できる可能性や、自らが第三者として利益を得る可能性に気づくことは、広い意味での交渉力を増すことになるだろう。

　しかし第三者の介入は、生産者余剰と消費者余剰の合計を増やすことのない、非生産的な利益の取り合いである。そして最終的に取引をする売手と買手にとっては、第三者である代替の売手や買手が利益を得ることは、自分たちの利益である生産者余剰と消費者余剰の合計を減らすことになる。第三者の介入や利用によって、必要以上に交渉コストが生じるなら、その分は社会的な損失にさえなる。第三者の介入や利用は、法的に禁止される場合がある。違法でなくても、社会通念に沿わないか、あまり上品な行動と思われないこともある。逆に、まっとうな行動と思われることもある。たとえば取引に際して、取引相手になる可能性が低い者からも相見積もりをとることは、第三者の利用であるが、多くの場合に受容される。

　規則や社会通念は文化や業種によって異なるので、同じようなケースでの第三者の介入や利用が、受容される場合とされない場合がある。異なる文化や業種を横断して事業をする際には、受容されない場面での介入で不評を買うことにも注意が必要だが、普段は想像しない第三者の介入の可能性に気づくことが重要であろう。第三者の介入によって不利になる可能性に気づけば、第三者が介入しないような交渉の条件をつけるなどの対策が立てられる。高額の取引や企業買収など、大きな利益がかかる交渉では、関係者は手段を選ばないこともあるので注意が必要であろう。たとえば買収候補になっている企業が、買収価格を引き上げるために、買収に興味のない第三の企業にあえて高値の買収提案をさせることがある。もし興味のない企業が落札しても、うまく理由をつけて交渉を中止して、あらためて買収提案を待てばいいと考えているかも知れない。

### (3) 最終通告効果

　最終通告効果（ultimatum effect）とは、変更できない最終提案を出せる立場の者が、交渉で有利になることをいう。このことを、交渉範囲の中での価格設定にあてはめるために、図2-3のゲーム・ツリーを使って説明する。図

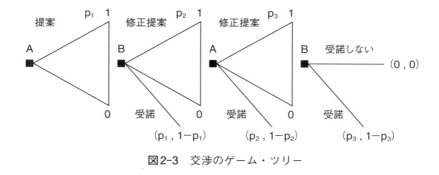

図2-3 交渉のゲーム・ツリー

2-3は、1単位の利益を2人のプレーヤーAとBの間で配分する交渉を表している。この1単位の配分を、取引モデルの交渉範囲にあてはめれば、配分の交渉は、交渉範囲における配分すなわち価格の交渉にあてはまる。図2-3では、プレーヤーAが最終提案を出せる立場にある。

### 交渉のゲーム・ツリーのモデル（図2-3）

- 1番左の決定ノードで、プレーヤーAが、自分の取り分 $p_1$ を提案する。$p_1$ は0以上1以下の値である。
- 次の2番目の決定ノードでプレーヤーBは、$p_1$ を受諾するか、受諾しないかの選択をする。Bが $p_1$ を受諾する場合はそこで交渉は終わり、Aの取り分は $p_1$、Bの取り分は $1-p_1$ になる。Bが $p_1$ を受諾しない場合は、Aの取り分を $p_2$ に修正する提案をして、ゲームは次の3番目の決定ノードに移る。
- 3番目の決定ノードでAは、$p_2$ を受諾するか、受諾しないかの選択をする。Aが $p_2$ を受諾する場合はそこで交渉は終わり、Aの取り分は $p_2$、Bの取り分は $1-p_2$ になる。Aが $p_2$ を受諾しない場合は、自分の取り分を $p_3$ に修正する提案をして、ゲームは次の4番目の決定ノードに移る。
- 4番目の決定ノードでBは、$p_3$ を受諾するか、受諾しないかの選択をする。Bが $p_3$ を受諾する場合は交渉は終わり、Aの取り分は $p_3$、Bの取り分は $1-p_3$ になる。Bが $p_3$ を受諾しない場合は、交渉は決裂し、AとBの取り分はともにゼロになる。（つまりAが提案する $p_3$ は最終提案である。）

- $p_1$、$p_2$、$p_3$は、いずれも0以上1以下の数である。AとBは自分の取り分を最大にするように行動し、受諾してもしなくても取り分が同じになる場合は、受諾するものとする。

## 均衡

　後戻り推論で図2-3のゲーム・ツリーを分析する。最終の第4ノードで、受諾しない場合のBの取り分はゼロなので、Bは$p_3$がどのような値でも受諾する。それを知るAは第3ノードで、受諾しないで$p_3=1$を提案して最終的に取り分1を得るという選択肢をもつ。したがってAは第3ノードで、$p_2=1$なら受諾するが、それ以外なら受諾しないで$p_3=1$を提案する。いずれにしても最終的にBの取り分はゼロになる。それを知るBは第2ノードで、$p_1$がどのような値でも受諾する。それを知るAは第1ノードで、$p_1=1$を提案する。以上から均衡は、第1ノードでAは$p_1=1$を提案し、第2ノードでBが受諾する。

## 含意

　図2-3でAは第3ノードで変更のできない最終提案をして、1単位の利益を独り占めできる。これが最終通告効果である。均衡では第1ノードでいきなりAが利益を独り占めするが、その理由は最終通告効果が予想できるからである。図2-3と同様なモデルで、修正提案の回数を変えても、最初に提案するのがどちらのプレーヤーでも、結局のところ変更のできない最終提案

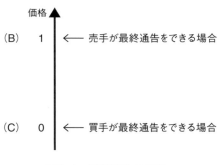

図2-4　最終通告の効果

を出すプレーヤーが利益を独占する。

　最終通告効果を、取引モデルに表現すると図2-4のようになる。売手が最終通告をできる場合は、売手は交渉範囲の上限を提案して利益を独占する。売手が「この価格でなければ交渉は決裂だ」と言える場合で、売手が極端に強い交渉力をもつ状況である。逆に、買手が最終通告をできる場合は、買手は交渉範囲の下限を提案して利益を独占する。買手が極端に強い交渉力をもつ状況である。

**最終提案と留保価値**

　一般的には、最終通告効果がもたらす利益配分は、最終提案が受諾されず交渉が決裂した場合の利益配分、すなわち留保価値に依存する。図2-3の例では、最終提案 $p_3$ を受諾しないときのBの取り分はゼロである。したがってBは、交渉の途中でも取り分ゼロを受諾することになる。もし交渉が決裂した場合のBの取り分がゼロではなく、正の数 x だとしたら、Bは x 以上の取り分でなければ交渉の途中で受諾することはない。したがってAは最初にゼロではなく x を提案し、Bが受諾する。

**コミットメント**

　変更のできない最終提案をできる者が有利になる構造は、筆者著『ビジネス意思決定』の第6章で紹介している「コミットメント」と同じ性質のものである。つまり、変更ができない状況、あるいは変更が可能でも、あえて変更しないことにコミットすることが条件になる。たとえば図2-3では、最終の第4ノードでBが受諾しない場合に、Aは再提案をせず交渉は決裂する。だからこそBは受諾する。もしAがさらに修正提案をすることができ、交渉が決裂しないならば、Bは取り分ゼロを受諾するとは限らず、図2-3に見るようなAの強い交渉力は生まれない。

　当事者の意図によらない客観的な事情によって、変更できない最終提案をする立場になることがある。しかし、客観的には変更が可能でも、変更しないことにコミットして、最終通告にすることもある。変更しないことにコミットするのは、客観的な事情ではなく、当事者の選択と意志である。その意味で、コミットメントによる最終通告効果には、属人的な交渉力の要素がある。

重要なことは、最終通告効果を生むためには、変更されない提案であると、相手が信じる必要があることだ。物理的に変更できない状況でも、相手がその状況を知らなければならない。また、選択によるコミットメントなら、相手がコミットメントを信用しなければならない。現実にはしばしば、コミットメントを撤回して、短期的な利益を得る者がいる。だから口先だけの約束と思われたら、最終通告効果は生まれない。利益の機会があっても撤回せずにコミットメントを守った実績のような、信用の根拠があれば、相手はコミットメントを信じるだろう。そして相手が信用するならば、自分の意志だけで、必要なときに最終通告効果による交渉力を使うことができる。コミットメントは交渉力につながりうるが、そのためには、普段から自分の信用に「投資」をしておく必要がある。

## (4) 時間コストと交渉コスト

当事者にとっての時間コストや交渉コストも、交渉力に影響を与える要因である。その影響を図2-5のモデルで分析する。図2-5は、先ほどの図2-3と同じ分岐のゲーム・ツリーだが、各プレーヤーの利得は、修正提案がなされるたびに割引されて減少する。これは時間の経過や、交渉を重ねることのコストによって、取り分の価値が減少していく状況を表している。割引係数は、ノードが1つ進むごとに、プレーヤーAにとって$\delta_A$、プレーヤーBにとって$\delta_B$である。$\delta_A$と$\delta_B$はそれぞれ、0より大きく1以下の数である。（先の図2-3は、割引がなく$\delta_A$と$\delta_B$がともに1になる、図2-5の特殊な場合とも言える。）

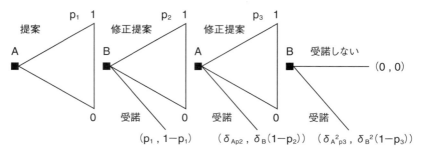

図2-5　時間コストがある交渉のゲーム・ツリー

## 均衡と含意

　図2-5のゲーム・ツリーを後戻り推論すると、脚注のような分析を経て、次の均衡が得られる[3]。第1ノードでAは $p_1=1-\delta_B(1-\delta_A)$ を提案し、第2ノードでBが受諾する。参考までに、いくつかの $\delta_A$ と $\delta_B$ の値に対する、均衡での両者の取り分を表2-1に示す。

　表2-1の1行目は $\delta_A$ と $\delta_B$ がともに1で、時間コストのない状況を表している。そのときの均衡は、最終通告ができるAの取り分が1で、Bの取り分は0になる。2行目以下の、Aに時間コストがある場合の均衡は、1行目ほど極端な配分ではなく、Bにもいくらかの取り分がある。

　時間コストがあると、プレーヤーは取り分を多少譲歩してでも、相手に早く交渉を受諾させようとする。逆に見ると、交渉を延ばして相手に損失を与えうることが、自分にとっての交渉力になる。どちらのプレーヤーにもその

表2-1　時間コストがある場合の均衡例

| $\delta_A$ | $\delta_B$ | 均衡の $p_1$（Aの取り分） | 均衡の $1-p_1$（Bの取り分） |
|---|---|---|---|
| 1 | 1 | 1 | 0 |
| 0.9 | 0.9 | 0.917 | 0.083 |
| 0.8 | 0.9 | 0.848 | 0.152 |
| 0.9 | 0.8 | 0.924 | 0.076 |
| 0.8 | 0.8 | 0.861 | 0.139 |

3　最終の第4ノードで受諾しない場合のBの取り分はゼロなので、Bは $p_3$ がどの値でも受諾する。それを知るAは第3ノードで、受諾しないで $p_3=1$ を提案し最終的に利得 $\delta_A{}^2$ を得る選択肢をもつ。したがってAは第3ノードで $p_2 \geqq \delta_A$ なら受諾するが、$p_2 < \delta_A$ なら受諾しないで $p_3=1$ を提案する。Aが第3ノードで受諾しなければ、最終的にBの利得は0になる。しかしAが第3ノードで受諾すれば、Bの利得は、第2ノードでBが $p_2=\delta_A$ を提案するときに最大の $\delta_B(1-\delta_A)$ になる。それを知るBは第2ノードで、$p_1 \leqq 1-\delta_B(1-\delta_A)$ なら上述の最終利得 $\delta_B(1-\delta_A)$ 以上になるので受諾する。$p_1 > 1-\delta_B(1-\delta_A)$ なら、受諾しないで $p_2=\delta_A$ を提案する。Bが第2ノードで受諾しなければ、最終的にAの利得は $\delta_A{}^2$ になる。Bが第2ノードで受諾すればAの取り分は $p_1$ で、その値は、第1ノードでAが $p_1=1-\delta_B(1-\delta_A)$ を提案するときに最大になる。それを知るAは第1ノードで $p_1=1-\delta_B(1-\delta_A)$ を提案する。以上から均衡は、第1ノードでAが $p_1=1-\delta_B(1-\delta_A)$ を提案し、第2ノードでBが受諾する。

メカニズムがはたらくが、早く交渉を終わらせたい誘因は、時間コストの大きいプレーヤーにとってより強い。時間コストは、プレーヤーの利得の大きさと割引係数によって決まる。取り分が多く遅延によって失う分が大きいほど、そして割引係数δが小さいほど、時間の経過とともに利得が速く減少して、時間コストが大きい。割引係数が小さいのは、事業が遅れることでビジネスチャンスを失いやすい立場や、多忙で時間を惜しむなど、要するに交渉を急ぐ状況を表している。そのようなプレーヤーほど、相手に多くを譲歩して、交渉を早く終わらせようとする。交渉を急ぐ誘因が、相手にとっての交渉力になる。

逆に、取り分が少ないほど、そして割引係数δが大きいほど、時間コストは小さくなり、相手に譲歩しないで交渉を続けることをいとわない。つまり、相手にあまり交渉力を与えないことになる。その結果は表2-1に見て取れる。最終通告ができるAの取り分は概して大きいが、$\delta_A$が小さくなるほど、そして相手の$\delta_B$が大きくなるほど、Aの取り分は小さくなる。つまり急ぐ必要がないほど、時間コストが低いほど、交渉で有利になる。

ちなみに、Aが最初の提案をするとして、交互に修正提案ができる回数を無限に増やしていくと、均衡でのAの取り分は限りなく $(1-\delta_B)/(1-\delta_A\delta_B)$ に近づく。いくつかの$\delta_A$と$\delta_B$の値を代入した、この無限ゲームの均衡での取り分を表2-2に示す。

交渉は無限に長引く可能性があると、最終通告効果はなくなり、譲歩して時間コストを節約する誘因の影響がより大きくなる。表2-1と同様に、$\delta_A$

**表2-2 無限ゲームでの均衡例**

| $\delta_A$ | $\delta_B$ | 均衡の$p_1$（Aの取り分） | 均衡の$1-p_1$（Bの取り分） |
| --- | --- | --- | --- |
| 1 | 0.9 | 1 | 0 |
| 0.9 | 1 | 0 | 1 |
| 0.9 | 0.9 | 0.526 | 0.474 |
| 0.8 | 0.9 | 0.357 | 0.643 |
| 0.9 | 0.8 | 0.714 | 0.286 |
| 0.8 | 0.8 | 0.556 | 0.444 |

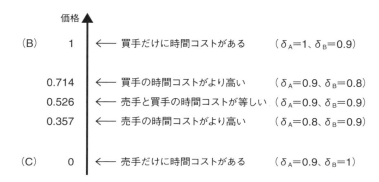

図2-6 時間コストの効果（表2-2に対応）

が小さくなるほど、そして相手の $\delta_B$ が大きくなるほど、A の取り分は小さくなる。どちらか一方のプレーヤーの時間割引率 $\delta$ が1、すなわち時間コストがゼロになると、そのプレーヤーが取り分を独占する。また、$\delta_A$ と $\delta_B$ が等しいときは、A の取り分が B の取り分より若干多い。その理由は、A は最初に提案できるので、修正提案をするまでの時間コストの分だけ取り分で有利になるからである。

表2-2の結果を取引モデルに表して、時間コストの効果を図示すると図2-6のようになる。図2-6では、最初の提案をするプレーヤー A は、かりに売手としている。最終通告効果を表した図2-4と比べると、均衡はより中央に収斂して、最終通告効果に代わって、時間コストのより低い者が交渉力を強めることになる。

## 2-2 不確実性と取引

ここまで財の評価額である B と C は、売手と買手が共有する正確な情報であると仮定してきた。この2-2節からは、B や C が不確実であれば取引はどう変わるかを分析する。たとえば、買手にとっての評価額 B が、財を使ってみるまでわからないような場合である。自分ではなく相手の評価額が不確

実な場合もある。不確実性が取引と交渉力に与える影響には、どの変数が誰にとって不確実なのかの組合せだけでも多数になり、分析しきれないほど多様なケースがある。この2-2節から2-5節にかけて、その中でも一般的な傾向と、いくつかの重要なパターンを紹介する。

## 市場メカニズムへの影響

　前節までに述べた取引モデルによる分析結果は、BやCの確実な値の代わりに、期待値（実現すると考えられる値の平均値）をあてはめても、基本的な部分は有効である。つまりBの期待値がCの期待値より大きければ、2つの期待値の間の価格で取引が成立する。ただし真のBやCの値は、期待値より大きいことも小さいこともある。したがって、真の値がわかっていれば成立する取引が、不確実性のために成立しない場合がある。逆に、真の値がわかっていれば成立しないはずの取引が、成立する場合もある。

　取引する者にとっては、真の価値を知らないことで、知るときに比べて、利益を低下させる可能性がある。たとえば買手は、真の価値が低ければ、価値を過大評価することになり、価値より高い価格で買う可能性がある。逆に、真の値が高ければ、価値がある財を過小評価して、買わずに機会損失を生む可能性がある。

　価値の過大評価や過小評価がありうるので、たとえばリスク回避的な買手は、交渉範囲の上限を、Bの期待値より低く設定するかも知れない。そのように保守的に行動することで、真の価値より高い価格で買ってしまうリスクを回避する。ただし交渉範囲の上限を下げると、取引が成立する範囲は狭くなる。不確実性が大きい場合には、リスク回避的な態度によって交渉範囲が狭まり過ぎて、市場が成立しなくなることもある。

　以上のような理由によって、経済効率（売手と買手の利益の合計）は多くの場合に、不確実性があると、真の値がわかる場合より低下する。

## 不確実性と交渉力

　しかし交渉力を考えると、個々の売手や買手にとって、真の価値を知らないことが有利にはたらくこともある。たとえば1対1の取引で、買手がBの真の値を知らないとする。かりにBの真の値が高いと、買手はBを過小

評価することになるが、真の値より低い価格でないと買わないので、真の値を知るときより強気の交渉になる。交渉範囲は低価格方向に狭まるので、取引が不成立になって機会損失を生む可能性はあるが、残る交渉範囲にかぎれば買手の交渉力は増える。逆に真の値が低いときは、買手がBを過大評価することになり、交渉範囲が高価格方向に拡がり、買手の交渉力は弱まる。真の価値より高い買い物をする可能性も増えてしまい、買手にとってBの過大評価に良いことはない。

　相手にとっての価値が不確実なこともある。たとえば買手が、売手にとっての価値Cを過小評価したり過大評価したりする可能性である。買手がCを過小評価するときは、低い価格で買えると思い強気の交渉をするので、取引が不成立になる機会損失の可能性はあるが、買手に有利な価格になる可能性がある。買手がCを過大評価するときは、低い価格では買えないと思い、弱気な交渉になるので買手に不利になる。

　自分ではなく相手が財の真の価値を知らないことも、自分にとって有利や不利になりうる。たとえば買手にとって、相手である売手が価値Cを過小評価すると、交渉範囲は低価格方向に広がるので、買手に有利になる。逆に売手がCを過大評価すると、交渉範囲は高価格方向に狭まり、買手に不利になる。また売手が、買手にとっての価値Bを過小評価すると、安い価格でなければ売れないと考えるので、買手に有利になる。逆に売手がBを過大評価すると、売手は高い価格を主張して、買手は不利になる。

　まとめると、買手や売手がBやCを過小評価すると、買手にとって有利になる。逆に、買手や売手がBやCを過大評価すると、売手にとって有利になる。より正確に言うと、買手も売手も、自分はBとCを過大評価も過小評価もせずに正確に知って、しかし相手はBやCを自分にとって有利なように誤認識するときに、最も交渉力が強まる。

## 交渉と演技と信用

　したがって一般に、買手はBを低く相手に認識させようとするインセンティブがあり、財を高い価格で買うつもりはないように装う。逆に売手は、自分にとっての価値Cを高く相手に認識させようとするインセンティブがあり、財を低い価格で売るつもりはないように装う。ただしCをあまり過

大に推測されて、買手が自らにとっての価値 B を超えると思うと取引が成立しない。したがって、B を超えない範囲で過大評価してもらうことが、売手にとって最も望ましいと言える。そのために会話やあらゆる情報から、B を正確に探り出そうとする。また売手は、可能であれば買手にとっての価値 B を高く認識させようとするインセンティブがある。低品質の財でも、買手がわからないならば、高品質であるかのように装うこともある。

　1 回限りの交渉で、交渉から得られる金銭的利益だけを目的にするならば、真の情報を隠したり、相手を騙したりするような、**機会主義的行動**（opportunistic behavior）をとることがある。したがって交渉の不確実性には、自分の無知による不確実性だけではなく、相手が示す情報を信用できないことによる不確実性もある。相手を信用できないために、取引が成立しないこともある。

　しかし逆に、相手が信用できるタイプであると考えるならば、相手が示す情報を信用して取引を成立させることもある。また、1 回限りではなく繰り返しの取引が見込まれる場合は、相手は騙すのではなく良心的な取引で信用を得て、将来の取引を増やしたいと考えているかも知れない。不確実性のある交渉では、相手が信用できるタイプか否か、繰り返しの取引や評判などによって機会主義的な行動が抑制される状況か否か、などを判断することが重要になる。逆の見方をすると、自分が信用されることは、取引が成立する可能性を高めて自分の利益にもなる[4]。

　信用と交渉力をまとめると次のようになるだろう。不確実性のある交渉では、相手より多くの正確な情報をもつほど、交渉力は強くなる。したがって、相手から情報をうまく聞き出したり察知したりする能力、自分に有利なように相手に状況を誤認識させる能力などがある者は、属人的な交渉力があると言えるかも知れない。しかし交渉の相手が、その属人的な能力によって不利な立場になると警戒すれば、その者とは、かなり有利な条件でなければ受諾しなかったり、取引を回避するかも知れない。そうなると交渉は良い結果を生まない。逆に正直であるほうが、意図的に相手を不利にすることはないだ

---

4　機会主義的行動の可能性によって取引が成立しなかったり、機会主義的行動を抑制する仕組みによって取引が成立するメカニズムは、筆者著『ビジネス意思決定』の第 6 章にモデルを用いた詳しい説明がある。

ろうと信用されて、良い結果を生むこともある。そのような場合には、正直であることが交渉力になる。繰り返しの取引や評判があると、正直であることの効果が高まるかも知れない。演技であれ正直であれ、自分が信用されることは、自分の交渉力を強める。また、相手が信用できるか否かを見分ける能力も、交渉力に含まれる。

　不確実性は、1対1の取引では、交渉が成立するか否かや、成立した場合の利益の配分に大きく影響しうる。とくに、自分が取引相手に比べて、正確な情報をもっていないと思われる場合は、相手に情報面での不利を利用される可能性があるので注意を要する。1対Nの取引では、N人の側にいる者は、自分に不利な過大評価や過小評価をしている場合ほど、取引が成立しやすく、結果的に不利な取引をしてしまう可能性が高い。2-5節で説明する「勝者の呪い」である。したがって買手であればBの過大評価に、売手であればCの過小評価に注意すべきである。代替の取引相手がある1人の側は、信用できそうな取引相手を選べることや、複数の相手から情報を得ることにより、不確実性の影響をより小さくすることができる。N対Nの取引では、不確実性の影響はさらに小さくなる。

### 不確実性と1対Nの取引

　売手1人と買手複数の1対Nの取引では、売手がすべての買手のBを知っているならば、売手は自分にとって最も有利な買手を選んで交渉ができる。しかし買手のBがわからない場合は、売手は順次に相手をかえて個別交渉を重ねるか、あるいは入札やオークションなどの取引形態を使う。逆に、売手複数と買手1人の取引で、買手が売手のCを知らない場合には、買手は売手をかえて交渉を重ねたり、逆オークションを使うこともある。続く2-3節と2-4節では、それら特徴的な1対Nの取引モデルを紹介する。

## 2-3 探索モデル

　取引相手のBやCに不確実性がある場合の1対Nの取引形態の1つに、個別交渉による探索がある。交渉をすることで、相手が提案する取引条件の

情報を得る。そして複数の相手と交渉をすれば、得た情報のなかで最も自分にとって有利な条件を選ぶことができる。この2-3節では個別交渉による探索を、取引モデルを使って分析する。買手が1人で売手が複数の個別交渉と、買手が複数で売手が1人の個別交渉は、買手と売手を入れ替える対称的な構造として同じモデルから考えることができる。次の事例2-1は、買手が1人で売手が複数いて、買手は売手たちのCがわからない場合の個別交渉である。

### 事例2-1

　三輪氏は何軒かの自動車ディーラーと個別に交渉して、その中で最も低い価格を提示したディーラーから車を買おうとしている。ディーラーが提示する価格は交渉するまでわからないが、提示する価格の範囲はどのディーラーも90万円から100万円の間で一様の確率分布をしていると考えられる。そして各ディーラーの価格は、他のディーラーの価格とは無関係に決まっているように思える。ディーラーを訪問して交渉する時間や労力を考えると、1軒の探索は1万円相当のコストに感じられる。三輪氏は何軒のディーラーを探索すれば、車に払う価格と探索コスト（1軒あたり1万円）の合計を最小にできるだろうか。

### 探索から期待される合計コスト

　事例2-1で1軒だけのディーラーを探索するならば、価格の期待値は、90万円から100万円の間の一様分布の平均値で95万円である。それに探索コスト1万円を加えた合計コストの期待値は96万円になる。より多くのディーラーの情報を得るならば、探索コストは増えるが、より低い価格を得られる可能性がある。2軒以上のディーラーを探索する場合の、最も低い価格の期待値を計算するには、一様分布の順序統計量の性質と呼ばれる次の法則が役に立つ。

「$a$から$b$の範囲で独立してランダムに一様分布をしている確率変数を$n$個取り出したなかの、$k$番目に低い値の期待値は$a + \{k/(n+1)\}(b-a)$になる。」

　これを事例2-1にあわせて、$a$に90（万円）、$b$に100（万円）を代入すると、

第2章 交渉力と情報 047

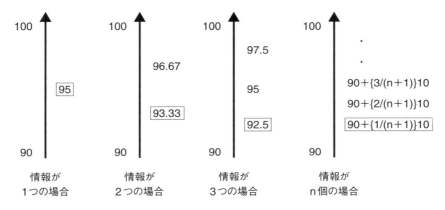

図2-7 事例2-1における順序統計量の期待値（単位：万円）

　最も低い価格の期待値は図2-7のように表せる。つまり、得られるn個の価格を小さい順に並べると、それらの期待値は、一様分布の範囲をn＋1個に等分する各点になる。（これは期待値の性質であり、実際の価格は期待値より上下する。）図2-7では情報の件数を変えて、最も低い価格の期待値を四角で囲んでいる。
　2軒のディーラーを探索するならば、得られる価格を低い順に並べたときの期待値は、90万円から100万円の範囲を3等分する点で、93.33万円と96.67万円になる。そのうち低いほうの93.33万円に、2軒分の探索コスト2万円を加えて、期待される合計コストは95.33万円になる。これは1軒だけの探索から期待される合計コスト96万円より低い。同様に3軒の探索から期待されるコストを計算すると、価格の期待値は低い順に92.5万円、95万円、97.5万円であり、最も低い92.5万円に探索コスト3万円を加えて、期待合計コストは95.5万円になる。
　ちなみに5軒以下の場合の期待合計コストを表2-3に示す。表では期待合計コストは2軒の探索の場合に最小になるが、さらに多くの軒数の価格情報を集めても、期待合計コストは軒数が増えるにつれて大きくなる。つまり事例2-1では、2軒の探索から期待される合計コストが最小になる。
　表2-3の内容を視覚的に表現すると図2-8のようになる。図では横軸に探

表2-3　事例2-1の期待合計コスト

| 軒数 | 期待最低価格 | 探索コスト | 期待合計コスト |
| --- | --- | --- | --- |
| 1 | 950,000 | 10,000 | 960,000 |
| 2 | 933,333 | 20,000 | 953,333 |
| 3 | 925,000 | 30,000 | 955,000 |
| 4 | 920,000 | 40,000 | 960,000 |
| 5 | 916,667 | 50,000 | 966,667 |

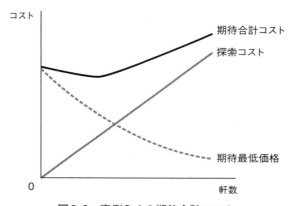

図2-8　事例2-1の期待合計コスト

索する軒数をとっている。軒数を増やすほど、買手は多くの交渉相手をもち、期待最低価格は低くなる。無限に多くのディーラーと交渉できるならば、期待最低価格は限りなく90万円に近づく。ただし探索して価格情報を得るためのコストは軒数に比例して上昇する。最小価格と探索コストの合計コストが最小になる軒数は無限大ではなく、事例2-1では2軒になる。つまり売手が多数でも、買手の交渉力は極端に大きくならない。探索コストが買手の交渉力を制限しているとも言える。

### 探索コストと交渉力

　探索コストが1軒あたり1万円であれば、期待合計コストは2軒を探索す

表2-4 探索コストと探索数の関係

| 探索コスト | 軒数 | 期待最低価格 | 合計交渉コスト | 期待合計コスト |
|---|---|---|---|---|
| 10,000 | 2 | 933,333 | 20,000 | 953,333 |
| 1,000 | 9 | 910,000 | 9,000 | 919,000 |
| 100 | 31 | 903,125 | 3,100 | 906,225 |
| 10 | 99 | 901,000 | 990 | 901,990 |

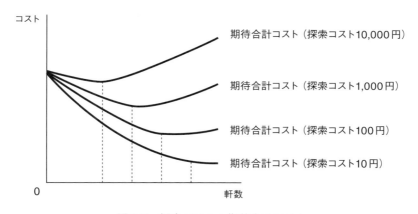

図2-9 探索コストと期待合計コスト

るときに最小になる。しかし最適な探索軒数は、探索コストによって変わる。表2-4は探索コストを変化させたときの、最適な探索軒数と期待合計コストを表している。表でわかるように、探索コストが下がるほど、買手が購入を決める価格は下がり、探索軒数は増える。つまり探索コストが小さくなれば、買手は有利な価格を求めてより多くのディーラーと交渉し、有利な条件で購入する。その結果、買手の交渉力は強くなる。

　探索コストを変えたときの期待合計コストの変化を図2-8の枠組みに重ねて表現すると、図2-9になる。探索コストが小さくなるほど、期待合計コストは下方に移動する。そして最適点を表す破線の移動で示すように、探索コストが小さくなるほど、最適な探索軒数は多くなり、そのときの期待合計コ

ストは小さくなる。

　上に述べた傾向は、実店舗からインターネット上の店舗への変化における、購買行動の変化とよく符合する。買手が店舗を回って価格情報を得るときは、探索コストが高いので十分に比較購買ができず、高い価格でも商品が売れる可能性がある。しかしインターネット上では簡単に価格の比較ができるので、探索コストが下がり、かなり低価格を提示しないと購買にいたらない。コスト競争力のある売手は、インターネットを利用して多くの顧客を誘引できる可能性がある。しかし単純な価格訴求であれば、利益率は高くなりにくいであろう。コスト競争力がない売手は、価格面の不利は従来以上に厳しくなる。サービスなどで差別化する必要が従来以上に高まるであろう。

　まとめると、探索コストが小さいほど、多くの代替の交渉相手から情報を得て、有利な取引相手を見つけやすい。つまり代替の取引相手の人数だけでなく、探索コストが交渉力に影響を与える。探索コストは、実質的な代替の取引相手の人数を決める効果があるからである。

### 探索をしながら件数を決めるモデル

　ここまでは探索を始める前に探索の数を決める前提であったが、事前に数を決めず個別交渉を重ねながら、満足できる条件が得られた段階で探索をやめる方法もある。そのような動的な意思決定を含む探索を分析するモデルは、筆者著『ビジネス意思決定』第4章にある。動的な意思決定では、好条件の交渉結果を早い段階で得られれば、探索の数は少なく、早い段階で得られなければ、探索の数は多くなる。

### 探索モデルの応用例

　この節で紹介した探索モデルにおける探索コストは、本質的に、情報を得るためのコストである。したがって探索モデルで、広告の効果を考えることもできる。広告にはさまざまな効果があるが、探索モデルで分析できる効果をあげてみる。

　広告によって買手が財の価値 B の評価を高めれば、交渉範囲の上限が高まり、売手に有利になる。しかし広告によって価値 B の評価が高まらなくても、財や売手の存在の認知度が上がれば、探索の際に想起されやすくなり、

買手が財や売手を探索するときの順番が繰り上がる。もし買手が限られた数しか探索しないならば、その数の順位に入らなければ、取引相手の候補にならない。したがって認知度が上がるだけでも、売上の増加が期待できる。検索エンジンで上位にランクされるようにすることも同様な効果がある。また広告は、対象の情報を買手が探索するコストを小さくする。買手にとってすぐに購入する必要がない財は、探索コストが大きいならば、必要になるまで探索しないかも知れない。つまり現時点での最適な探索件数がゼロ件という状態である。そのような状態でも、探索コストが小さいならば、広告の情報をもとに購入を検討するかも知れない。探索コストが1社だけ小さいならば、競争ではなく1対1の取引になる可能性がある。オンライン広告によって自社の販売サイトに顧客を誘導することは、そのような効果がある。

　物理的な店舗の立地の良さも、探索コストを下げて、探索される順位を上げたり、潜在的な買手を誘引する効果がある。

　タクシーの配車システムも探索コストを下げる。買手にとって、流しのタクシーを探索するコストは、タクシーがつかまるまでの時間と、タクシーを探して歩いたりする労力である。電話やアプリでタクシーを予約したり呼び寄せたりすれば、探索コストを下げることができる。タクシーにとっても、客を探して走るような探索コストが下がる。したがって配車システムを導入することは、交渉範囲を広げて、取引の機会を増やす効果がある。ただし売手も買手も探索コストが下がるので、配車システムを導入することで、価格は上がる可能性も下がる可能性もある。従来からあるタクシー会社の配車システムは、配車料を価格に上乗せする傾向がある。どうしてもタクシーを利用したい、価値Bの高い買手が配車システムを利用することが多いのかも知れない。またタクシー会社の配車システムは、自社のタクシーだけを配車するので、接客を丁寧にしたり車両のグレードを上げたりする、差別化と組み合わせやすいかも知れない。ただしウーバーのように、複数の事業者から配車するシステムの場合は、1人の買手に対して複数の売手が、1回の探索で競争させられる形になる。ウーバーが普及している地域では、ウーバーの実勢価格は従来のタクシーより下がる傾向がある。

# 2-4 オークションと入札

1対Nの取引では、前節で紹介した1件ずつ順次に交渉する探索のほか、オークションや入札のように、一度にまとめて相手と条件を決める方法がある。オークションには、せり上げや、せり下げなど、異なる方式がある。入札にも、1位価格入札や2位価格入札[5]、1回の入札で落札者を決める方法や、複数回の入札で応札者を絞り込んでいく方法など、さまざまなものがある。この節では、オークションと入札を取引モデルを使って分析する。

### 高い落札価格を引き出すのはどの方式か

もし売手が1人で買手が多数の状況で、売手が自分に有利な取引形態を選ぶならば、最も高い取引価格になるのはどの形態だろうか。かりに、1位価格入札、せり上げ、せり下げ、の3つの中から選ぶとする。1位価格入札は、もっとも高い金額を入札した者が落札し、その入札額で買う方法である。せり上げは、多くの人が買う意欲をもつであろう低い価格から、徐々に価格を上げていって、買う意思表示をする者が1人になった時点で、その1人がその時点の価格で買う方法である。せり下げは逆に、誰も買わないような高い価格から徐々に価格を下げていって、最初に買う意思表示をした者がその時点の価格で買う方法である。

### 収入等価定理

入札やオークションの取引価格に関しては、**収入等価定理**（revenue equivalence theorem）という理論がある。それは、取引価格の期待値は、入札やオークションの方式を問わず等しくなるという法則で、法則が成立するための条件は次の通りである。応札者が支払っても良いと考える最大値（1-3節のモデ

---

[5] 1位価格入札は、買手多数の入札であれば、もっとも高い入札額の者が落札し、その入札額で買う方法。2位価格入札は、もっとも高い入札額の者が落札し、ただし2番目に高い入札額で買う方法。1位価格入札では、入札者は自分が払っても良い上限の価格より低い額で入札するが、2位価格入札では、入札者は自分が払っても良い上限の価格で入札する。そのため入札者にとっての"正直な"価値が開示されるメリットがある。

ではBにあたる）が、ある確率分布にしたがって決まっている。すべての応札者は、自分のBを知り、他者のBは知らないがそれが決まる確率分布を知っている。そして正確に自分の利益の最大化ができるという条件である。この定理が成立するなら、どの方式でもとくに売手や買手に有利とは言えない。

## せり上げ

収入等価定理をもう少し具体的に説明する。たとえば、せり上げにおける買手の合理的な行動は、価格が自分にとっての財の価値Bより低い限り買う意思表示を続け、Bより高くなれば買う意思表示をやめる、というものである。すべての買手がそのように行動すると、買う意思表示をする者が1人に絞られるのは、価格が、買手のBのうち全体で2番目に高い額（1-3節のモデルでは$B_2$にあたる）を超えた瞬間である。つまりせり上げの落札額は$B_2$になる。

$B_2$の期待値について、数値例を紹介する。たとえば各買手の価値Bは、0以上1以下の範囲で、他の買手のBの値の影響を受けずに、それぞれ一様に分布しているとする。買手の人数をnとすると、一様分布の順序統計量の性質により、全体でi番目に高い価値$B_i$の期待値は、$(n+1-i)/(n+$

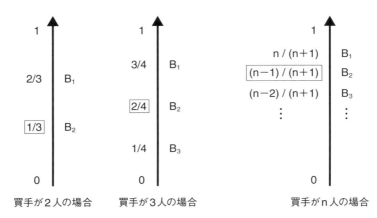

図2-10　せり上げでの落札価格の期待値

1) になる。つまり買手が2人ならば、価値づけの高い順に、$B_1$の期待値は2/3、$B_2$の期待値は1/3である。したがって落札額の期待値は1/3になる。買手が3人ならば、$B_1$の期待値は3/4、$B_2$の期待値は2/4で、落札額の期待値は2/4＝1/2になる。一般的に買手がn人のせり上げの落札額の期待値は、(n－1) / (n＋1) になる。図2-10は、買手の人数を変えて、落札額の期待値を比較している。図では落札額の期待値になる$B_2$の期待値を四角で囲んでいるが、買手の人数が増えるほど、落札額は上がり、売手にとって有利な条件になることがわかる。

## せり下げ

　次に、せり下げにおける買手の行動を考えてみる。まず合理的ではない行動の例を挙げる。価格が徐々に下がるなかで、買手が自分にとっての価値Bより低い価格になればすぐに買う意思表示をする。これだと、かりに落札できても価値と同額で落札することになり、利益はゼロになる。Bよりいくらか低い価格になるまで買う意思表示を控えれば、他者にせり落とされる確率は高まるが、自分が落札した場合の利益は増える。合理的な買手は、自分が落札できる確率と、落札した場合の利益を掛けた積（期待利益）が最大になる価格で、買う意思表示をする。その価格はBよりいくらか低い金額になる。

## 入札

　1位価格入札における行動を考えてみる。これも合理的ではない行動の例だが、もし入札者が自分にとっての価値Bで入札するならば、かりに落札できても、価値と同額で落札するので利益はゼロになる。Bよりいくらか低い金額で入札すれば、他者に落札される確率は高まるが、自分が落札した場合の利益は増える。合理的な入札者は、自分が落札できる確率と、落札した場合の利益を掛けた積（期待利益）が最大になる価格で入札する。その価格は、せり下げと同じように、Bよりいくらか低い金額になる。

　せり下げでの最適な意思表示の価格と、1位価格入札での入札価格は、同じ考え方で求めることができる。つまり、自分が落札できる確率と、落札した場合の利益を掛けた積が最大になる価格である。上に述べた一様確率分布の例では、すべての参加者が合理的に期待利益を最大化するなら、計算は省

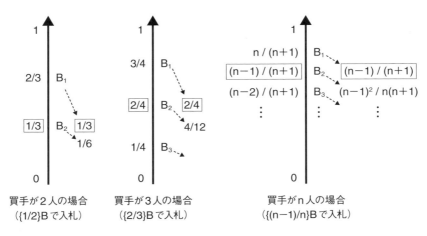

図2-11　入札価格の期待値

略するが、最適な入札額は $\{(n-1)/n\} B$ になる[6]。つまり買手が2人であれば、自分の価値づけ B に対して $\{1/2\}B$ で、買手が3人であれば $\{2/3\}B$ で、入札またはせり下げでの意思表示をするのが最適になる。入札額は、各買手にとっての価値 B に同じ割合 $\{(n-1)/n\}$ を掛けたものなので、入札額の順序は価値 B の順序と同じになる。したがって落札者は $B_1$ の買手になり、落札額は $\{(n-1)/n\} B_1$ になる。この落札額の $B_1$ に、順序統計量の性質による $B_1$ の期待値 $n/(n+1)$ を代入すると、落札額の期待値は、$\{(n-1)/n\} \{n/(n+1)\} = (n-1)/(n+1)$ となる。これはせり上げの落札額の期待値である、$B_2$ の期待値と一致する。

　$B_1$ の者の入札額の期待値が、$B_2$ の期待値に一致する様子は、図2-11のように表される。各買手は自分の B を $\{(n-1)/n\}$ 倍に割り引いた額を入札する。このとき $B_1$ の期待値に $\{(n-1)/n\}$ を掛けたものは、つねに $B_2$ の期待値に一致する。つまり、入札による落札額の期待値は、せり下げの場合と同じであり、それはせり上げによる落札額の期待値（$B_2$ の期待値）とも等しくなる。

　収入等価定理は、入札やせりの方法にかかわらず、落札価格の期待値が同

---

6　一様確率分布のもとで各買手が入札額を決めるゲームのナッシュ均衡として計算できる。

じになることを意味する。期待落札額が一致する性質は、一様分布に限らずすべての連続的な確率分布で成立することが証明されている。そして収入等価定理は、買手多数の入札や、買手が1人で売手が多数の逆オークションでも成り立つ。

## 探索とオークションの比較

ちなみに、2-3節の探索モデルと、この2-4節のオークションのモデルは、ともに相手の評価額がわからない状況の1対Nの取引を扱っている。探索モデルは個別交渉に交渉コストを設定しているが、もし交渉コストがゼロならば、すべての取引相手から情報を得て、最善の相手を選ぶことになる。つまり買手がn人ならば、すべての買手からオファー価格を聞き出して最高額を選ぶ。それはn人による入札と同じことで、取引価格は$B_1$の買手のオファー価格で、その期待値は$B_2$の期待値に等しくなる[7]。（現実的には、探索にはコストがかかるため、必ずしもすべての買手の情報を集めず、取引価格の期待値は$B_2$より低くなる。オークションでも開催コストがかかるため、やはりコストに応じて参加人数や落札額の期待値は低下する。探索とオークションを比較すると、それらの実施コストの違いによって取引価格の期待値は変わりうる。）

## オークションと取引モデルの比較——不確実性の影響

1対Nの取引で、相手の評価額がわからない状況で行うオークションと、相手の評価額がわかるときの取引モデルを比較してみる。売手が1人で買手がn人とすると、売手が各買手の評価額$B_1$、$B_2$、$B_3$、…がわかるならば、図1-8の取引モデルが示すように、交渉範囲は$B_1$と$B_2$の間になる。一方でオークションにおける落札額の期待値は、収入等価定理で説明したように$B_2$である。これは取引モデルの交渉範囲の下限にあたる。つまり買手の価値$B_1$、$B_2$、$B_3$、…を知らないことが、売手の交渉力を弱め、相対的に買手の交渉力を高めている。

---

7 事例2-1の探索モデルと比較する読者のために正確を期すと、事例2-1は評価額Bではなくオファー価格が一様分布に従うという仮定なので、取引価格は$B_2$ではなくオファー価格で表現されている。

## 2-5 オークションにおける行動の特徴

　前節で述べたように、理論的にはオークションや入札の形式を問わず、取引価格の期待値は変わらない。しかし現実には、理論のように当事者は完全に合理的ではなく、取引の形態は結果に影響を与えるようである。どのように影響するのか。また、オークションや入札に参加する場合には、どのような意思決定に注意すれば良いのだろうか。

### すべての買手が合理的なとき

　売手が1人で買手がn人のオークションで、もしすべての買手が合理的ならば、買手の最適な行動は次のようになる。せり上げでは、価格が自分にとっての財の価値Bより低い限り買う意思表示を続け、Bより高くなれば買う意思表示をやめる。せり下げでは、かりに自分のBが参加者の中で最も高い値$B_1$であると仮定して、自分の次に高い者の$B_2$の期待値に価格が下がるまで、買う意思表示を控える。もし各買手のBが一様分布に従うならば、買う意思表示をする価格は、参加者数をnとして、自分のBと一様分布の下限との差の1/nを、自分のBから引いた価格である。入札においてはせり下げと同様に、かりに自分のBが参加者の中で最も高い値$B_1$であると仮定して、自分の次に高い者の$B_2$の期待値を入札する。もし各買手のBが一様分布に従うならば、入札額は、自分のBと分布の下限との差の1/nを、自分のBから引いた価格である。

### 現実のオークションと入札

　しかし現実では、買手はつねに合理的とは限らず、他の買手のBの確率分布も正確にはわからない。そのような現実の取引の実証研究によれば、たとえば買手が多数で売手が1人の状況では、せり上げが他の方式より高い落札価格になる傾向がある。高い落札価格になる要因はさまざまに考えられるが、合理的な利益最大化以外の要因である。せり上げていくうちに、せり合う相手に負けたくないという競争意識が生まれる可能性が指摘されている。また、対象の財に希少価値を感じたり、他社が評価する様子を見て自分に

とってのBが上方修正される可能性なども指摘されている。どのような理由であれ、落札価格が高くなる傾向があるからこそ、オークション業者は一般に、買手多数の場合にはせり上げで取引を行うのであろう。ちなみにオークション業者は一般に、落札価格の一定割合を手数料収入として受けとる。したがって、取引価格が高くなる方式を選ぶインセンティブがある。自分が売手でオークションの方式を選べるならば、せり上げが有利になることが多そうである。

　せり上げではなく入札が採用されるのは、公共入札など取引の公平性が求められる場合が多い。せり下げは、あまり採用されない方式だが、プロ同士の水産物や中古車の取引などでときどき採用される。せり上げは複数の買手に値を競わせる時間がかかる。一方でせり下げは最初の買手が意思表示した時点で落札する。相場に近い価格から始めれば、せり下げは一般にせり上げより短い時間で取引できるので、多くの取引を迅速にさばく場合に適している。せり下げは、17世紀のオランダの異常なバブル景気で、投機対象になったチューリップの球根の取引で採用されて有名になった。珍種の球根の中には、現在の価値で1個に数億円の値がついた例がある。投機なので買手にとって財の価値がわかりにくく、一部の買手には、せり始めの言い値が参考価格になった可能性がある。せり下げの場合は、大勢の中で1人でも言い値につられて過大評価する者がいれば、その者が意思表示した時点で取引が成立する。せり上げの場合は、他の応札者が脱落した時点の価格になるので、1人が過大評価しても極端に高い価格にはならない。そのような過大評価の取引を期待して、せり下げが選ばれたのかも知れない。

## 勝者の呪い

　買手多数の入札やオークションで、買手が自分にとっての価値Bを正確に把握できない場合には、Bを過大評価するほど入札額が高くなり落札確率が大きくなる。つまり、事後に正確な価値がわかって後悔するような場合に限って、入札に勝つ確率が高くなる。逆に、過小評価して低い入札額をつけた場合は、落札できれば得な買い物になるが、自分の入札額が低すぎて、他者が落札してしまう可能性が高くなる。そのような構造を、入札に勝ったときは喜ぶが、やがて真の価値を知って後悔する運命に呪われている、という

意味で「勝者の呪い（winner's curse）」と呼ぶ。

　勝者の呪いが極端な結果を示すのは、入札対象の真の価値がどの応札者にとっても等しい場合、たとえば金融商品への入札である。美術品のような、入札対象が個人の嗜好を反映するものならば、応札額の違いは個人の価値観の違いによる割合が大きい。しかし金融商品のように価値が誰にとっても等しい場合は、入札に勝った者は、最も入札対象を過大評価した者である可能性が高い。そして将来、過大評価を後悔する可能性が高い。

　勝者の呪いを防ぐためには、正確な価値が不明な場合は、自分が考える価値よりも安全な値（買手の場合であれば低い値）を基準に、入札額を決める必要がある。つまり通常の入札より、自分にとってのBからより多く割り引いた額で入札する必要があるだろう。

　入札者が完全に合理的であれば、勝者の呪いの可能性を予想できるので、理論的には入札額での対応により勝者の呪いは回避される。しかし実際には、勝者の呪いは経験を積んだプロの入札でも頻繁に発生するようである。企業買収や資源鉱区の開発権の入札などは、落札者の戦略や経営努力で価値が変わりうる。したがって入札額の違いは、応札者の経営能力を反映し、必ずしも過大評価や過小評価の結果とは言えない。それでも投資収益を追跡した実証分析では、平均して落札者にとって効率の悪い投資になり、勝者の呪いが存在することが報告されている。単独ではなく複数の候補者がいる買収交渉や入札では、勝者の呪いに注意する必要がある。

## 2-6　交渉力と情報のまとめ

　売手と買手の利益配分に関わる交渉力は、さまざまな要因の影響を受ける。たとえば、代替の取引相手をもつこと、最終通告ができる立場、時間や交渉のコストが相手より低いこと、などは取引において相手より有利な条件を得やすくする。しかしそれらの要因が影響をもつ交渉範囲は、売手と買手の数が増えるほど小さくなっていく。売手と買手の数が十分に多い競争市場では、価格は競争価格に収斂して、交渉範囲はなくなる。したがって上に述べた交渉の要因は影響をもたなくなり、代わりに、売手と買手にとっての価値で

あるBとCの分布によって、取引価格ひいては売手と買手の利益が決まる。

　BやCに関する不確実性は、売手と買手の利益の合計を減少させることが多い。ただし売手や買手の数が少なく交渉力がはたらく場合には、個々の売手や買手にとって、自分に有利または不利な条件を作る要因になる。つまり交渉力の要因になる。一般に、相手にとってのBまたはCを知ることは自分にとって有利であり、自分にとってのBまたはCは自分に好都合なように相手に誤認識されることが有利になる。したがって交渉では、自分が知る情報を隠したり、相手を騙したりするような、機会主義的な行動をとることがある。不確実性のある交渉では、相手の情報を信用できずに取引が成立しないこともある。しかし逆に、繰り返しの取引が見込まれるような場合は、騙さないで相手の信用を得て、将来の取引を増やそうとするかも知れない。不確実性のある交渉では、相手が信用できるタイプか否か、機会主義的な行動が抑制されるような状況か否か、などを判断することが重要になる。

　情報を知るためのコストが下がることは、不確実性の影響を小さくする。たとえば探索型の交渉では、情報を知るための探索コストが下がるほど、探索する者の交渉力は強くなる。入札やオークションは、多くの取引相手の情報を、比較的低いコストで集める仕組みと考えられる。

　市場における当事者の自由な取引は、財を利用価値が低い売手から、利用価値が高い買手に移転させることで、当事者にとっての価値の合計を最大にする。これは市場の社会的メリットである。しかしその法則が成り立つ条件は、取引モデルで表現されるように、社会の利益は売手と買手にとっての財の金銭評価額の合計と考えて良い場合である。取引にともなって売手と買手以外に利益や損失が生じる場合や、金銭評価額の合計で状況の良否を判定できない場合は、当事者の自由な取引が、社会の利益を最大にするとは限らない。市場のはたらきと社会の利益については、第9章で詳しく検討する。

第 3 章

# 市場の構造と企業の利益

第1章と第2章では、売手と買手がそれぞれ1単位の財を取引する前提で、取引モデルによって市場メカニズムを分析した。この第3章では、需要供給グラフを用いて市場メカニズムを分析する。

　需要供給グラフは、市場のはたらきについての良い見通しを与えてくれる。経済学をビジネスに応用する際に、おそらく最も役立つグラフの1つであろう。需要供給グラフは、経済学では主として、市場で均衡する価格や数量の予想に用いられる。ビジネスに応用する際にはそれ以上に、売手と買手の利益を図示できる点で便利である。3-1節から3-3節は、需要供給グラフと余剰分析を説明する。余剰分析は、需要供給グラフから売手と買手の利益を算出するものである。売手が高い利益率をあげやすい市場の特徴として、売上に対する生産者余剰の割合が大きいことが挙げられる。財の供給量のボトルネックになる要因があると、生産者余剰の割合が大きくなりやすい。3-4節では独占を分析する。一企業による独占も生産者余剰が大きくなりやすい。3-5節は寡占の分析である。少数の「顔の見える」ライバルの間の競争である寡占は、現実の多くの市場でみられる。しかし寡占の分析は、独占の分析や、多数の「顔の見えない」ライバルによる完全競争の分析より複雑である。3-6節では、第1章から第3章の分析をまとめて、売手が利益をあげやすい市場の構造を検討する。

## 3-1 需要供給グラフ

　需要供給グラフは、第1章で見たN対Nの取引モデルと同じ形をしているが、前提はより一般的である[1]。どちらも多数の売手と多数の買手からなる競争市場を前提にするが、取引モデルは売手と買手がそれぞれ1人あたり1単位しか取引しない前提であるのに対して、需要供給グラフは1人あたり任意の数量の財を取引できる前提である。

　需要供給グラフは、その名のもとである需要曲線と供給曲線によって、特

---

[1] 需要供給グラフと取引モデルの違いについては、1-3節の「需要供給グラフとの類似と違い」にまとめている。

定の市場における買手の行動と売手の行動を表現する。そして買手と売手の行動から、市場が均衡するときの価格と取引数量を予想することができる。価格がわかれば、買手と売手の行動から、それぞれの利益も計算できる。また、市場内外の要因が変わるときに、買手と売手の行動がどのように変わるか、価格や取引数量、ひいては利益がどのように変わるかを表現することができる。

### 需要供給グラフの表現

　需要供給グラフの例を図3-1に示す。需要供給グラフは、縦軸に価格、横軸に数量をとる。そこに需要曲線と供給曲線を用いて、ある財の市場における、買手と売手の行動を図示する。需要曲線は買手の行動を合計して表している。つまり、対象の財が特定の価格であるときに、買手が全体でどれだけの数量を買うかを表している。価格が下がるほど買う数量は増えるので、需要曲線は図3-1のDのように右下がりの線になる。一方の供給曲線は売手の行動を合計して表している。つまり、対象の財が特定の価格であるときに、売手が全体でどれだけの数量を供給するかを表している。価格が上がるほど、採算がとれて供給する者が増えるので、供給曲線は図3-1のSのように右上がりの線になる。

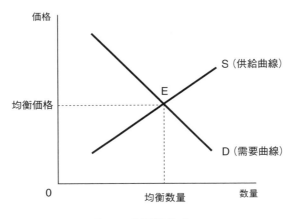

図3-1　需要供給グラフ

## 均衡、および均衡への修正

　需要量と供給量が一致する点で、市場は均衡する。すなわち需要曲線と供給曲線が交差する点（図3-1の点E、均衡点と呼ぶ）で価格と数量が安定する。なぜなら、それより高い価格では、供給曲線が示す供給量は需要曲線が示す需要量より多く、供給過多の状態になる。そのときは買手を見つけられない売手が存在する。そのような売手は、価格を下げて余剰分を売ろうとするので、市場には値下げ圧力が働く。したがって均衡価格より高い価格は持続せず、やがて価格は下がるようになる。逆に、均衡より低い価格では、需要量が供給量より多く、需要過多の状態である。そのとき売手を見つけられない買手が存在し、彼らはより高い価格を払ってでも、欲しい財を手に入れようとする。したがって市場には値上げ圧力が働く。均衡より低い価格も持続せず、やがて価格が上がるようになる。以上のように、均衡より高い価格は値下げ圧力を、低い価格は値上げ圧力を生むので、価格が何らかの理由で均衡から離れても、均衡に向けて収斂する。

　需要や供給は、経済情勢の変化や技術革新など、さまざまな要因で変動する。それによって需要曲線や供給曲線も変動するので、均衡点も変動する。したがって現実の価格や取引数量は、均衡から外れているかも知れない。しかし市場にはつねに、均衡に向けて価格と数量を修正する圧力がはたらく。したがって需要曲線と供給曲線がわかれば、市場が均衡する価格と数量を計算することができ、価格や数量が向かうところを予想できる。これが需要供給グラフが示すことの基本である。

## さまざまな市場

　縦軸に財の価格、横軸に数量をとることで、さまざまな市場について需要供給グラフを描くことができる。図3-2はいくつかの例である。(a)は例としてガソリン市場をあげた。1つの市場に対して、1つの需要供給グラフが対応する。1つの市場とは、たとえば「西暦某年の国内のガソリン小売市場」のように、品目、期間、地理的範囲などを特定して定義される。市場の範囲は大きくも小さくも定義でき、特定のしかたは一意的ではない。たとえばガソリンには、レギュラーとハイオクタンなど異なる製品種があり、価格も異なる。価格は1年のうちでも日によって変動し、同じ日でも店によって

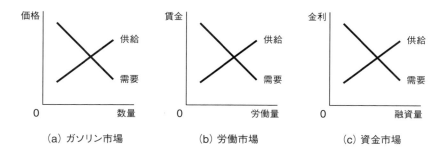

図3-2　需要供給グラフの例

違う価格がつくこともある。詳細な分析が必要であれば、製品種ごとに別の市場を定義したり、期間を短く分割したり、地域をより狭く限定して、より細分化された市場を前提にする。逆に、それほど詳細な分析をしないのであれば、製品グループや期間を広めにとって、その平均価格と合計数量で需要供給グラフを想定して構わない。市場を定義する粒度は、分析の目的に合わせたもので良い。

ガソリンのような物財以外にも市場はある。図3-2 (b) の労働市場では、価格にあたるものは賃金で、数量にあたるものは労働量になる。労働市場はさらに職種や地域によって細分化できる。(c) の資金市場では、価格にあたるものは金利で、数量は融資量である。融資の期間や使途、債権保全の条件などによって、市場はさらに細分化できる。

## 比較静学

需要供給のグラフが有用なのは、特定の条件における均衡点の予想だけではない。むしろ、条件が変化して需要や供給が変動したときに、均衡がどのように移動するかを予想するのにきわめて有用である。均衡がどのように移動するかは、条件を変えて需要供給のグラフを比較することで予想できる。異なる条件における均衡を比較することを比較静学という。

図3-3は、たとえば原材料費の高騰などにより、供給曲線が上方シフトした場合の影響を表している。図のSは原料価格が高騰する前の供給曲線で、

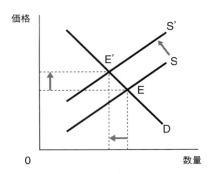

**図3-3　比較静学（供給曲線が変動する場合）**

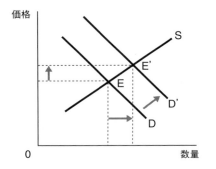

**図3-4　比較静学（需要曲線が変動する場合）**

S'は高騰した後の供給曲線である。図3-3のように供給曲線が移動すると、それにつれて均衡がEからE'に移動する。均衡の移動を、縦軸方向と横軸方向の成分に分解すれば、それぞれ価格の上昇と数量の減少となって表れることがわかる。供給曲線がシフトする理由は、供給コストの変動のほか、供給者の価格政策の変化も考えられる。

　供給曲線だけでなく、需要曲線も変動する。図3-4は、消費者の行動の変化により、たとえば需要の拡大によって、需要曲線がDからD'へ右上方にシフトした場合を表している。このとき均衡はEからE'へ右上方に移動す

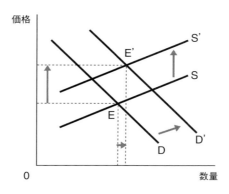

**図3-5　比較静学（需要曲線と供給曲線がともに変動する場合）**

る。その影響は、縦軸方向の成分である価格の上昇と、横軸方向の成分である数量の増加になって表れる。需要曲線がシフトする理由は、買手の嗜好の変化や、代替品の存在、需要が中間需要ならば最終需要の変化の影響、などである。

　需要と供給の変動が、同時に起こるときもある。図3-5はそのような比較静学の例で、需要曲線の右方シフトと供給曲線の上方シフトを同時に表している。均衡は両曲線のシフトの効果が合計されて、EからE'に移動する。この場合はどちらの曲線のシフトも、均衡価格を押し上げる効果がある一方で、供給曲線の上方シフトは均衡数量を減らし、需要曲線の右方シフトは均衡数量を増やす効果がある。数量に関してどちらの影響が優勢かは、需要曲線と供給曲線の、それぞれの傾きや変化量に依存するので、一意的には決まらない。

## 3-2 余剰分析

　需要供給グラフの、均衡価格や取引数量の予想とは別の利用法として、余剰分析がある。余剰分析は、市場取引によって生じる買手と売手の利益を計量する。それは売手あるいは買手にとって利益をあげやすい市場の特徴を考

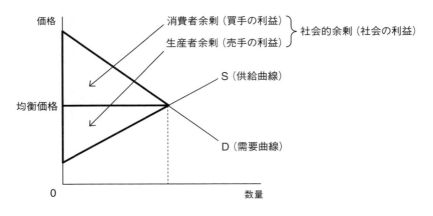

図3-6　完全競争の余剰分析

えるヒントにもなる。

　また、売手と買手の利益を合計して、社会の利益を計量することもできる。社会の利益を分析することで、特定の価格や取引数量が、社会にとって最適なものであるかどうかを判定できる。

　まず図3-6に、完全競争の場合の余剰分析を示す。需要供給グラフに、売手の利益である生産者余剰と、買手の利益である消費者余剰を、太線で囲まれた領域として表している。

### 消費者余剰

　取引から得られる買手の利益である消費者余剰は、需要供給グラフでは買手の行動を表す需要曲線をもとに、次のように表される。需要曲線の意味を、通常とは逆方向にたどって、数量に対する価格の意味として考えると、消費者余剰を理解しやすい。たとえば図3-6の需要曲線上で左端に近い、数量＝1に対応する点を取り上げ、それに対応する価格の意味を考えるために図3-7を用いる。図3-7で数量＝1に需要曲線から対応する価格を $B_1$ とすると、$B_1$ は財がちょうど1単位だけ売れる価格で、それより高い価格では1単位も売れないことを表す。言い換えれば、1単位の財の消費に最も高い価値を感じる買手が、支払って良い価格の上限が $B_1$ である。第1章で検討した取

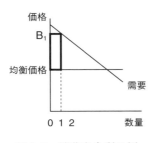 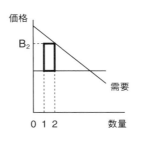 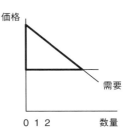

図3-7　消費者余剰の例　　図3-8　消費者余剰の例　　図3-9　消費者余剰の例

引モデルの $B_1$ が、まさにそのような価格であった[2]。その買手は $B_1$ の価値の財を、均衡価格で手に入れる。したがって買手にとっての利益（消費者余剰）は、$B_1$ から均衡価格を引いた金額である。それを図3-7の太線で囲んだ部分で表している。囲んだ部分は、横幅が1単位で縦の長さが評価額なので、面積として消費者余剰の大きさを表す。

同様に、数量＝2に対応する需要曲線上の点が示す価格 $B_2$ は、2番目に高い価値づけをされる1単位の財の価値である。したがって、$B_2$ から均衡価格を引いた金額が、2番目に高い価値づけをされる1単位の財の消費者余剰になる。図3-8の太線で囲んだ部分がその消費者余剰を表している。このようにして買手全体の消費者余剰を合計すると、図3-9のようになる。これが図3-6において太線で囲んだ消費者余剰にあたる。そしてその面積は、買手全体としての利益の大きさを表す。消費者余剰の厳密な形状は、1単位ごとの段差があるが、十分に大きな数量では、消費者余剰の上辺はなだらかな需要曲線に近似する。

### 供給曲線と限界費用

次に売手の利益である生産者余剰を検討する。ただしそのために、売手の行動と市場メカニズムを分析するうえで重要な概念である、**限界費用**（marginal

---

[2] 需要供給グラフは1人の買手が複数単位の財を買う状況も表している。1人の買手が、同じ財でも単位ごとに異なる価値を感じることもある。たとえば、急病人を搬送するときのガソリン1単位の消費と、それほど重要ではないときのガソリン1単位の消費に異なる価値を感じるような例である。そのような例は、それぞれが違う価値をもつ1単位の消費と考える。

cost）を紹介する。限界費用とは、ある財を1単位追加して供給するために必要な、売手の追加の費用をいう。固定費用を変えずに追加の供給ができるならば、限界費用は1単位あたりの変動費に等しい。固定費用が増えるならば、限界費用は固定費用の追加分と、1単位分の変動費を合計したものになる。限界費用は、すでに供給されている財の量によって変わりうる。たとえば最初の1単位を供給するために大きな固定費が必要ならば、最初の1単位のための限界費用は大きな値になる。

　市場メカニズムの重要な性質の1つは、完全競争では、供給曲線は限界費用を表すというものである。その理由は次の通りである。競争市場には多数の売手がいるので、価格が自らの限界費用を上回る限り、売手は財を追加で供給する。なぜなら、その売手がより高い価格で売ろうとしても、限界費用が低い他の売手が供給して取引を奪うからである。したがってどの売手も、価格が限界費用を上回る限り財を供給する。逆に言えば、どの価格でも、それを下回る限界費用の供給がすべてなされることになる。そして価格が上がるときに追加される供給は、その価格をかろうじて下回る程度の限界費用でなされることになる。つまり完全競争においては、供給曲線は限界費用を表す線になる。

　ただし市場が完全競争でなければ、3-4節以降で述べる独占や寡占における価格戦略のように、売手は限界費用より高い価格をつけることがある。このときは供給曲線と限界費用は一致しない[3]。

### 生産者余剰

　取引から得られる売手の利益である生産者余剰は、需要供給グラフでは売手の行動を表す供給曲線をもとに、次のように表される。供給曲線上で左端に近い、数量＝1に対応する点を取り上げ、その周辺を図3-10に表す。完全競争では、供給曲線は限界費用を表している。図3-10で数量＝1に対応する供給曲線上の点は価格 $C_1$ に対応するが、$C_1$ は最初の1単位の供給費用

---

[3] 完全競争であっても、工業製品のように供給に初期投資などの固定費がかかる財は、最初の1単位の限界費用は大きく、2単位目以降の限界費用は1単位目より小さくなる。したがって厳密には、限界費用も供給曲線も必ずしも図のように単調な右上がりにはならない。

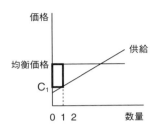 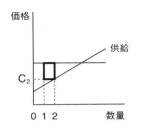 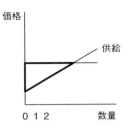

図3-10　生産者余剰の例　　図3-11　生産者余剰の例　　図3-12　生産者余剰の例

が最も低い売手にとっての費用を示している。その売手は、費用$C_1$の財を均衡価格で売る。したがって売手にとっての利益（生産者余剰）は、均衡価格から$C_1$を引いた金額になり、図3-10の太線で囲んだ部分で表される。囲んだ部分は、横幅が1単位で縦の長さが評価額なので、面積として生産者余剰の大きさを表す。

同様に、数量＝2に対応する供給曲線上の点が示す価格$C_2$は、2単位目の財の限界費用が最も低い売手にとっての限界費用を表している。均衡価格から$C_2$を引いた金額が生産者余剰であり、図3-11の太線で囲んだ部分で表される。このようにして売手全体の生産者余剰を合計すると、図3-12のようになる。これが図3-6において太線で囲んだ生産者余剰にあたる。そしてその面積は、売手全体としての利益の大きさを表す。生産者余剰の厳密な形状は、単位数量ごとの段差がある。しかし十分に大きな数量では、生産者余剰の下辺はなだらかな供給曲線に近似する。

### 社会的余剰

消費者余剰と生産者余剰の合計を、**社会的余剰**（social surplus）という。社会的余剰は、市場取引によって生み出される利益の合計を表している。社会的余剰が大きいほど、経済活動はより効率的に行われていることになる。

## 3-3 供給曲線と企業の利益

図3-6で示したように、余剰分析は売手と買手の利益を図示する。その図をもとに、売手と買手のそれぞれにとって利益をあげやすい市場の特徴を考えることができる。一般に企業は、生産物の市場に売手として参加し、生産に必要な部材やサービスの市場に買手として参加する。しかし企業の戦略を考えるうえでは、それら市場の中でも生産物の市場がもっとも重要なことが多い。そこでこの3-3節では、主として売手の立場から、利益をあげやすい市場の条件を検討する。

売手の利益である生産者余剰が、売上に対して大きな割合を占めるならば、売手の利益率は高くなる。これは図形的には、図3-13と図3-14の需要供給グラフの比較で表現できる。どちらも完全競争の市場で、市場全体の売上は、均衡価格と均衡数量を掛けた値になる。つまり需要供給グラフでは、原点Oから均衡価格までの距離と、原点Oから均衡数量までの距離を掛けた長方形の面積にあたる。その中で太線で囲んだ部分が生産者余剰である。太線で囲んだ面積の割合が大きいほど、売手の平均的な利益率は高くなる。

図3-13は供給者の平均的な利益率が高い市場の例で、図3-14は利益率が低い市場の例である。比較のために需要曲線Dは同じものにしているので、両者の違いは供給曲線Sの形状によるものである。図3-13のように、供給

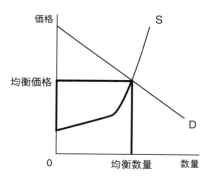

図3-13 供給者の利益率が高い市場

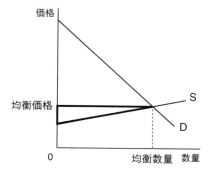

図3-14 供給者の利益率が低い市場

曲線が立ち上がるような形状をしていると生産者余剰の面積はきわめて大きくなる。このような形状の供給曲線は、生産活動に必要な要素のなかに、量的な制限をもつものがあり、生産量がその制限に達すると要素のコストが跳ね上がるような場合に現れる。たとえば、ある農産物を生産するのに適した農地の面積に制限があると、通常の制限を超えて生産を増やすためには、人手や肥料を多大にかける必要がある。また、あるサービスを行える熟練者の数に制限があると、生産を増やすためには、残業手当を上乗せしたり、熟練者でなくても仕事ができるように工程を変えたりする必要がある。そのような状況が、供給量の増加に対するボトルネックになり、生産コストを急増させるので供給曲線が立ち上がる。図3-13のような市場にいる売手は、供給曲線が立ち上がってからの高い限界費用にあたる部分を除いて、きわめて高い利益率を得る。

　図3-14は逆に、利益率が低い市場である。供給曲線は水平に近く、どの供給者も同じようなコストで供給していることを示している。このような供給曲線に対しては、需要が増えても価格は上がらない。いわば利益なき繁忙のような状況になる。誰でもどこでも、同じようなコストで生産できる、たとえば汎用部品を組み立てるだけの製品や、同じ機械を使えば誰でもできる仕事などは、図3-14のような供給曲線になりやすい。

　立ち上がる供給曲線に対しても、図3-15のように需要が小さく、均衡数量がボトルネックに届かない場合は、供給曲線の立ち上がりの影響を受けな

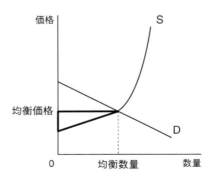

**図3-15** 供給のボトルネックより需要が下回り、利益率が低い市場

い。しかし需要が大きく、均衡数量がボトルネックを上回る場合には、図3-13のようになり、需要の増加に対して生産者余剰が急増していくことになる。たとえば鉱物資源の生産量は、鉱山の生産量というボトルネックがある。通常は需要に見合う生産量まで鉱山が開発されて、図3-15のような状況だろうが、もし需要が急増すれば図3-13のような状況になる。需要の増加に追いつくように新しい鉱山が開発されて稼働すれば、再び図3-15のような状況になるが、それまではきわめて高い利益率が期待できる。2000～2010年頃に、中国やインドをはじめとした新興国の成長により、鉄鉱石、石炭、石油など、多くの天然資源に対する需要が急増し、市場は図3-15の状況から図3-13の状況に変化した。生産のボトルネックを超えると、わずかな需要の増減でも価格は大きく上下する。資源ブームである。しかしリーマンショックによる景気後退や、資源を節約する技術開発で需要が減少し、新規の鉱山や代替エネルギーなどの開発により供給が増え、市場は数年後に図3-15のような状況に戻った。

　このようなブームは、資源や不動産など、供給に限りのある財の市場でしばしば発生する。それ以外でも、いわゆる「生産が需要に追い付かない」状況で起きる。あるいは意図的な供給制限によってボトルネックを作り出すこともある。ただしいずれにしても、供給不足が解消した時点で価格は急落するので、価格が上昇してからの投資はリスクが大きいであろう。

## 時間の経過と供給曲線

　供給曲線の形状と売手の利益には深い関係があるが、時間の経過は供給曲線の形状に変化を与える。供給曲線の形状に変化を与える要因には、部材の価格変動、供給ボトルネックの存在、異なる供給者間のコストの違い、など多くの要因がある。それらが供給曲線の位置と形状に与える影響は、時間の経過とともに、必ずしも一方向への変化ではなく、逆転したり、再逆転したりする。しかし数年以上にわたる期間で大きな流れを見ると、一般的な傾向として、特定の財の供給曲線は図3-16のように、時間の経過とともに下方にシフトし、より水平に近づく傾向がある。その理由を検討する。

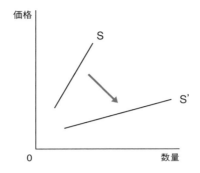

図3-16　技術進歩による供給曲線のシフト

## イノベーションの影響

　供給側におけるイノベーションの影響が、供給曲線のシフトの形で表れる。シフトは図3-16のように、供給コストの低下による供給曲線の下方シフトと、技術が標準化して広く普及することによる、供給曲線の平坦化を合わせたものになる。

　イノベーションのうちプロセス・イノベーションは、同じ財をより低コストで供給できるようにすることで、供給曲線の下方シフトで表現できる。プロダクト・イノベーションは新しい財を生み出すことだが、コストで表現すると、従来は無限に近いコストを必要とした財を、現実的なコストで供給できるようにすることと考えられる。したがってプロダクト・イノベーションも、供給曲線の下方シフトで表される。そしてどちらの種類のイノベーションも、供給に必要な情報が普及していくことで、多くの者が似た水準のコストで財を供給できるようになる。その効果は、供給曲線の平坦化となって現れる。

　イノベーションによる供給曲線のシフトを図3-17に表現する。新しい財を供給するための障害が多い段階では、供給は不可能であるか、非現実的に高いコストがかかる。この段階では、供給曲線は需要曲線よりもはるか上方（高価格）にあって両者の交点はなく、市場が成立しない。これが図3-17の「製品化前」の状況である。技術や知識が進歩すると、より低いコストで供給することが可能になる。しかし製品化間もない段階では、なおコストは高

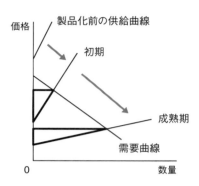

図3-17　イノベーションによる供給曲線と生産者余剰の変化

く、供給のボトルネックもある。したがって供給曲線の位置は高く、傾きも急である。供給曲線の傾きを急にするボトルネックは、生産に必要な特殊な人的熟練、設備が小規模であること、供給量の限られた特殊な部材、などが考えられる。これが図3-17の「初期」の状況である。技術が成熟すると、熟練を要するノウハウや暗黙知が、標準化やハードウエア化されて、設備と標準ソフトウェアを導入すれば、どこでも誰でも同じような製品を作れるようになる。このように技術が標準化すると、生産コストは供給者によって差がつかなくなる。したがって図式的には、供給曲線が水平に近くなる。これが図3-17の「成熟期」である。

## 時間の経過と利益率の低下

　以上の変化に対して、それぞれ余剰分析を行うと次のことがわかる。「製品化前」は市場取引がなく、生産者余剰も消費者余剰もない。「初期」は取引される数量は少ないが、図3-17に示すような垂直に近い供給曲線によって、売上に比較して大きな生産者余剰を得る可能性がある。そのときには利益率は高い。「成熟期」は供給曲線が水平に近くなり、数量が大きく増加する。しかし図からわかるように、利益率は低下し、生産者余剰は必ずしも増えるとは限らない。その一方で消費者余剰は、数量、価値幅ともに大きくなっていく。

　生産者余剰と消費者余剰を合わせた社会的余剰を表現すると、図3-18の

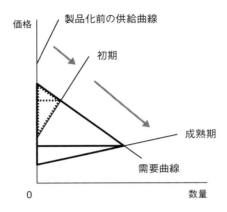

**図3-18　イノベーションによる変化と社会的余剰**

ようになる。太い点線で表しているのが「初期」の、そして太い実線で表しているのが「成熟期」の、生産者余剰と消費者余剰およびその合計の社会的余剰である。技術の進歩は市場均衡を右下方に移動させて、社会的余剰を増やす。しかし、その増加はほとんどが消費者余剰の増加になり、生産者余剰は減少する可能性さえある。

技術が成熟期を迎えるまでにどのくらいの時間がかかるかは、技術や製品により異なる。通常は十年単位の時間だが、エレクトロニクス製品などは技術の成熟化のスピードが速い。工業製品に比べると、一般に人的サービスは成熟化のスピードが遅いように思われる。その理由は、機械やコンピューター・ソフトウェアに置き換えられるノウハウは、無限に改良して蓄積することができる。その一方で人間がもつ技術や経験は、担当者が退職すると失われ、後継者はゼロから学習しなければならないからである。人的サービスは工業製品よりも、一般に人の熟練に依存する割合が高く、それだけ成熟化のスピードは遅くなると考えられる。しかし人間の学習方法が進歩することで、時間とともにサービス技術の成熟化は進む。また今後、サービス産業におけるノウハウの機械化やソフトウェア化、AIによるノウハウの学習などが進めば、サービス技術はより速く成熟するようになるだろう。

図3-17に示した初期と成熟期の生産者余剰の形状は、図3-13と図3-14で

示した、利益率の高い市場と低い市場の形状に似ている。つまり、同じものを供給しているのでは、それなりの改良や効率化を行っても、遅かれ早かれ利益率は低下する。その対策としては、新しい財や市場を生み出すイノベーションを続けることがある。あるいは、成熟した事業だけでなく、その周辺まで事業を拡大することがある。たとえば、成熟した製品だけでなくそれを用いたシステム製品を開発したり、付帯サービスを供給したりするなどである。成熟化によって生産者余剰が小さくなるならば、逆に消費者余剰は大きくなる可能性がある。消費者にとって便利なサービスを付帯することで、大きくなる消費者余剰の一部を取り込むという発想である。パソコン業界におけるこれら対策の事例は、次の3-4節で、独占の説明とあわせて事例3-1で紹介する。

# 3-4 独占

市場の利益率は、一般的に時間の経過とともに低下する傾向があるならば、逆に利益率を高める方法はあるだろうか。独占はその答えのヒントになる。需要供給グラフを用いて、独占市場を分析する。図3-19は、売手が1人で

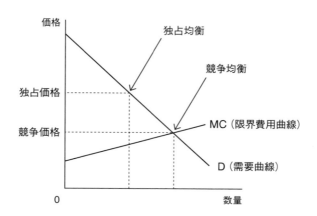

図3-19　独占均衡と競争均衡の比較

買手が多数である独占市場の場合と、売手と買手がともに多数の競争市場の場合を、1つの図で比較している。比較が容易になるように、需要曲線と限界費用曲線を共通にして、競争と独占の均衡を比べている。

競争市場では、供給曲線は限界費用曲線と一致する。したがって図の需要曲線と限界費用曲線が交わる点が競争均衡になり、そこで価格と数量が決まる。売手は高い価格をつけて利益を増やそうとしても、均衡価格付近のコストで供給できる売手は多く、ライバルに取引を奪われるので、競争価格より高い価格を付けることができない。

しかし独占では、取引を奪うライバルはいないので、売手は競争価格とは無関係に、利益が最大になるような価格を選ぶことができる。独占者の利益を最大にする価格を独占価格といい、そのときの均衡を独占均衡という。図3-19のように、独占均衡では、競争均衡より高い価格で、より少ない数量が取引されることになる。独占者は限界費用より高い価格を設定できる。したがって独占市場では、供給曲線は限界費用曲線と一致しない。

独占者が自由に価格を設定するなら、独占価格は限界費用に比べてはるかに高い水準になることがある。とくに、需要曲線の傾きが垂直に近い場合は、価格上昇に対する数量減が少ないので、きわめて高い価格設定で大きな利益をあげることが可能になる。現実では、法規制や商習慣による価格の上限があったり、高い利益率は新規参入を誘発するため、独占者といえども利益を最大にする価格をつけるとは限らない。逆に、複数の売手がいても、彼らが結託して価格を上げ、全体としてあたかも独占者のように振る舞うこともある。

## 独占の余剰分析

競争市場の余剰分析と同じ方法で、独占市場の余剰分析をすることができる。図3-20と図3-21は独占と競争の余剰分析を比較している。図3-20の独占市場では、図3-21の競争市場に比べて価格が高くなる。価格を上げると、生産者余剰と消費者余剰の境界が上昇して、生産者余剰は大きくなり、消費者余剰は小さくなる。そして価格の上昇にともなって、需要曲線に沿って数量が減少するため、生産者余剰は右側から圧縮され、太線で囲んだような台形になる。

ここで図3-20の生産者余剰の形状は、図3-13に示した利益率が高い市場

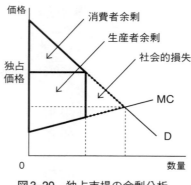
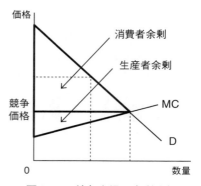

図3-20　独占市場の余剰分析　　　図3-21　競争市場の余剰分析

における形状に似ていることに注目されたい。また図3-21の生産者余剰の形状は、図3-14に示した利益率が低い市場における形状に似ている。それが暗示するように、成熟して利益率が低い市場でも、何らかの方法で独占状態を作ることができれば、売手の利益率を高めることができる。

　実際に、企業の高い利益率は何らかの独占または独占に近い状態によることが多い。たとえば、高い技術力で他社が真似できない製品を作ることは、技術によって独占を作ることである。製品やサービスの差別化は、対象とする顧客セグメントでの独占的な優位を作ることである。ドミナント出店や大型店の出店によってライバルを駆逐して、地域的な独占を作ることもある。そのほか、合併で独占を作ることでも利益率は高まる。たとえば、多数の売手がいる競争市場が図3-21ならば、すべての売手が統合して1社になった独占市場が図3-20である。

## 独占の功罪

　独占は売手の利益を増やすが、図3-20に示すように、独占で高い価格を設定して取引数量が減ると、社会的損失が発生する。社会的損失は図3-20の生産者余剰の右に接する、点線に2辺を囲まれた三角形の部分に相当する。この部分は、図3-21の競争市場では生産者余剰と消費者余剰に含まれているが、図3-20の独占ではどちらにも含まれない部分である。この部分は、供給コストより高い価値の需要がある。つまり、取引がなされれば生産者余

剰や消費者余剰を生み出せる部分だが、独占で供給コストより高い価格をつけるために取引が実現しない。そのことによる機会損失を表している。

独占によって価格が上昇すると、消費者余剰から生産者余剰に移行する部分が生まれる。しかしその部分は、経済活動で作られる利益の配分の移行であり、社会的な利益の大きさは変わらない。しかし社会的損失の部分は、社会的余剰そのものを縮小させる。独占者の価格支配によって価格が競争価格より高くなるほど、社会的損失の面積は大きくなる。また、独占ではなく独占に近い状況でも、価格支配力が生まれると社会的損失が生まれやすくなる。したがって、競争を促進して社会的損失を小さくし、社会全体で作られる利益を最大化しようというのが、独占禁止法の主旨である。経済理論では、不確実性と外部性と規模の経済がないという条件では、完全競争が社会的余剰を最大にすることが証明されている。

しかし独占は社会的なメリットと表裏の関係になることがある。企業の利益の追求は、何らかの独占の追求であることが多い。たとえば、新しい技術を開発して他者が真似できない製品を作ることは、技術によって独占を作ることである。また、製品やサービスの差別化は、対象とする顧客セグメントでの独占的な優位を作ることである。これらは結果的に独占を生むかも知れないが、新たな市場や顧客価値を生み出しているので、その過程で社会全体の利益を増やしている。イノベーションを起こすと、その結果として独占的な利益を享受できることがある。もし独占が許されなければ、イノベーションを起こすインセンティブは減少するであろう。特許など知的財産権は、むしろ法的に独占を認めて、生産的な活動のインセンティブを与える制度である。

つまり独占は、単純な競争制限や水平統合によるものならば、社会的に害がある。しかしイノベーションや企業努力の結果ならば、生産的な活動に報酬を与えると言える。独占は企業のさまざまな活動の結果として生まれるため、一概に良否を判断できないことがある。そのような事情のほか、独占の社会的損失は競争価格からの価格上昇の概ね2乗に比例する性質から[4]、競

---

4 社会的損失が図3-20のような三角形の面積で表されるならば、三角形が相似形である限り、三角形の面積は底辺×高さ×0.5なので、社会的損失の大きさは三角形の1辺の長さの2乗に比例する。つまり価格上昇分の2乗に比例する。言い換えれば、価格上昇分が小さいならば、小さい値の2乗である社会的損失は、社会的余剰全体に比べて小さいもので済む。

争価格からの乖離が小さいならば許容し、乖離が大きいならば規制するという考え方がある。また、イノベーションの報酬としての独占は、イノベーションを起こすのに十分であればよく、永久に独占利益を享受して社会的損失を生み続ける必要はない。特許などの知的財産権には存続期間があることで、そのようなバランスがとれることになる。

## 独占とイノベーション

　独占とイノベーションの関係では、上に述べたイノベーションの結果としての独占という観点のほか、独占はイノベーションを加速するか減速するかの議論がある。減速するという視点は、独占や寡占で競争する企業の数が減ると、イノベーションの主体となる者の数が減る点に着目する。その一方で、独占や寡占がイノベーションに有利にはたらくという視点もある。イノベーションを起こすためには試行錯誤が必要であり、市場での競争があまりに激しいと、企業は試行錯誤の余裕をもてない。イノベーションを起こすためには、利益率や売上が大きい独占企業や寡占企業のほうが有利とする説である。おそらく、事業やイノベーションの種類などに応じて、どちらの説もあてはまると思われ、イノベーションへの効果は画一的ではないと思われる。

## 買手独占と双方独占

　独占といえば通常は、売手が1人の**売手独占**のことをいう。その反対に、買手が1人の場合は**買手独占**という。買手独占の場合は、売手独占と逆に、価格は競争市場より低くなる。つまり買い叩かれる。そして売手独占と同様に、取引数量は競争市場より少なくなる。買手の余剰は極大化するが、社会的損失が発生する。買手独占の例は、買手が1社だけで下請けが多数いる市場や、雇用主が1社だけの職種の労働市場などに見られる。

　売手と買手がともに1人の場合は、**双方独占**という。取引は実質的に1対1の交渉になるだろう。例としては、独占的な雇用者と、労働組合で構成される労働市場などがある。2-1節で検討したような要因によって、交渉力のより強いほうに、その分だけ有利な取引条件になるだろう。もし交渉の結果が競争市場の結果と同じ取引条件になるならば、社会的損失は発生せず、社会全体としての利益は最大になる。

### 事例3-1

**パソコン業界における技術革新と企業戦略**

　パソコンを最初に製品化したアップル・コンピューターは、1980年代にきわめて高い利益率を享受した。パソコン市場への参入が遅れたIBMは、80年代にオープン開発方式で参入する。製品開発の時間を稼ぐために、多くの重要技術を公開して、MPUをインテルに、OSをマイクロソフトに外注した。しかしこのことで、各種技術の標準化が進み、IBM以外の新規参入も加速した。1990年代にはパソコンは技術的に成熟期を迎えて、標準的な部品を組み合わせることで、誰でも同じような性能のパソコンを簡単に作れるようになった。そのため価格競争が激化し、利益をあげにくい事業になった。

　この時点で、技術的により高度な製品を作って独占的利益を得た例が、ノートパソコンの東芝であり、携帯端末のパームである。付帯サービスや周辺ビジネスを開発した例が、注文生産と迅速納入のデルであり、パソコンを医療機器と組み合わせた企業などであった。高機能高価格のパソコンを売るメーカーもあったが、技術や部品の標準化が進むほど、パソコンの製品として性能面の特徴を出すことが難しくなった。

　90年代のパソコン産業では、パソコン本体の供給者は価格競争のためほとんど利益をあげていない。代わりに業界の利益は、インテルとマイクロソフトの2社に集中した。この2社は、パソコンの標準部品のうち、MPUとOSという主要部品をほぼ独占していたからであった。部品の独占で利益をあげた企業は他にもあったが、部品の重要度と単価ではMPUとOSに及ばなかった。またMPUやOSには、自然に独占が発生しやすい性質がある。その1つは、量産による規模の経済が大きい製品であること。もう1つはネットワーク外部性、すなわち、大勢のユーザーが同じ製品を使うほど、製品の価値が高まる性質である。1つの製品が統一して使われたほうが、ノウハウやデータを共有できて便利になる。このようにコストと便益の両面から、一人勝ちが生まれやすい性質があった。

　長期にわたって独占を続ければ、資金も豊富になり、魅力のある企業を買収したり、自社に有利な取引条件を他社と交渉できたりする。そのようにして、将来自分に対抗しうるような、他社の芽を摘むこともできる。インテル

とマイクロソフトは、MPUやOSがもっている、独占を補強する性質をいち早く利用した。もしMPUやOSに独占を補強するような性質がなく、多数の供給者が競争する状況であったならば、パソコン産業の利益の配分は、まったく違った要因で決定していたであろう。

## 3-5 寡占

　売手が1社だけの独占市場では、売手は市場の価格や取引数量を自由に決めることができる。反対に、無数に多くの小規模な売手からなる完全な競争市場では、どの売手の行動もその影響は無視できる程度に小さく、市場全体の価格や取引数量に影響を及ぼさない。

　現実の多くの市場は、完全な独占でも完全な競争でもなく、中間的な性質をもっている。市場における売手が2社から数社程度の少数で、それぞれが無視できない影響力をもつ状況を寡占という。たとえば国内のビール市場は大手4社でシェアの多くを占める。通信キャリアも大手3社でかなりのシェアになる。これらは典型的な寡占市場の例である。寡占市場での売手の利益率は、独占した場合の水準まで高まることもあれば、競争市場の水準まで下

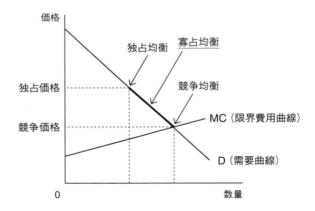

図3-22　寡占市場の比較

がることもある。この3-5節では、複雑な性質をもつ寡占市場を分析する。

図3-22の需要供給グラフで表すと、独占と完全競争の中間的な状況である寡占の均衡は、太線部分になる。つまり独占均衡と競争均衡の間の、需要曲線上のいずれかの点である。価格は独占価格と競争価格の間であり、高い価格であるほど取引数量は少なくなる。独占や完全競争の場合とは異なり、寡占の均衡がとりうる値には幅があり、多くの要因の影響を受ける。売手の数や、一度決めた取引数量の変更の容易さなど、さまざまな要因で均衡は変わる。ただし買手全体の行動は需要曲線で表されるため、均衡は需要曲線上にある。

寡占の詳しい分析は、需要供給グラフよりゲーム理論が向く。詳しい説明は筆者著『ビジネス意思決定』の第5章にあるが、寡占の分析によく使われるいくつかのゲーム理論のモデルをここで紹介する。同じ寡占でも、モデルの前提条件の違いによって、均衡が変わる点に注目されたい。

### クールノー・モデル

クールノー（Cournot）が提唱したモデルは、寡占における供給量の経済分析によく使われるモデルである。寡占市場で競争する企業が、それぞれの供給量を決定する。各企業の選択肢は、自社が供給する数量であり、全社合計の供給量がちょうど売り切れるように、価格が調整される。つまり需要曲線上で、総供給量に対応するように価格が決まるモデルである。次にその例を挙げる。

**事例3-2**

ある市場の売手は企業1と企業2の2社で、多数の買手の行動が需要曲線 $P = 16 - Q$ で表される。ここでPは市場価格、Qは総供給量を表す。企業1の供給量は $Q_1$、企業2の供給量は $Q_2$ で表され、$Q = Q_1 + Q_2$ である。需要曲線は、Qが大きくなるほどPが小さくなる関係を表し、図3-23のグラフで右下がりの線として表される。企業1と企業2はそれぞれ、自社の利益が最大になるように供給量を決定する。財を供給するための限界費用は、両社ともに $MC = 4$（追加供給1単位あたり4単位のコスト）とする。限界費用

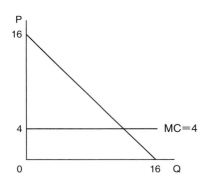

**図3-23　事例3-2の需要曲線**

が一定であると、限界費用曲線は図3-23のように水平になる。

　事例3-2では、自社の供給量が大きければ高い市場シェアを得られるが、市場の総供給量が増えると価格ひいては利益率が下がる。競争相手も同様なジレンマを抱えて意思決定をする。そして自分にとって最適な供給量は、相手の供給量によって変わるのが特徴である。

　事例3-2の均衡は、脚注5の計算[5]によって、$Q_1 = 4$、$Q_2 = 4$になる。こ

---

[5] 均衡は各プレーヤーの行動を式で表して、その連立方程式を解くことで求められる。まず企業1が自らの利益を最大にする行動を考える。企業1の利益は次の式で表現できる。
　（利益幅）×（供給量）＝ $(P - 4) \times Q_1 = (16 - Q - 4) \times Q_1 = (12 - Q) \times Q_1$
$Q = Q_1 + Q_2$ を上の式に代入すると、
　　$(12 - Q_1 - Q_2) \times Q_1 = -Q_1^2 + (12 - Q_2) \times Q_1$
上の式は$Q_1$の2次方程式なので、企業1の利益を最大化する$Q_1$の条件は、上の式の$Q_1$に関する1次微分がゼロになることで、次のようになる。
　　$-2Q_1 + (12 - Q_2) = 0$
両辺を2で割り、$Q_1$について式をまとめると次のようになる。
　　(BR1)　　$Q_1 = 6 - 0.5 Q_2$
これが企業1の、企業2が選択する$Q_2$に対する最適反応の式である。同様に企業2の、企業1が選択する$Q_1$に対する最適反応の式は、事例のモデルは企業1と企業2に関して対称なので、(BR1) のQ1とQ2を入れ換えることができ、次のようになる。
　　(BR2)　　$Q_2 = 6 - 0.5 Q_1$
(BR1)と(BR2)を同時に満たす$Q_1$と$Q_2$の組合せは、企業1と企業2の、それぞれ相手の選択に対する最適反応であり、均衡になる。具体的には、$Q_1 = 4$と$Q_2 = 4$である。

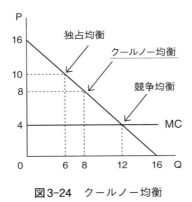

図3-24　クールノー均衡

のとき Q は $Q_1 + Q_2 = 8$ となり、P は $16 - Q = 8$ になる。事例3-2のクールノー・モデルの均衡を需要供給グラフに示すと図3-24のようになる。図3-24には、独占均衡の $P = 10$、$Q = 6$ もあわせて図示する。

　意思決定の対象が供給量であるというクールノー・モデルの前提は、供給量を簡単に変更できない状況を想定している。つまり各企業の供給能力に制限があるような装置産業や、在庫がきかない製品やサービスを供給する産業などの分析に適している。

### スタッケルバーグ・モデル

　スタッケルバーグ（Stackelberg）が提唱したモデルは、前後関係のあるクールノー・モデルとも言える。たとえば次のようなものである。

**事例3-3**

　事例3-2と同じ状況で、ただし次の前提を加える。2社の売手のうち、企業1が先に供給量 $Q_1$ を決定し、$Q_1$ を知った後で企業2が供給量 $Q_2$ を決定する。どちらの企業も一度決めた供給量は変更できない。

　事例3-2を逐次決定に変えただけだが、事例3-3の均衡は、脚注6の計算[6]によって、$Q_1 = 6$、$Q_2 = 3$ に変わる。このとき Q は $Q_1 + Q_2 = 9$ となり、P は $16 - Q = 7$ になる。総供給量は増えて、価格は低下する。そして供給量

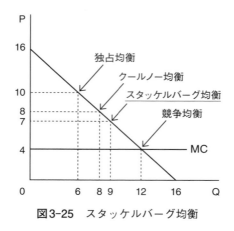

図3-25　スタッケルバーグ均衡

は企業1のほうが企業2より多くなり、利益も企業1のほうが多くなる。つまり事例3-3では先行者が有利になる。事例3-3のスタッケルバーグ・モデルの均衡を図3-24に重ねて示すと、図3-25のようになる。

**バートラン・モデル**

バートラン（Bertrand）が提唱したモデルは、寡占における価格競争の分析によく使われるモデルである。寡占市場で競争する企業が、それぞれ自社が供給する財の価格を決定する。各社は、自社の価格に対する市場の需要がある限り、いくらでも多くの財を供給できるものとする。たとえば次のようなものである。

---

6　企業1の供給量 $Q_1$ に対する、企業2の最適反応は、脚注5の（BR2）から次のものになる。
　　（BR2）　　$Q_2 = 6 - 0.5\,Q_1$
企業1の利益は次のようになる。
　　（利益幅）×（供給量）= $(12 - Q_1 - Q_2) \times Q_1$
したがって先行の企業1は、上の式の $Q_2$ を、（BR2）にある $6 - 0.5\,Q_1$ に置き換えて、自分の利益が最終的に次のようになることを予測できる。
　　$(6 - 0.5\,Q_1) \times Q_1 = -0.5\,Q_1^2 + 6\,Q_1$
上の式は $Q_1$ の2次方程式なので、企業1の利益を最大化する $Q_1$ の条件は、上の式の $Q_1$ に関する1次微分がゼロになることで、次のようになる。
　　$-Q_1 + 6 = 0$　　すなわち　　$Q_1 = 6$
（BR2）に $Q_1 = 6$ を代入すると、企業2の供給量は $Q_2 = 3$ になる。

### 事例3-4

　ある市場の売手は企業1と企業2の2社で、多数の買手の行動が需要曲線 $P = 16 - Q$ で表される。ここでPは2社の売手のうち低いほうの価格、Qは2社の総供給量を表す。すべての買手はより低い価格の売手から財を買い、2社の価格が同じならば、各社の供給量が等しくなるように買い分ける。企業1と企業2はそれぞれ、自社の利益が最大になるように価格を決定する。自社にとっての利益が最大になる価格が複数ある場合は、もっとも低い価格を選ぶ。価格は何回でも変更できる。財を供給するための限界費用は、両社ともに $MC = 4$（追加供給1単位あたり4単位のコスト）とする。

　事例3-4の均衡は、2社とも同じ価格で $P = 4$ になり、総供給量は $Q = 12$ になる。その理由は次の通りである。もし自社の価格が相手より高ければ、利益はゼロになるので、利益がある限り、相手の価格よりわずかに低い価格にする。相手も同じ行動をとるので、利益がある限り互いに相手より低い価格にする。しかし4より低い価格は、損失を生むのでつけない。したがって両社は互いに価格4をつけて利益がゼロになる。この均衡は、多数の売手による完全競争の均衡と、同じ価格と合計供給量になる。

　バートラン・モデルは、供給量は柔軟に増減できる産業を想定している。つまり供給量にあまり制約がないか、保存ができる財である。汎用品やソフトウェアのように増産が容易な財、余剰設備のある産業、在庫がきく商品、などがあてはまる。

### 差別化バートラン・モデル

　現実では、売手ごとの価格に差があっても、すべての買手が低価格の売手から買うとは限らない。低価格の売手のほうが市場シェアを得やすいが、売手と買手の長期の関係や、価格以外の差別化の要因によって、高価格の売手でもいくらかのシェアを得ることが多い。差別化バートラン・モデルは、そのような状況を想定する。たとえば次のようなものである。

### 事例3-5

　事例3-4と同じ状況だが、次の変更を加える。2社の売手の価格が異なる

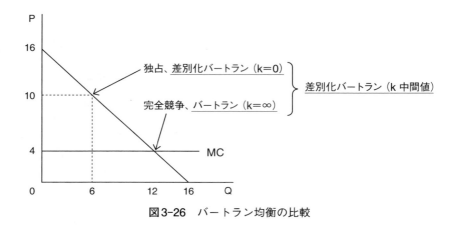

図3-26　バートラン均衡の比較

場合は、より低い価格の売手がより多くのシェアを得る。価格差が1単位大きくなるたびに、より低価格の売手はシェアをkパーセンテージ・ポイント増やし、より高価格の売手はシェアをkパーセンテージ・ポイント減らす。

　価格決定のポイントは、ライバルより安い価格で供給すれば、自社の市場シェアを高めることができるが、価格を下げるほど利益率は低下する点である。kが小さい値であるほど、シェアは変動しにくく、買手は価格以外の要因で売手を選ぶ傾向が強いことを意味する。いわば、財がより差別化できている状況である。逆にkが大きくなるほど、差別化はできておらず、買手は価格で売手を選ぶ傾向が強くなる。

　kが限りなく大きい値であると、事例3-5は、事例3-4の純粋なバートラン・モデルと同じになる。kがゼロであると、事例3-5は、市場の50％をそれぞれの売手が独占するのと同じ条件になる。そのときの均衡は、2社とも同じ価格でP＝10になり、合計供給量はQ＝6になる。kがゼロと無限大の間の値だと、均衡は競争均衡と独占均衡の間の需要曲線上にある。そしてkが大きくなるほど競争均衡に、小さくなるほど独占均衡に近づく。バートラン・モデルの均衡、および異なるシェア変動率kの差別化バートラン・モデルの均衡を図示すると図3-26のようになる。

## 寡占モデルの比較

ここまでに紹介した寡占のモデルの均衡を、表3-1で比較する。事例3-2から事例3-5に示した通り、需要関数は $P = 16 - Q$、供給コストは $MC = 4$ で共通にする。

バートラン・モデルの均衡は、差別化パラメーター（シェア変動率 $k$）の値によって異なる。完全に差別化される場合（$k = 0$）は、価格は独占の場合と同じ水準になる。まったく差別化ができない（$k = \infty$）場合は、純粋なバートラン・モデルになり、価格は完全競争の場合と同じ水準になる。差別化の程度がその中間の場合（$0 < k < \infty$）は、$k$ の値が大きくなるほど、差

表3-1　寡占モデルの均衡の比較

| モデル | 供給量 | 価格 | 利益（生産者余剰） |
|---|---|---|---|
| クールノー | $Q_1 = 4$、$Q_2 = 4$ | $P = 8$ | $\pi_1 = 16$、$\pi_2 = 16$ |
| スタッケルバーグ | $Q_1 = 6$、$Q_2 = 3$ | $P = 7$ | $\pi_1 = 18$、$\pi_2 = 9$ |
| 差別化バートラン（$k = 0$） | $Q_1 = 3$、$Q_2 = 3$ | $P = 10$ | $\pi_1 = 18$、$\pi_2 = 18$ |
| バートラン（$k = \infty$） | $Q_1 = 6$、$Q_2 = 6$ | $P = 4$ | $\pi_1 = 0$、$\pi_2 = 0$ |
| （参考）独占 | $Q_1 = 6$ | $P = 10$ | $\pi_1 = 36$ |
| （参考）完全競争 | $Q = 12$ | $P = 4$ | 各社 $\pi = 0$ |

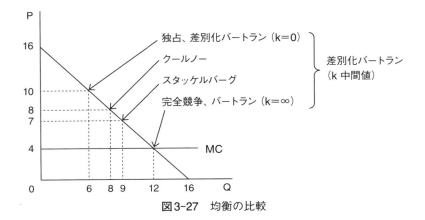

図3-27　均衡の比較

別化の程度が小さくなることに相当し、価格は低下する。

　表3-1に挙げた各モデルの均衡を、需要供給グラフ上で比較すると図3-27のようになる。同じ寡占でも前提条件の違いによって、均衡がさまざまに変わる様子がわかる。前提条件の違いによって、利益の水準も変わる。価格が高い均衡ほど、利益水準は高くなる。

## 3-6 市場の構造と企業の利益のまとめ

### 売手の利益率を高める要因

　第1章から第3章の分析を、企業が利益をあげやすい条件の視点からまとめると、次のことが言える。一般的な傾向として、次の条件があてはまるほど、売手の利益率は高くなりやすい。

（a）売手の数が少ない。
（b）売手の新規参入が難しい。
（c）代替品の供給者が少ない。
（d）取引相手となる供給者や顧客が多数存在している。
（e）財が差別化されていると、買手に認識されている。
（f）十分な供給量がない。（供給量の制約要因がある、または過剰な供給能力がない。）

　売手の立場から見ると、(a)、(b)、(c)はいずれも、自らの代替になる者が少ない状況である。(b)売手の新規参入が難しいことは、代替の売手の数を少なくするほか、売手の利益率が高くなっても、新規参入によって利益率が低下する可能性が小さいことを意味する。したがって寡占において協調的な価格設定になりやすく、競争均衡より高い価格になりやすい。(d)は売手からみて代替の取引相手を多くもつ状況である。

　差別化バートラン・モデルの分析から、財が差別化されるほど、均衡価格は高くなることがわかる。しかしその差別化とは、(e)財が差別化されていると買手に認識されていることで、必ずしも財が差別化された性質をもって

いるという事実ではない。逆に言えば、財は差別化された性質をもっていても、買手が認識しなければ差別化の効果を生まない。

## 市場集中度

（a）売手の数や（d）取引相手の数の効果は、企業の数だけでなく市場シェアとあわせて考慮すると、より詳細に分析できる。数とシェアを合わせた指標としては、上位5社や上位10社などの合計市場シェアがある。合計市場シェアが大きいほど、より大手の企業にシェアが集中して、集中している側に有利な価格になりやすいと想像できる。

より包括的な指標としては、すべての売手の、市場シェアの2乗を足し合わせるハーフィンダール指数がある。たとえば、市場シェアが50％ずつの2社が存在する産業のハーフィンダール指数は、$0.5^2 + 0.5^2 = 0.25 + 0.25 = 0.5$ である。市場シェアに偏りがあると指数は変わる。たとえば、市場シェアが80％と20％の2社ならハーフィンダール指数は、$0.8^2 + 0.2^2 = 0.64 + 0.04 = 0.68$ になる。同じシェアの2社が存在するより、企業の市場シェアに大小があるほうがハーフィンダール指数は大きくなる。指数が大きいほど、その産業の企業の交渉力は高まり、完全な独占ではハーフィンダール指数は1に、完全な競争では0になる。シェアが均等に 1/n である n 社が存在する産業のハーフィンダール指数は、$(1/n)^2 \times n = 1/n$ である。ちなみに米国のさまざまな産業のハーフィンダール指数と、価格競争の激しさとの関係の評価が、ベサンコ（Besanko）らによって紹介されている[7]。

市場の売手だけでなく、買手の上位合計シェアやハーフィンダール指数も検討することができる。かりに売手の集中度が高くても、買手の集中度も高ければ、利益配分への効果は相殺されることになるだろう。

実証分析では、単純に産業横断的に調査すると、集中度と利益率の関係は一般に弱い。ただし、参入が難しいために集中度が高くなっている場合は、利益率が高くなる傾向がある。この結果の解釈としては次のようなものが考えられる。かりに売手が集中するほど売手の利益率は上がる傾向があるとし

---

7 デイビッド・ベサンコ、デイビッド・ドラノブ、マーク・シャンリー著『戦略の経済学』（ダイヤモンド社、2002年）、pp. 251〜253。

ても、利益率の高い市場には参入が起きやすい。簡単に参入できる市場では、比較的高い利益率が期待できる限り参入が起きて、結果的に各市場の利益率は平準化して、全体として集中度と利益率に明らかな関係は現れにくい。しかし新規参入が難しい市場に限れば、利益率が高くても参入が制限されて利益率が維持され、集中度が高いと利益率が高い傾向がみられるだろう。

## 第1～3章のまとめ

　以上をまとめると、次のことが言える。取引から利益をあげるためには、代替の取引相手を多くもつことが有利である。そして逆に、取引相手にとっての代替の相手になる、自分のライバルの数が少ないほうが有利である。

　しかし多数の売手と多数の買手が競争する市場では、利益は代替の取引相手の数よりも、供給コストの分布や需要者の価値の分布に左右される。供給量を制約する要因があると、供給曲線が立ち上がり、売手の利益率が大きくなりやすい。しかし同じ財を供給していると、企業努力をしていても、技術と情報の拡散や他社の追随の企業努力などにより、供給曲線は水平に近づいていく。つまり利益率は時間の経過とともに低下する傾向がある。

　競争市場ではない独占や寡占は、価格支配力をとおして売手の利益を大きくしやすい。事業の利益率を高める要因は、何らかの理由によって独占または独占に近い状況を作ることである場合が多い。

　したがって、参入する市場を選ぶときには、取引相手が多く、ライバルの数が少ない市場は有望な候補になる。すでに事業を行っている市場でも、企業努力によってそのような状態を作り出すことで業績は上がるだろう。その方法を次の第4章以降でさらに検討する。

第 4 章

**価格に関する戦略**

第1章から第3章では取引モデルと需要供給グラフを使って、市場のはたらきを検討した。この第4章からは視点をより微視化して、市場に参加する一企業の視点から、利益を高めるための行動に焦点を当てる。

　市場で競争する企業の行動にはさまざまなものがあり、それらは相互に関連している。本書ではそれらを順に、次の視点からまとめて検討していく。価格設定、規模とネットワークとプラットフォーム、ライバルとの競争、企業の競争優位とその持続性、である。この第4章では、価格設定を中心に検討する。

　適切な価格設定の1つの目安は、価格の変化に対して、利益率と販売数量がどのような割合で変わるかである。需要の価格弾力性は、その定量的な予想に役立つ。ある価格において、需要の価格弾力性が大きければ、値下げによって売手の利益は増える。逆に需要の価格弾力性が小さければ、値上げによって売手の利益は増える。ただし価格弾力性は、時間の経過やライバルの行動によって変化するので注意が必要である。価格弾力性を正確に予想するためには、買手の行動とともにライバルの反応の予想も重要である。一般に売手にとっては、需要の価格弾力性が小さいことが望ましく、そのために財の差別化は効果がある。

　価格に関連する戦略には、価格の水準だけでなく、差別化やバンドリングなど、財の機能の設定も含まれる。差別化やバンドリングの考え方は、価格とともに、突き詰めれば財に含める機能を最適化することである。その影響は価格と企業の利益だけでなく、市場の細分化や融合にもつながりうるものである。

## 4-1　価格弾力性と価格設定

　第3章で見たように、多数の売手と多数の買手がいる完全競争の市場では、価格は需要曲線と供給曲線が交わる点で決まる。そして一企業は、均衡で決まる価格以外に実質的な価格の選択肢をもたない。しかし独占や寡占、財の差別化などによって、競争が不完全になる市場では、企業は価格設定の選択肢をもちうる。そのとき企業は、どのような価格設定をすれば売手としての

利益を最大にできるだろうか。適切な価格設定のためには、価格の変化に対して、利益率と販売数量がどの割合で変わるかに注目すると良い。

この節では、価格の変化に対して需要量が増減する割合が異なる2つの事例を比較して、最適な価格設定を考える。まず1つ目の事例4-1は、需要量の変化が比較的小さい場合である。

### 事例4-1

A社が製品の供給価格を決めようとしている。製品の売上数量は、価格が単位あたり5ドルであれば年間3万単位である。そして価格が1ドル下がるごとに、売上数量は1万単位ずつ増え、価格が1ドル上がるごとに、売上数量は1万単位ずつ減る。

A社はこの製品の年間利益を最大化させる方針であり、利益は売上数量に価格を掛けて得られる売上高から、製品を供給するための費用を引いたものである。費用は、変動費が単位あたり2ドルのほか、固定費が供給量の大小にかかわらず年間7万ドルである。

事例4-1における価格と利益の関係は、表4-1のようになる。表では利益が最大になるときの値を四角で囲んでいるが、価格が5ドルのときに利益が最大になることがわかる。次に、価格の変化によって需要量がより大きく増減する事例4-2を考える。

表4-1 価格設定と利益（需要の価格弾力性が1ドルあたり1万単位の場合）

| 価格（ドル） | 数量（万単位） | 売上高（万ドル） | 利益（万ドル） |
| --- | --- | --- | --- |
| 6 | 2 | 12 | 1 |
| 5 | 3 | 15 | 2 |
| 4 | 4 | 16 | 1 |
| 3 | 5 | 15 | −2 |

表4-2 価格設定と利益（需要の価格弾力性が1ドルあたり2万単位の場合）

| 価格（ドル） | 数量（万単位） | 売上高（万ドル） | 利益（万ドル） |
| --- | --- | --- | --- |
| 6 | 1 | 6 | -3 |
| 5 | 3 | 15 | 2 |
| 4 | 5 | 20 | 3 |
| 3 | 7 | 21 | 0 |

### 事例4-2

事例4-1と同じ条件で、次の条件だけが異なる。価格が5ドルであれば売上数量が3万単位であることは変わらない。ただし価格が1ドル下がるごとに、売上数量は2万単位ずつ増え、価格が1ドル上がるごとに、売上数量は2万単位ずつ減る。

事例4-2では価格と利益の関係は表4-2のようになり、価格が4ドルのときに利益が最大になることがわかる。事例4-2では、価格の変化によって売上数量がより大きく増減するので、値下げによる数量増の効果が大きくなり、事例4-1より低い価格で利益が最大になる。このことを図4-1と図4-2を使って説明する。

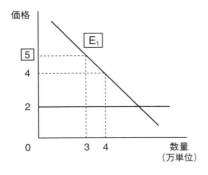

図4-1 需要曲線と価格設定
（事例4-1に対応）

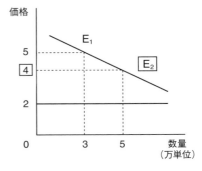

図4-2 需要曲線と価格設定
（事例4-2に対応）

## 利益が最大になる条件

事例4-1では、価格が5ドルのときに数量が3万単位になり利益が最大になる。そのときを図4-1の点 $E_1$ で表している。事例4-1では価格を1ドル下げると数量は1万単位増える。それは $E_1$ において、利益幅(価格5ドルから変動費2ドルを引いた3ドル)が33%減るときに、数量(3万単位)が33%増えることに相当する。つまり利益幅の減少率と、数量の増加率が等しくなる。したがって値下げをしても利益は増えないので、値下げをしない。逆に値上げをしても利益は増えないので、値上げもしない。もし利益幅と数量の変化率のどちらかが大きければ、利益が増える方向に価格を修正することで、利益を改善できるはずである。

事例4-2では、事例4-1に比べて、同じ1ドルの値下げに対して2倍の割合で数量が増える。このことは、図4-2の需要曲線が、図4-1の需要曲線に比べて、より水平に近いことで表される。事例4-2では、価格を1ドル下げると数量は2万単位増える。この比率は、事例4-1の最適点になる $E_1$ においては、利益幅(3ドル)が33%減ると、数量(3万単位)が67%増えることに相当する。したがって $E_1$ は、事例4-2では最適点ではない。数量の増加率が利益幅の減少率より大きいので、$E_1$ では値下げすることで利益が増えるからである。事例4-2の最適点は、価格が4ドルで数量が5万単位になる点で、図4-2の点 $E_2$ で表される。$E_2$ では、価格を1ドル下げると数量は2万単位増えることが、比率として、利益幅(価格4ドルから変動費2ドルを引いた2ドル)が50%減ると、数量(5万単位)が50%増えることに対応する。つまり利益幅の減少率と、数量の増加率が等しくなる。

一般に、利益が最大になる価格では、そこから値上げしても値下げしても、利益が増えないはずである。事例4-1では点 $E_1$ が、事例4-2では点 $E_2$ が、そのような条件を満たす。

## 需要の価格弾力性と利益最大化

利益が最大になる価格の条件を整理するために、需要の価格弾力性の概念を説明する。ある財の価格が1%低下(あるいは上昇)するときに、その財の需要量が何%増加(あるいは減少)するかの値を、その財の**需要の価格弾力性**(price elasticity of demand)という。需要の価格弾力性は、財によって異

なる。そして同じ財でも、価格水準によって異なるのが普通である。

需要の価格弾力性が1であると、価格の変化率を数量の変化率が相殺するので、価格を変化させても総売上は変わらない。価格弾力性が1より大きければ、価格の変化率以上に数量が増減するので、値下げによって売上は増え、値上げによって売上は減る。逆に価格弾力性が1より小さければ、数量の増減は少ないので、値下げによって売上は減り、値上げによって売上は増える。したがって売上が最大になる価格では、需要の価格弾力性は1になっているはずである[1]。なぜなら、1以外の価格弾力性ならば、値上げか値下げをすることで売上が増えるので、売上は最大化されていないからである。

この考え方を、利益の最大化に応用できる。ある財の価格が1％低下するときに、価格から変動費を引いた利益幅が、x％低下するものとする。このとき需要が x ％増えるならば、すなわち需要の価格弾力性が x ならば、価格を変化させても総利益は変わらない。価格弾力性が x より大きければ、数量の増減が比較的大きいので、値下げによって利益は増える。逆に価格弾力性が x より小さければ、値上げによって利益は増える。したがって利益が最大になる価格では、需要の価格弾力性は x になっているはずである[2]。なぜなら x 以外の価格弾力性では、値上げか値下げで利益が増えるので、利益は最大化されないからである。

数値例を使って x を計算してみる。たとえば利益幅が価格の50％ならば、1％の値下げは、利益幅である50％の 1/50 ＝ 2％低下に相当するので、x は2になる。利益幅が価格の20％ならば、1％の値下げは利益幅の 1/20 ＝ 5％低下に相当して、x は5になる。一般的には、利益幅の逆数が x になる。

## 情報が少ないときの価格設定

需要曲線と供給コストの情報があれば、利益を最大にする価格を計算する

---

1 ある価格での、値上げと値下げの価格弾力性が異なることがある。そのようなことは図形的には、需要曲線が角度をつけて折れ曲がっている点で起きる。そのような点で売上が最大になると、値上げや値下げの価格弾力性が1以外の値になっている可能性がある。
2 注1と同様に、需要曲線が角度をつけて折れ曲がっている点で、値上げと値下げの価格弾力性が異なることがある。また、ある供給量を境に、限界費用が不連続に増減することもある。そのような点で利益が最大になると、価格弾力性が x 以外の値になっている可能性がある。

ことができる。全範囲の需要の情報でなくても、特定の価格における需要の価格弾力性がわかれば、その価格を起点にした価格設定を考えることができる。つまり、利益幅の逆数 $x$ と価格弾力性を比較して、価格を維持すべきか、値上げすべきか、値下げすべきかを判断するのである。現実では、売手が需要に関して多くの情報をもつことは少なく、価格を変えながら数量や利益の変化をみて、探索的に最適化を図ることが多いだろう。製品によっては、頻繁に価格を変えると、買手からの信用を失う可能性がある。そのような場合には、期間限定のキャンペーンのような名目で、価格を一時的に変更して元に戻す方法がある。そのようにして、価格変更に対する数量変化のデータをとることができる。

　探索的な方法で最適な価格を探すには、次のような方法がある。たとえば需要供給グラフで需要が直線で表される場合は、需要の直線に沿って、価格が低くなるにつれて需要の価格弾力性は小さくなる。そのように価格弾力性が単調に減少するならば、ある価格で需要の価格弾力性が $x$ より大きいなら、値下げをすることで利益は増える。そして価格を下げるほど需要の価格弾力性は小さくなり、逆に $x$ は大きくなるので、やがて価格弾力性と $x$ が等しくなる価格にいたる。その価格が最適価格である。逆に、ある価格で需要の価格弾力性が $x$ より小さいならば、値上げによって利益は増える。そして価格を上げるほど需要の価格弾力性は大きくなり、$x$ は小さくなる。やがて価格弾力性と $x$ が等しくなる、最適価格にいたる。

　そのような探索的な方法で、価格をより適切なものに修正していくことができる。ただし需要の価格弾力性は必ずしも単調に増減するとは限らない。価格弾力性は、価格の変化につれて複雑に増減することもある。したがって一般的には、上に述べた探索的な方法で、局所的に最適価格はみつかるが、つねに全体最適な価格にいたるとは限らない。局所最適な価格が、間隔をおいて2つ以上存在することがある。そのときは、局所最適な価格のいずれかが全体最適な価格になる。広い範囲の需要の情報が得られないと、全体最適な価格はわからないままになる可能性がある。

# 4-2 価格弾力性の変化

需要の価格弾力性の値をもとに利益を最大化しようとするときに、注意すべきことがある。それは自社の価格変更に対するライバルの反応や、時間の経過にともなう需要の変化などによって、価格弾力性は変化することである。

## 同業他社の追随による変化

たとえば、自社の値下げに対して同業他社も追随するならば、価格弾力性は値下げ当初は大きくても、他社が追随することで長期的に小さくなる。この点は第6章の競争戦略で詳しく述べるが、ここで簡単に説明しておく。需要の価格弾力性を考える際には、市場の供給者が一致して価格を上下させる場合（他社が追随する場合）と、特定の供給者だけが価格を上下させる場合（追随しない場合）を分けて考える必要がある。かりに供給者が一致して価格を上下させた場合、各社の市場シェアは変わらないとする。そのときの需要曲線は図4-3のようになる。点線は市場全体の需要曲線を、実線は特定企業にとっての需要曲線を表している。

一方で、特定の企業だけが価格を上下させる場合の需要曲線は図4-4のようになる。完全競争における、特定企業に対する需要をグラフに表すと図

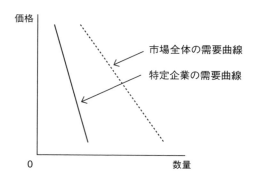

図4-3　市場全体と特定企業の需要曲線
　　　（全供給者が一致して価格を上下させる場合）

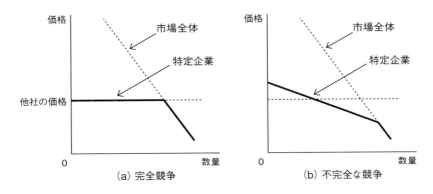

**図4-4　市場全体と特定企業の需要曲線**
（特定企業だけが価格を上下させる場合）

4-4 (a) の実線のようになる。完全競争では、市場に参加するすべての企業が同じ価格に収斂して競争する。その価格を「他社の価格」で表している。特定の企業が、他社の価格より高い価格をつけると、その企業に対する需要はゼロになる。他社の価格より低い価格をつけると、その企業は、コストを回収できないが、市場シェアのすべてを手に入れる。したがって、その特定企業に対する需要は、市場全体の需要と重なる。

　実際の競争はそこまで完全ではなく、製品の差別化や顧客に対する囲い込みなどにより、不完全な競争になる場合が多いであろう。不完全な競争では、図4-4 (b) の実線のように、他社価格を上回ってもいくらかの市場シェアがあり、他社価格を下回っても市場のすべてを得ることはない。しかしいずれにしても、供給者が一致して価格を上下させる図4-3に比べて、企業にとっての需要曲線は水平に近い。

　ここで、1社が値下げをして他社が追随するときの、需要の価格弾力性の変化を考えてみる。1社が値下げをした直後の価格弾力性は、図4-4 (a) や図4-4 (b) の実線のように大きい。しかし他社が追随すると、価格弾力性は図4-3の実線のように小さくなる。短期的には値下げによって利益を増やせても、もし他社が追随するなら、長期的には利益を減らす可能性がある。市場での競争では、他社の行動を予想することが重要である。

### 買手の行動による変化

　逆に、価格弾力性を短期的には小さく、長期的には大きくする要因もある。時間の経過にともなう買手の行動の変化はその一例である。たとえばガソリンの価格が上がっても、業務や通勤に自動車を使う場合は必需品なので、ガソリンの需要量は短期的には大きく減らないであろう。しかし長期的には、自動車を買い替えるときに燃費の良い車を選んだり、業務のルートを変えたり、通勤の短い職場や住居に移るなどして、ガソリンの需要量は減っていくであろう。すなわち長期的な価格弾力性は、短期的なものより大きくなる。
　また、趣味性が高い嗜好品は、一般に需要の価格弾力性が低い。しかし長期的に新たな需要者になる、主として若い世代は、既存の需要者より価格に敏感である。そのため長期的には、値上げすると新規顧客が減少して、高齢の既存顧客も徐々に引退するので、総需要が減少していく。これら需要者の行動の変化は、ライバルの追随による効果とは逆に、長期的な価格弾力性を過小評価させる傾向がある。ライバルの行動を予想するとともに、需要者の行動の予想も重要である。

## 4-3　財の差別化と価格弾力性

　企業の利益を最大にする価格は、企業にとっての需要の価格弾力性が、利益幅の逆数に等しくなるような価格であることを前節で確認した。このことは、需要の価格弾力性が小さいと、利益幅を逆に大きく取れる、つまり利益が大きくなることを意味する。価格を上げても需要量の減少が少ないので、高い価格で利益が最大化するのである。
　需要の価格弾力性が小さいことは、売手にとって望ましいことである。需要の価格弾力性は本質的に買手の行動によって決まるが、価格弾力性を下げるために売手ができる行動として、財の差別化は有効である。

### 財の差別化

　財の差別化は、競争するライバルが供給する財より、買手にとっての価値を上げることである。財の差別化には、財の品質を上げることのように、ほ

ぼすべての買手に評価されるものと、特殊なデザインのように一部の買手にのみ評価されるものがある。差別化された財は、ライバルの財より高い価格に設定しても、価格の差以上に価値を評価する買手には買われる。そのような買手の行動は、差別化された財の需要の価格弾力性を小さくする。売手は財の差別化を進めて、財の需要の価格弾力性を小さくするほど、利益率を向上させことができる。

一部の買手にのみ評価される差別化は、たとえば、財の機能やデザインを特定の顧客層の好みに合わせることである。顧客層は、嗜好、財の価格帯、用途、年齢性別、地域風土など、さまざまな次元で細分できる。生産者による財の差別化のほか、財を扱う小売店や流通業者も、販売の方法、広告宣伝、対象顧客の専門特化、などで差別化できる。自社だけが扱う品目を増やすことで、品ぞろえの次元でも差別化できる。特定の店やチェーン店が、特注商品やプライベート・ブランドを作ることも、差別化の効果がある。また、生産者も流通業者も、財と組み合わせる補完財で差別化したり、顧客へのサービスや販売後のメンテナンスで差別化したりすることができる。

## 差別化の相互性

ある企業による財の差別化が、費用対価値による一次元的な優劣ではなく、特徴的な個性化の方向であれば、相対的にライバルの財もその企業の財から差別化されることになる。したがって差別化は、自社の利益を改善するだけでなく、他社の利益にも好影響を与える可能性がある。業界内の各社が、それぞれに個性的な差別化を行う場合は、各社の利益を相補的に改善させる可能性がある。そのしくみは、3-5節の差別化バートラン・モデルを用いた寡占のシミュレーションでも、市場内の各社が差別化することの効果として示される。

財の差別化は、市場全体の買手のニーズを満足させるよりも、市場の一部である特定セグメントのニーズに合わせるほうが、概して容易である。各セグメントの顧客数は市場全体より小さいが、複数のセグメントにそれぞれ差別化した財を供給すれば、利益率とともに合計数量も増やせる可能性がある。

## 4-4 価格差別

市場をいくつかのセグメントに分けて、セグメントごとに異なる価格をつけることを**価格差別**（price discrimination）という。価格差別は、セグメントごとに財の性質を変える、財の差別化とあわせて行われることも多い。しかしまず、価格差別の効果だけに焦点を当てるために、財は同質で差別化されていないことを前提にして、分析を始める。

価格差別を図で表現する。まず図4-5～図4-7は、市場をセグメントに分

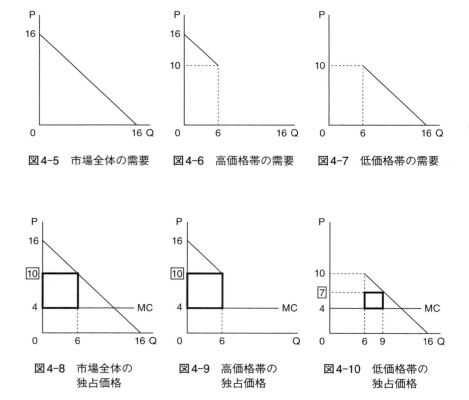

図4-5　市場全体の需要　　図4-6　高価格帯の需要　　図4-7　低価格帯の需要

図4-8　市場全体の独占価格　　図4-9　高価格帯の独占価格　　図4-10　低価格帯の独占価格

ける様子を例示している。図4-5の需要曲線は、$P = 16 - Q$ で表される[3]。$P$ は価格、$Q$ は数量を表す。かりにこの需要を、買手にとっての価値が10より大きい「高価格セグメント」の需要と、10より小さい「低価格セグメント」の需要に分けられるとする。すると高価格セグメントの需要は図4-6、低価格セグメントの需要は図4-7のように表される。図4-7では、図4-6と視覚的に連続させるために、便宜的に需要曲線を数量（$Q$）が0からではなく6から始めている。ここで図4-5〜図4-7のそれぞれの需要に対して、財の限界費用（MC）は4として、売手の利益を最大にする独占価格を考えてみる。すると市場全体への独占価格は、図4-8に示すように10であり、このときの生産者余剰を太線で囲んで示している。次に高価格セグメントでは、図4-9に示すように、価格10でセグメント需要のすべてに供給することが最適になる。この例ではたまたま、市場全体への独占価格10と同じ価格水準になる。そして低価格セグメントでは、図4-10に示すように、価格7を設定して3単位を供給する。このとき生産者余剰を計算すると、市場全体への単一価格の独占では36であるのに対して、市場をセグメントに分けると、高価格セグメントで36、低価格セグメントで9の、合計45に増やすことができる。

　つまり価格差別をすることで、売手の利益は向上する。この例では計算が簡単になるように完全な独占を前提にしているが、独占に近い状態や寡占でも、価格差別をすることで売手の利益は向上する。また市場のセグメント分割は、図4-6と図4-7のように特定の価値を境界に完全に分けられなくても、価値の範囲に重なり部分があるような不完全なセグメント分けでも、利益を向上させる。

### 価格差別の例

　価格差別の例は、たとえば一般価格と学生割引価格などにみられる。同じ財でも学生セグメントにより安い価格を適用するのである。学生は概して支払い能力が低いので、市場全体への単一料金で利益を最大にしようとすると、学生の需要の多くを取りこぼすことになる。学生が払える価格に下げると、

---

[3]　事例3-2〜事例3-5で用いたものと同じ需要曲線である。

大きな利益幅は期待できない。そのような場合に、学生とそれ以外に別の価格を設定することで、売手はより多くの合計利益をあげることができる。大人料金と子供料金もこれに似た例である。通常は子供料金を払うのは大人の親であるから、この例の実質的なセグメントは、子供を連れている大人と、それ以外の大人である。子連れの大人の需要は、子供の料金も負担することから、通常の価格水準では割高になり需要を抑制する。子供料金を低くすることは、子連れの大人の料金を割り引くような効果がある。大口割引価格も似た例である。まとめて大量の購入をする場合は、単価のわずかな違いでも、総額として大きな違いになるので、買手は価格に敏感になる。値下げをすることで購入を促したり、購入数量を増やしたりする可能性がある。したがって大口と小口のセグメントを分けて、別の価格を設定することで利益を増やせる可能性がある。

### さらなる価格差別

図4-5の需要をセグメントに分ける方法は、図4-6と図4-7の例以外にもある。2つのセグメントに分けるとして、もし売手の利益が最大になるように分けるならば、図4-11と図4-12のように、価値12を境にして分けることになる。そして高価格セグメントに12、低価格セグメントに8の価格を設定する。生産者余剰は、高価格セグメントから32、低価格セグメントから16の、合計48になる。このときの生産者余剰の合計を、市場全体の需要曲線に重ねて表示すると図4-13のようになる。

価格差別を推し進めるならば、セグメントの数は2つに限らない。もし市場需要を、価値1単位きざみに分けられるとすると、セグメントの数は12になる。その各セグメントに対して独占価格を設定すると、生産者余剰の合計は図4-14で表されるようになり、合計値は66.25になる[4]。もし需要を限りなく小さなセグメントに分けることができ、それぞれに独占価格を設定す

---

[4] 図4-14には詳細に描ききれないが、市場需要を12のセグメントに分けたときの、それぞれの最適価格は順に、15、14、13、12、11、10、9、8、7、6、5、4.5になる。つまり、最も低価格帯のセグメントを除いて、各セグメントですべての需要を取り込む価格をつけるのが最適になる。しかし最低価格帯のセグメントでは、利益幅がゼロになる価格4ではなく、4.5をつけるのが最適になる。

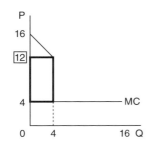
図4-11　高価格帯の独占価格

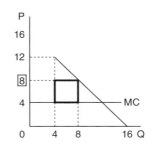
図4-12　低価格帯の独占価格

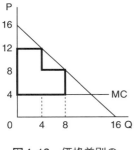
図4-13　価格差別の
　　　　生産者余剰

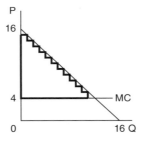
図4-14　価格差別の
　　　　生産者余剰

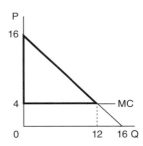
図4-15　価格差別の
　　　　生産者余剰

るならば、生産者余剰の合計は図4-15のように表され、合計値は限りなく72に近づく。買手1人ごと、さらに買われる財の1個単位で、買手にとっての価値を把握して異なる価格をつけることができれば、売手の利益は最大化する。

### 価格差別の余剰分析

　注目すべきことは、価格差別を進めると財を購入できる買手が増えて、社会的余剰が向上することである。たとえば図4-8の単一価格の独占では、生産者余剰と消費者余剰の合計である社会的余剰は54だが、市場を分けた図4-9と図4-10を合わせると、社会的余剰は67.5になる。さらに図4-15のよ

うに完全に価格差別を進めると社会的余剰は72になり、完全競争の社会的余剰と同じになる。つまり、独占は取引数量の減少によって社会的余剰を減少させるが、価格差別はそれを回復させる。

しかし完全競争と比べると、価格差別は生産者余剰を増やし消費者余剰を減らすので、利益の公平性では問題があるかも知れない。また単一価格による独占や寡占の場合は、価格差別によって新規参入をする余地があるが、完全な価格差別がなされると、新規参入は難しくなる。複数のセグメントで価格差別をする既存企業は、新規参入があったセグメントの価格を下げて参入者を牽制しても、他のセグメントの利益があるので対抗策をとりやすい。そのようにして新規参入が制限されると、競争やイノベーションが生まれにくい状態が続くという問題もある。

## 価格差別の実現可能性

価格差別が可能であるためには、市場をセグメントに分けることが、実際に可能でなければならない。つまり取引の際に、たとえば学生とそれ以外、子供と大人などの区別が可能でなければならない。学生を区別することは、学生証の確認などができれば比較的容易にできる。しかしもし学生を区別することが難しければ、多くの人が学生と偽って割引料金しか払わないだろう。また、ある意味で不公平な支払いともいえる価格差別が、各セグメントの買手や社会に受け入れられることも必要である。もし学生割引の対象が、学生の教育や生活を支援する財であれば、社会からの理解を得やすいであろう。たとえばコンピューター・ソフトウェアを学生に低価格で提供することは理解を得やすい。（実際には学生を低価格で囲い込んで、彼らが卒業してからバージョンアップ版を高く買ってもらう戦略だとしても。）ラーメンの学生割引なども理解を得やすい。（店の主人が「苦学生の応援」とうたって、「当店の利益の最大化」と言わなければ。）しかしビールの学生割引は、必需品ではないので反発があるかも知れない。

価格差別の本質は、買手が感じる価値によって価格を変えることなので、売手の利益を最大にするためには、買手が感じる価値を知ることができれば一番良い。しかし買手は、自分にとっての財の価値を尋ねられても、正直に表明しない可能性がある。とくに高い価値を感じる買手は、正直に表明して

高い価格を払うことを避けたいであろう。スキルのある売手なら、個別に交渉しながら買手にとっての価値を推測できるかも知れない。しかし交渉にはコストがかかる。そこで買手の属性や嗜好によって間接的に価格差別を行う方法が、多くの売手によって考え出される。例に挙げた学生割引などである。

　情報技術の発達は、買手にとっての価値を、さまざまなデータから低コストで推測しやすくする可能性がある。たとえば購買や行動の履歴を多くのウェブサイトから集めて、買手の好みや性格を推測するなどである。単純な1市場の余剰分析では、そのような情報収集は、経済効率を高めるようにもみえる。しかし特定の企業への情報の過度な集中は、競争や他企業によるイノベーションを抑制しやすい。また情報の集中によって、買手にとっての価値の誤認識を売手が利用することがあれば、倫理的な問題のほか、社会全体の利益を減少させる可能性がある。

## 財の差別化と価格差別

　市場セグメントごとに財の価格を変える価格差別は、市場セグメントごとに財の性質や価値を変える財の差別化と、あわせて行われることが多い。たとえば、高価格セグメント向けに、付加価値が多い財をより高価格で供給し、低価格セグメント向けには、付加価値が少ない財を低価格で供給する。そのような例は、航空運賃のビジネスクラスとエコノミークラスの料金にみられる。ビジネスクラスにはより広い座席と上級のサービスが提供される。そのため供給コストは増えるが、運賃の差はそれ以上に大きく、ビジネスクラスの運賃はエコノミークラスの数倍になることがある。利益幅の大きいビジネスクラスの売上は、航空会社の利益率に大きく影響する。支払い能力がある旅客は、上級のサービスに比較的多くの追加料金を払っても良いと考えるであろう。したがってサービスに差をつけたグレードを用意することで、旅客が自ら支払い能力を示してセグメントに分かれていく。航空運賃以外でも、さまざまな財の、基本版から上級版へのグレード分けは、財の差別化とともに価格差別を可能にする。ブランドを高級版とそれ以外に分けることも、高級版に十分な価値を認知する買手に対しては、財の差別化と価格差別を可能にする。

　航空運賃は、さまざまな差別化と価格差別が行われている例である。上に

述べたクラス分けのほか、たとえば前売り割引は、早くから旅行の予定を立てられる顧客セグメントと、直前に予定が決まる顧客セグメントを分けている。前者は学生や退職後の旅行者など価格に敏感な顧客が多いと考えられ、後者はビジネス客の出張など支払い能力がある顧客が多いと考えられる。したがって前者には低い価格、後者には高い価格を設定する。そのほか、旅行の曜日や日数、旅程変更や解約の条件などによってセグメントを細かく分け、きめ細かい価格差別をしている。

　財の差別化と価格差別は、売手の利益への影響は似ているが、買手の利益への影響は異なる。財の差別化は、それを評価する買手にとって付加価値をもつものである。したがってそのような買手にとって、財の価格が上昇しても、付加価値がそれを上回れば利益（消費者余剰）は増える。しかし価格差別は、財に変化はないので、買手にとっての価値を上昇させない。価格差別によって、単一価格の場合より高い価格で買う買手にとっては、利益（消費者余剰）を減らすことになる。価格差別が消費者余剰を減らす極端な例では、高価格品の品質を上げるのではなく、低価格品の品質をあえて落とすことがある。たとえば、あえて魅力の少ないデザインの低価格品を作ったり、わざと商品を傷めて「わけあり品」を作り、代わりに残りの商品の価格を高めたりする。そのような例は、非生産的な価値の破壊であり、売手の利益を増やすかも知れないが、買手の利益をそれ以上に減らし、社会全体の利益を低下させる。

## 4-5 バンドリング

　1つの財にセグメントごと複数の価格を設定する価格差別と対照的に、複数の財を合わせて1つの価格を設定する方法がある。たとえば旅行のパッケージ商品は、航空券、ホテル宿泊、観光イベントなど、単品でも販売できるものを、あえてまとめて1つの商品にしている。そのような行動を**バンドリング**（bundling）という。バンドリングは、パッケージ商品、レストランのコースメニュー、コンピューターのハードウェアやソフトウェアのセット販売など、多くの商品に見られる。

表4-3　各商品への支払い上限額

|  | 商品A | 商品B | 商品C |
|---|---|---|---|
| 買手1 | 200 | 100 | 100 |
| 買手2 | 100 | 200 | 100 |
| 買手3 | 100 | 100 | 200 |

　単品ごとに価格を設定するよりも、バンドリングして1つの価格を設定するほうが、売手にとって利益が高くなる場合がある。そのような例を下の表4-3を使って説明する。

　表4-3は3人の買手が、3つの商品A、B、Cのそれぞれに対して感じる価値を示している。3人の買手はいずれも、商品の価格が自分にとっての価値以下ならばその商品を1単位買い、価値を超える価格ならば買わない。売手にとって商品を供給するコストは、どの商品も1単位あたり10とする。

　このとき売手の利益を最大にする価格は、各商品に個別に価格をつけるならば、A、B、Cのいずれも100になる。そして各商品は3単位ずつ売れて、商品1単位あたりの売手の利益は90になり、3商品で9単位の合計利益は810になる。商品の価格を200にすると、その商品は3人のうち1人しか買わないので、利益は減ってしまう。しかしここで注目すべき点は、買手によって高く評価する商品が異なることである。もし評価のばらつきを埋め合わせるように、A、B、Cの3つをバンドリングして合計400の価格をつけると、そのバンドルは3人に売れて合計利益は1,110になる。バンドリングと適切な価格設定によって、売手の利益は300増えることになる。

　参考までに、各商品で価格差別が可能なら、200の価値を感じる買手に価格200で、100の価値を感じる買手に価格100で販売すれば、やはり合計利益1,110を得ることができる。つまり、買手によって各商品への評価の大小が逆転するような場合は、バンドリングの価格設定は、商品ごとに入れ違いの価格差別をすることに似た効果がある。

表4-4　各商品への支払い上限額

|  | 商品A | 商品B | 商品C | 商品D |
|---|---|---|---|---|
| 買手1 | 200 | 100 | 100 | 200 |
| 買手2 | 100 | 200 | 100 | 0 |
| 買手3 | 100 | 100 | 200 | 0 |

## バンドリングの最適範囲

　バンドリングが可能であっても、つねにバンドリングによって売手の利益を増やせるとは限らない。表4-4は、表4-3の商品A〜CにDを加えた、4つの商品への支払い上限額を示している。A〜Dのいずれの供給コストも、1単位あたり10とする。このとき売手の利益を最大にする価格設定は、A、B、Cの3つをバンドリングして合計400の価格をつけ、Dには個別に200の価格をつけることである。このとき合計利益は1,300になる。4商品のすべてをバンドリングすると、利益を最大にする価格は400で、そのバンドルを3人に売って合計利益は1,080になる。バンドルの価格を600にすると、買手1の1人にしか売れない。4商品のすべてをバンドリングする場合は、いずれも合計利益1,300には届かない。つまりバンドリングには最適な範囲がある。バンドリングと単独価格の組み合わせは多数あるが、A〜CのバンドリングとDの単独価格の組み合わせが、売手にとって最大の利益を生む。表4-4の商品A〜Dが、たとえば旅行のパッケージを構成しうる小観光イベントだとする。そのとき小観光を個別に販売するのではなく、A、B、Cをパッケージにして400の価格をつけ、Dをオプションにして追加200の価格で別売りするのが、売手にとって最適な価格設定になる。

　ある商品をバンドリングすることで売手の利益が増えるか否かは、その商品への価値評価だけでなく、他の商品への価値評価との組合せで決まる。表4-4の例では、最適な価格設定ではDはバンドリングされない。しかし何らかの理由でAをバンドリングすることができないなら、B、C、Dの3つをバンドリングして価格300をつけることが最適になる。買手1にとって価値の高いAの代わりに、Dがバンドルに入り、買手による評価のばらつきを

埋め合わせることになる。

## バンドリングによる独占の拡大

　バンドリングは、1商品における独占を、他の商品に拡大させる可能性がある。たとえば表4-3の状況で、商品Aは1人の売手によって独占的に供給され、BとCは複数の売手によって競争的に供給されるとする。参考までに、もし3つの商品すべてが競争的に供給されるなら、各商品の競争価格は供給コストの10に近づく。かりにバンドリングをしても、バンドリングした商品同士の競争になり、バンドルの競争価格は供給コストである30に近づく。したがって各商品に個別に競争価格をつける場合と水準は変わらない。しかしAが独占的に供給されるなら、独占者は3商品のバンドルを、120を少し下回る価格で販売する。買手はBとCをそれぞれ競争価格10で入手できるとしても、Aがバンドルでしか買えないならば、Aに価格100を払うつもりがあるので、バンドルの価格が120を下回ればそれを買う。したがって独占者だけが利益を得て、独占者以外は売上がなく、Aの独占者はBとCも独占するにいたる。そしてライバルの売手がBとCの市場から撤退すれば、独占者はバンドルにさらに高い価格を設定できる可能性がある。

## バンドリングと社会的利益

　バンドリングは、複数の商品の価格差別を組み合わせるような効果を生んで、売手の利益を高めることがある。しかし1商品の価格差別と違って、複数の商品のバンドリングは、買手にとっての価値より供給コストが高い商品が含まれると、コストと価値の差は社会的損失になる。セット商品に不要なものが入っているような状況である。たとえば表4-4の例で、Aをバンドリングできないときには、B、C、Dをバンドリングして3人に売る。このとき、Dに価値を感じない買手2と買手3に、供給コスト10を使ってDを供給することは社会的な損失になる。バンドリングによってDの供給量は増えるが、社会的には不要な供給である。バンドリングしないで、各商品に個別に価格を設定して自由に取引する場合には、このような過剰供給の社会的損失は発生しない。

　またバンドリングには、先に述べたような、独占の拡大によって社会的な

損失を生む可能性がある。

　その一方で、バンドリングには社会的な効用もある。もしバンドリングによって、個別に供給する場合よりも合計の供給コストが節約できるなら、その分だけ社会的な利益は増える。また、単に複数の商品を供給するだけでなく、1つの商品としてデザインして利便性や価値を高めるならば、やはり社会的な利益が増える可能性がある。

　上に述べたメリットとデメリットの比較によって、バンドリングの社会的な適否が決まる。パッケージ旅行では、ある参加者にとって興味のないイベントが含まれる可能性がある。イベントを興味のない参加者に供給するコストや、興味のない参加者にとっての時間は、社会的な損失になる。しかしパッケージ旅行には、一連の旅行のアレンジが供給者によってスムーズになされる利便性がある。

　複数のコンピューター・ソフトウェアをバンドリングする例もある。ソフトウェアは複製のコストが低いので、不要なものをバンドリングしても供給コストの社会的損失は小さいと言える。むしろ一括してインストールできることや、データの受け渡しを標準化するなどの利便性を付加できる可能性がある。ただしバンドリングが簡単に低コストでできることは、あるソフトウェアの独占者が、他のソフトウェアとバンドリングして独占の範囲を広げることを容易にする。パソコンやスマートフォンのOS、検索ソフトウェア、オフィスワーク用ソフトウェアなどで、独占的な地位を築いた企業が、ソフトウェアや機能のバンドリングによって独占的な地位を濫用していると訴えられることがある。たとえば、独占的なOSに、他社のアプリケーション・ソフトウェアと競合する機能を追加するときに、OSの独占的な地位を不当に拡大させようとする行動だと訴えられるようなケースである。

## すべての商品は機能のバンドル

　ここまでは商品のバンドリングを考えてきたが、実はあらゆる商品は、複数の機能をバンドリングしているとも考えられる。たとえばパソコンは、計算、情報通信、画像処理、記憶、など多くの機能を満たす商品である。それぞれの機能を単独で満たす専用機もあるが、パソコンは1台で複数を満たしている。スマートフォンも、1台で多くの機能を満たす。それらの多くの機

能を、各ユーザーがすべて使うわけではないが、バンドリングされて商品になっている。1つの商品にどの機能をバンドリングするかは、複数商品のバンドリングの最適範囲と似て、供給者の利益を左右する。したがって供給者は慎重に機能の取捨選択を行うべきであるし、機能の組合せが異なる複数のグレードやバージョンを用意しても良い。

　商品のバンドリングと同様に、機能のバンドリングも、社会的な効用と損失に影響する。つまり利便性の向上に対して、資源の無駄の大小、売手の独占力が及ぶ範囲などが社会的な利益に影響を与える。プラットフォーマーと呼ばれる巨大IT企業は、膨大な機能をバンドリングした商品やサービスを供給している。その財の利便性とともに、企業の独占力の影響は圧倒的である。したがって社会的な利益の観点から、巨大IT企業の行動の功罪が問われることがある。彼らのバンドリングとそれによる功罪は、いずれも複雑で大規模であり、簡単な比較は難しい。すべての行動を一括しての是非ではなく、最適なバンドリングの範囲を、社会的な利益の視点から考えるようなアプローチが有効であろう。

## アンバンドリング

　バンドリングとは逆に、組み合わされた商品を、構成する複数の商品に分けて価格をつけて供給することを**アンバンドリング**（unbundling）という。旅行のパッケージ商品を、航空券やホテルなどに分けて販売するのはアンバンドリングの例である。建築施工代金に、一式として価格をつけるのでなく、部材や工賃などに分けて価格をつけるのも例である。アンバンドリングすると、買手は自分が欲しいものだけを選んで買うことができる。構成する商品の中で、他社のほうが費用対便益に優れるものがあれば、その部分を組み替えることもできる。アンバンドリングすると、同じ組合せの財を買うときに、一般に合計価格は低くなる。

　アンバンドリングは、買手の交渉力が強いときに起きやすい。また、売手側の競争が激しくなると、バンドルに競争力はないが特定の構成商品にコスト競争力がある売手は、その構成商品に低い価格をつけて、その商品だけで売上を伸ばそうとする。バンドルの主要な構成商品で、そのように低価格をつける売手が増えると、バンドルは売れなくなりアンバンドリングが進む。

そのほか、構成商品のインターフェースがオープンに標準化され、組合せや組合せの変更が買手にとって容易になると、アンバンドリングが起きやすくなる。

# 4-6 市場の細分化と融合

4-5節で検討したバンドリングは、複数の財に一括した価格をつけることで、複数の市場を1つのバンドル財の市場に融合させる可能性がある。逆にアンバンドリングは、1つの市場を、複数の構成商品の市場に細分化する可能性がある。4-4節で検討した財の差別化や価格差別も、顧客やニーズに合わせて市場を細分化する施策である。市場の細分化や融合が起きる理由には、バンドリングや差別化などのマーケティング技法のほかにも、技術の変化や需要の変化などがある。しかしいずれにしても、市場の細分化と融合は、価格への影響にとどまらず、企業の戦略に重要な影響をもつことがある。

**戦略的な意味**

1つの市場の需要は、さまざまニーズの集合体である。市場をセグメントに分けると、分けた市場では満たすべきニーズの範囲が限定されて、独占やそれに近い状態を作りやすくなる。たとえば乗用車の市場を独占することは難しい。しかし、一年中氷雪に覆われるような寒冷地に適した乗用車の供給に特化すれば、寒冷地のセグメントで独占に近い状態を作れるかも知れない。

その一方で、異なる市場の需要を統合して、新たな大きな市場が形成されることがある。たとえば技術革新によって、スマートフォンの機能は急速に拡大し、かつて別の市場を形成していた携帯電話とカメラの機能を、1台でほぼ満たしている。このことはカメラの市場が、一部の専門的なニーズを除いて、携帯電話の市場に融合されたことを意味する。前節で述べたように、ある市場で独占や競争力をもつ企業が、他の市場を融合して、より大きな市場で競争力をもつ可能性がある。市場の融合によって、独占者がその支配を広げることもあるが、逆にある市場で独占的地位をもつ企業が、市場の融合によってその地位を脅かされることもある。

市場が融合すると、それまで異業種にあった企業がライバルになることもあるが、パートナーになる可能性もある。スマートフォンのメーカーが、カメラメーカーの技術を使うことで、両社がパートナーになるなどである。融合した市場で異業種のパートナーと組むことで、スマートフォンやカメラのメーカーが、それまでの同業内のライバルとの力関係を逆転させることがありうる。

　市場の細分化や融合が、従来から頻繁に起きている産業がある。たとえば小売業における業態は、主として扱う商品の分野によって定義される。しかし特定の狭い分野に品ぞろえを特化させて専門化したり、従来の分野を超えて品ぞろえを広げたりすることが、各社によって日常的に起きている。つまり業態の定義は流動的で、ある意味で小売業にとっての差別化は、独自の品ぞろえやコンセプトで新しいセグメント市場を作り出すこととも言える。外食産業でも、業態の境界は流動的である。和食の店が中華料理を合わせて提供しても良いし、和食の中でも魚料理だけに特化しても良い。

　市場の細分化や融合が頻繁に起きる産業では、企業は従来の市場内での競争だけでなく、市場の細分化や融合を、意識し積極的に利用する戦略を考えなければならない。たとえばショッピングモールの進出が、地域の小売店を一掃させてしまうかも知れない。しかしその小売店も、モール内に出店すれば、むしろ来客が増えるかも知れない。

　情報技術が進歩することで、従来は市場が固定していると考えられていた産業で、市場の細分化や融合が起きやすくなる可能性がある。顧客のデータを分析することが容易になれば、顧客データにもとづく市場の細分化はしやすくなる。市場がグローバルに拡大すると、特定ニーズのセグメントだけでも、新たな市場を形成できる規模になることがある。また情報技術の進歩は、スマートフォン、インターネット、大規模データベースなどの新しいプラットフォームを生み出す。そしてプラットフォーム上での機能の融合（バンドリング）が、市場の融合につながることがある。情報革命が進む今後しばらくは、多くの産業で、小売業や外食産業のような、業態を超える事業展開と競争の可能性が高まっていると考えるべきだろう。

第 5 章

# 規模に関する戦略

ネットワークとプラットフォーム

この章では、事業の規模に関する戦略を検討する。規模の経済や、ネットワーク外部性、学習曲線効果、情報集積効果は、いずれも、より多くの量の財を供給する企業を有利にする。そのような規模のメリットが生まれやすい産業では、企業には、低価格で販売したり大きな設備投資をしたりして、ライバルに対する規模の優位を得る戦略が考えられる。規模を追う戦略は、思惑通りに展開すると、ライバルを圧倒する成功をもたらす。しかしライバルも規模を追う戦略をとると、共倒れになるリスクがある。

　規模に関連するその他の戦略には、規格や補完財の利用がある。財の性質の一部を規格化するなどして、組合せを容易にした一群の補完財をプラットフォームという。プラットフォームでは、多くの補完財の規模やネットワークの効果が組み合わさり、全体として単一財を超える巨大な規模のメリットが生まれる。プラットフォームはときに市場の境界を越える存在になり、市場を融合させるほどの力がある。

　しかし単一財での競争と違って、プラットフォームの競争では、規模の優位はあまり持続的ではない。プラットフォームの全体は補完財の集合なので、異なる市場を基盤にするプラットフォームが、異業種提携を利用して簡単に参入できるからである。プラットフォーム同士の競争は、大規模で、かつ目まぐるしいものになりやすい。単一財以上にリスクが大きい競争だが、情報技術のコストが低下したため、情報技術を基盤にすることでプラットフォームの事業リスクをコントロールしやすくなった。今後しばらく、大きな利益をあげる事業は、プラットフォームを有効に活用するものが多いであろう。

## 5-1 ｜ 規模の経済、ネットワーク外部性、学習曲線効果、情報集積効果

　この節で説明する、規模の経済、ネットワーク外部性、学習曲線効果、情報集積効果は、いずれも供給の数量が増えるほど、事業の生産性が高まる要因である。規模の経済、ネットワーク外部性、学習曲線効果、情報集積効果は、それぞれ概念的に別のものだが、現実的には似た特徴があり同時に発生することも多い。まずそれぞれの概念を説明する。

## 規模の経済

　ある財を、より多く供給するほど平均費用が下がる状況を**規模の経済**（economy of scale）という。規模の経済になる要因には、主として次のようなものがある。

- 供給量が増えるほど、一定の固定費が、単位供給量あたりより小さな額に割り延べられる。固定費の内容には、設備、研究開発、広告などの費用がある。
- （上に述べた固定費以外の要因による）数量増による技術的な生産性の向上。
- 生産量が増えるほど、生産活動をより細かく分業でき、各生産者の専門特化を深められること。
- 大数の法則により、供給量に対する需要変動の割合が小さくなるので、供給に対する在庫の割合を小さくできること。

　ただし同じ財でも供給量の大小によって、規模の経済を示したり、逆に規模の不経済を示したりする。図5-1は財の供給量に応じた平均費用を表す典型的なグラフで、平均費用を表す曲線は、船底のような形で表現されている。供給量が最適量より少ない範囲では規模の経済を示し、最適量より多い範囲では規模の不経済を示す。

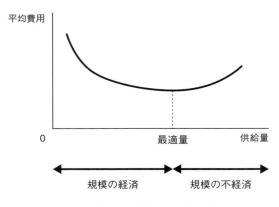

図5-1　供給量と平均費用

少ない供給量だと、設備の利用率が低いことなどで平均費用は高い。しかし供給量が増えるにつれて、設備などの固定費が割り延べされることや生産性の向上などで、平均費用は低下していく。しかし最適な供給量を超えると、逆に平均費用が上昇する規模の不経済をまねく。規模の不経済になる要因には、主として次のようなものがある。

- 設備の能力や効率的に生産できる容量を超えることによる生産性の低下。
- 特殊な材料や技能労働者など、稀少な資源の量的制約によるボトルネックの発生。
- 経営管理能力の限界。

## ネットワーク外部性

　規模の経済は、供給量が増えるほど財の平均費用が低下する、いわば供給側の現象である。それに対して、需要側の現象として規模の効果が現れることもある。ある財の利用者が増えるほど財の利用者にとっての価値が上がる性質を、**ネットワーク外部性** (network externality) という。

　たとえば、利用者にとって通信ネットワークの価値は、利用者の数が多いほど、通信できる相手が増えるので大きくなる。したがって通信ネットワークや通信機器には、ネットワーク外部性がある。また、特定のソフトウェアやアプリを使う人が増えると、データを簡単に共有できる相手が増えたり、便利な使い方を教えてもらう機会が増える。そのようなソフトウェアやアプリにもネットワーク外部性がある。ベストセラーの映画を観ることの価値は、コンテンツの魅力だけでなく、多くの人と映画の話題を共有できることが含まれる。したがって、多くの人がある映画を観るほど、その映画の話題性の価値は高くなるので、映画の視聴にもネットワーク外部性がある。

　しかし一方で、利用者が増えると、財の価値が下がると感じる人がいるかも知れない。たとえば、同じデザインの財をもつ人が増えると、自分が他者や流行の真似をしているようで嫌だと感じるなどである。もし、財の利用者が増えることで財の価値が下がるならば、そのことをスノッブ効果（snob effect）という。同じ財でも、どのような人たちが消費しているかによって、それを真似ようとネットワーク外部性が生じることもあれば、真似している

と見られないようにスノッブ効果が生じることもある。また、同じ財が同じ普及度でも、ある人にはネットワーク外部性をもち、別の人にはスノッブ効果をもつこともある。ファッション性のある財の流行りすたりは、消費者の興味と飽きのほか、ネットワーク外部性とスノッブ効果が関係していることがある[1]。

### 学習曲線効果

ある財を生産する経験を積むことによって、限界費用が下がることを**学習曲線効果**(learning curve effect)という。規模の経済が、一時期に生産される量の大きさによる効果であるのに対して、学習曲線効果は、累積の生産量の大きさによる効果である。学習曲線効果が生まれる過程には、生産の経験を積むことで、生産のための知識や技術が蓄積する効果がある。小規模の生産でも長く続けると累積生産量が大きくなり、大きな学習曲線効果を生む、いわばストックの概念である。それに対して規模の経済は、ある時点での生産規模が、その時点の生産性を上げるという意味で、フローの概念である。

学習曲線効果の計測は、累積生産量の増加につれて限界費用が低下する割合で表現することが多い。たとえば累積生産量が2倍になるごとに、限界費用が何%低下するかで表現する。米国の製造業を対象にした実証研究では、企業単位で計測して、累積生産量が2倍になるごとに生産コストが10〜30％減少する例が多く、中央値は20％程度になると報告されている[2]。製造業の中では、初期の航空機組立産業でとくに高い学習曲線効果が報告されている。学習曲線効果の水準の違いは、産業ごとに限らず、企業ごとにも見られる。たとえばフォード社の流れ作業の生産性は、1930年代から50年代にかけてほとんど変化しなかった。

---

[1] たとえば、ファッション・リーダーとファッション・フォロワーの2つのタイプの人たちがいて、リーダー・タイプの人たちの消費行動は誰もが真似をしたがる（ネットワーク外部性）が、リーダー・タイプの人たちは、フォロワー・タイプの人たちと異なる消費行動をしたがる（スノッブ効果）とする。そのような組合せでは、リーダーは、フォロワーから真似されるたびに新しい消費行動に移っていくことがある。その結果として流行のサイクルが生まれる。

[2] デイビッド・ベサンコ、デイビッド・ドラノブ、マーク・シャンリー著『戦略の経済学』（ダイヤモンド社、2002年）、2章5「学習曲線」が参考になる。

企業ごとの学習曲線効果の違いは、1980年代以降に注目されるようになった。それ以前は、経営戦略では規模の経済が重視されていた。しかし当時、米国より規模が小さく後発の日本の製造業、とくに自動車メーカーが、米国のライバルの生産性を追い越した。このことは規模の経済では説明がつかないので、組織としての学習効率を高めるという問題が、経営のテーマとして注目されるようになった。

　生産の経験を積むことで蓄積された知識や技術が、供給費用を低下させるほか、財の品質を高めるなどして、財の価値を向上させる場合もある。財の価値の向上は、費用の低下とは別の現象だが、広義の学習曲線効果に含めて考えて良いだろう。

　規模の経済と学習曲線効果は、概念としては明確に区別できるが、現実では同時に発生することが多い。ある時点で生産量が大きくなれば、規模の経済が発生するとともに、学習も進むからである。

　学習曲線効果は、知識や技術が蓄積される限り高まっていくが、個人が蓄積する知識や技術は、忘却や老化、担当者の交代によって低下する。したがって組織としての学習曲線効果は、個人間の情報共有や技術の伝承がなされる程度にも依存する。知識や技術をハードウェアやソフトウェアに移転できれば、担当者の交代や老化などの制約を超えて、学習曲線効果を持続させやすくなる。ただし形式化された情報は、ライバルにも移転しやすくなるだろう。また、蓄積した知識や技術の価値は、財や生産方法が変化することによって低下する可能性がある。

## 情報集積効果

　学習曲線効果は、財の生産に関する情報（知識や技術）が蓄積することの効果である。事業をすることで蓄積される情報には、他にも重要なものとして、顧客とニーズに関する情報がある。たとえば、財を誰が買ったのか、どのような用途に使うのか、使ったうえでの評価やクレーム、などの情報である。それらの情報は、財を改良したり販売方法を工夫したりすることによって、財の価値を上げて販売機会を増やすことに利用できる。顧客に関する情報が増えることで、顧客に対する売手の交渉力を強める場合もある。顧客やニーズに関する情報が増えるほど、そのような利益機会は増え、データが多

いほど統計的分析は詳細かつ正確になる。顧客の情報ほど重要ではないかも知れないが、供給先とそのコスト、供給される財の品質などに関する情報も蓄積される。顧客やニーズ、供給先に関する情報が蓄積される効果にとくに名称はないが、本書では**情報集積効果**と呼ぶことにする。

　集積した情報は、他の財の供給や、他の事業にも利用することができる。たとえばインターネット上の商取引や検索サービスからは、利用者の行動や嗜好を推測できるデータを得ることができる。そのデータから他の財を推奨することや、データを広告主に利用させて、広告料を得ることもできる。財の供給量が増えるほど、顧客や取引先に関する情報が増えて、企業の利益を増やす可能性がある。

　顧客やニーズに関する情報の中から、財の改良や事業の拡大につながるものを見つけることは、従来から担当者の重要な仕事であった。しかし人間の能力では、処理できる情報量や分析の能力に限界がある。かりに膨大な情報があったとしても、そこから引き出せる発見やアイデアの量には限界があった。大勢で分業して多くの情報を分析しても、1人あたりで分析できる量はやはり限られ、他者と知見を統合するとしても、人間のコミュニケーションで共有できる情報量に限界がある。したがって情報集積の規模が大きくなっても、規模にあわせて大きな効果を生むことができなかった。

　しかし情報技術の進歩は、処理し分析できる情報量を飛躍的に高めている。そして同時に、電子商取引や電子データを普及させ、いわゆるビッグデータを集積できる事業を増やしている。その変化によって、情報集積効果は多くの事業で従来以上に重要なものになっている。実際に、2017年時点で世界の時価総額上位を占める、アマゾン、アルファベット（グーグル）、フェイスブックなどは、いずれも情報技術を駆使してビッグデータを集積して利用する企業である。従来は集積した情報の利用に人的要因による制約があったので、情報集積効果はそれほど注目されていなかった。しかし情報技術でその制約を乗り越えたいくつかの企業には、圧倒的な競争力が生まれているというのが現実であろう。

## 規模のメリットのまとめ

　この節で紹介した、規模のメリットに関する4つの概念を、図式的にまと

めたものが図5-2である。図中の太い矢印は、いずれも自然な因果関係を表している。つまり、ある財の供給に関連する「知識の増加」は、その財の「供給コスト低下」や「価値増加」につながる。またコスト低下や価値増加は、その財の「供給数量の増加」につながる。そして知識の一部は、他の財の供給や他の事業でも利用可能である。

　その因果関係に、細い矢印で表した、規模のメリットである4つの概念のいずれかが加わると、循環的な因果関係が生まれる。たとえば、供給数量の増加による「規模の経済」は、供給の平均費用を低下させる。その結果としてさらなる供給数量の増加が起き、それが規模の経済によってさらにコストを低下させる。そのような循環的な関係は、規模の経済が強くはたらく事業ほど、そしてライバルの競争力が弱い事業ほど、強く現れる。ただし規模の経済ではなく、規模の不経済があると、循環的な因果関係は逆に作用して、事業を縮小させることになる。

「ネットワーク外部性」は、供給数量（利用者）の増加と財の価値増加をつなげて、やはり循環的な因果関係を作る。「学習曲線効果」は、供給数量（生産数量）の増加と生産に関する知識の増加をつなげて、循環的な因果関係を作る。また「情報集積効果」は、供給数量の増加と顧客や取引先に関する知識の増加をつなげて、循環的な因果関係を作る。循環的な因果関係は、1種類に限らず、複数が同時に生じることがある。この節で紹介した規模のメリットによる循環的な因果関係は、後に述べるような、企業の競争優位の源泉になりうる。

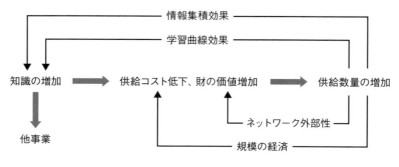

図5-2　各種の規模のメリット

## 5-2 規模のメリットを追う戦略

前節で紹介した、規模の経済、ネットワーク外部性、学習曲線効果、情報集積効果などの、規模のメリットを積極的に利用する戦略がある。

規模の経済についていえば、たとえば積極的な広告や値下げをして販売数量を増やし、生産性を上げる戦略である。値下げは販売数量を増やす一方で、利益幅を縮小させるデメリットがある。しかし規模の経済がある場合は、数量増によってコストが低下するので、利益幅はその分だけ逆に拡大する。したがって規模の経済がない場合より、値下げは有効になりやすい。

そのほか、設備投資をして供給能力を増やし、大量に生産して平均費用を下げる戦略もある。その例を図5-3に示す。図5-3は、固定費が小さく最適量が小さい「小容量技術」と、固定費が大きく最適量も大きい「大容量技術」を比較している。両者が交わる「境界量」より少ない供給量では、小容量技術の平均費用がより低く、境界量より多い供給量では、大容量技術の平均費用がより低い。供給量が境界量より多いならば、大容量技術に大きな固定投資をして、平均費用を下げることができる。現在の供給量が境界量以下でも、投資とあわせて、低価格や宣伝広告で需要を刺激して、供給量を増やすことも考えられる。

ネットワーク外部性を利用する戦略もある。ネットワーク外部性がある財

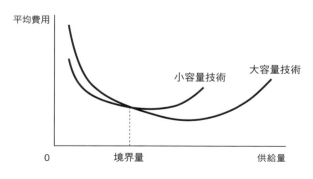

図5-3 小容量技術と大容量技術

は、ある量以上に普及すると、需要が需要を呼ぶようになる。したがって当初は低価格で市場に浸透させ、利用者が増えて財の価値が高まってから、価格を上げて利益を得る戦略が考えられる。極端な例では、発売前後に試供品を無料で配布したり、影響力のある利用者たちに財を無料で提供して使ってもらったりするなどの方法がある。映画産業ではネットワーク外部性を利用するために、封切り前に宣伝広告によって話題を作り、大勢の人がこの映画を観るだろうという期待を人々に形成させる。大勢の人が観るなら、話題に乗り遅れないように映画を観ることの価値が高まり、より多くの人が映画を観ることになる。

　学習曲線効果によって知識や技術を蓄積することは、将来の生産性を上げるための投資としての性質をもつ。当初は赤字になっても生産の経験学習の機会を作り、コストを下げて、やがて利益をあげて回収する戦略がある。たとえばトヨタ自動車は1997年に世界初のハイブリッド車を発売したが、発売当初は1台売るごとに100万円程度の赤字になると言われた。しかし学習曲線効果によって、数年後にはハイブリッド車の販売から利益をあげるようになり、その後もハイブリッド車の販売数量は伸び続けた。同社はハイブリッド車の生産技術でもライバルに対する優位を保っており、学習曲線効果を有効に利用した例といえる。

　情報集積効果は、従来から、顧客の名簿やデータベースを作るなどして利用されてきた。顧客を訪問して意見を聞いたり、財が使われる様子を観察することも行われる。しかしインターネットを利用する事業では、情報集積効果はより積極的に利用されている。顧客やニーズに関する情報を集めるために、サイトの閲覧数や滞留時間を増やすことが重視される。それらが多くなるほど、顧客の行動や嗜好に関して得られる情報は増える。サービスの一部または全部を無料で提供して顧客数や滞留時間を増やしたり、顧客情報の入力と引き換えにサービスを無料にしたりする。多くの顧客情報を得て、それを別のサービスや広告に利用して、投資を回収するビジネスモデルは多い。

　上に挙げたような規模のメリットは、組み合わせることができる。たとえば値下げで販売数量を増やすことで、規模の経済だけでなく、同時にネットワーク外部性、学習曲線効果、情報集積効果などを利用することができる。

　規模のメリットによって、コストを下げたり価値を高めた財が、多くの利

用者を引きつける現象はよく見られる。そのような例は、単独の物財やサービスのほかにも、規格の採用、立地の集積効果、プラットフォーム、提携への参加などに関連する財でよく見られる。

## 規模の限界

　ただし規模のメリットには、何らかの要因による限界もある。たとえば規模の経済は、数量が最適量を超えると、逆に規模の不経済に変わる。たとえば立地の集積効果では、空間的な制約が、生産性を低下させたり地価を上昇させて、規模の不経済を生む原因になりやすい。その意味では、広い土地を必要とする製造業よりも、商業のほうが集積による規模の不経済が現れにくく、その意味で集積効果の限界点は高いであろう。場所をとらない情報が重要な資産である情報産業や金融業は、さらに集積効果の限界点が高くなるだろう。また規模の経済は、追加で供給するための限界費用が低いほど、強く現れる。この点では物財より、コピーが低コストでできる情報財のほうが限界費用が低く、規模の経済の限界点は高いといえる。また、規模の限界点が高ければ、財が大量に普及して大きなネットワーク外部性をもてる可能性がある。以上の傾向から、情報産業や情報財は、一般に規模の経済やネットワーク外部性が強く現れやすいと言えそうである。

　ネットワーク外部性には、スノッブ効果のような限界がある。しかし他の規模のメリットに比べると、限界になる要因は少ないかも知れない。学習曲線効果と情報集積効果は、人間の忘却や老化のほか、情報処理や情報共有の能力などでの、人的な要因が限界になりやすい。知識を文字で表現したり、技術をソフトウェアやハードウェアに変換したりすることは、人的な限界を克服するために効果がある。近年の情報技術の進歩は、情報収集と情報処理の能力を高めることで、学習曲線効果と情報集積効果の限界点を高めていくだろう。ただし、従来にない規模の情報収集と情報処理は、従来は想定されなかったプライバシーの問題や、独占の拡大に利用される可能性がある。それらを制限するための規制などが、情報集積効果の限界になる可能性はある。

## 5-3 規模と競争

　拡販や投資によって規模のメリットを追う戦略は、単に自社の事業の効率を高めるために行うこともあるが、ライバルに対する競争優位を生むために行うこともある。規模による競争優位を生む戦略は、思惑通りに進展すると、ライバルとの比較優位を生み、見事な成功につながる。ただし注意すべきことは、ライバルも同様の戦略をとれば、期待する利益は得られないかも知れないことである。規模を追う戦略に相手が追随した場合には、価格競争や投資競争になり、むしろ利益を低下させる可能性がある。

　規模の経済が発生する範囲では、同じ平均費用曲線をもつ企業同士ならば、より供給量の多い企業が、より低い平均費用になり有利になる。平均費用の水準は、図5-3に示したような、「小容量技術」と「大容量技術」の違いによっても生まれる。境界量より多い供給量が期待できれば、大容量技術に投資をして、低価格で供給量を増やすことで、小容量技術を採用するライバルよりコスト競争力をもつことができる。

　ただしライバルがいる場合には、規模を追う戦略は、短期的に効果が大きくても、ライバルが追随すると長期的に効果は小さくなることに注意が必要である。販売量を増やすための最も簡単な方法は値下げだが、ライバルも値下げをすると、期待するほど数量は増えず、利益幅だけが縮小するおそれがある。大容量技術への投資も、ライバルが追随するとコスト競争力は生まれない。

　学習曲線効果を利用して、当初は赤字になっても、ライバルより速く学習してコスト優位を得る戦略が考えられる。これは規模の経済を利用する戦略に似て、思惑通りに進展すると会心の成功につながる。ただし学習曲線効果を利用する戦略でも、注意すべきことは、ライバルも同様の戦略をとって、期待する利益が得られないことである。互いに学習曲線効果でライバルを上回ろうと競争すれば、早い時期から大量生産（あるいは大量投資）をして低価格で供給しがちになる。そのような事業展開は、当初の支出が大きい一方で投資の回収が難しい。いつまでも価格競争や投資競争を続ける可能性があり、事業リスクが大きくなる。そのような例は、半導体製造、新興大市場へ

の先行投資などに見られる。

　ネットワーク外部性を利用して、競争優位を築く戦略もある。ライバルより早く一定量の財を市場に浸透させて、ネットワーク外部性により自社の財の価値をライバルの財より高める戦略である。そのために当初の利益を犠牲にして普及を急ぐ戦略もあるが、学習曲線効果の競争と同様に、相手も同じ戦略をとるなら事業リスクが大きくなる。

　情報集積効果を利用するために、当初サービスを低価格や無料で提供する戦略もある。しかしライバルが追随すると、予想したほど情報が集まらないなど、事業リスクが大きくなる。

　規模のメリットを利用することは、多くの事業で成功の要因になりうる。そしてライバルに対する競争優位にもなりうるが、リスクをとって積極的に規模を追う場合は、ライバルの行動と需要予測の正確さを、慎重に考慮して検討する必要がある。

## デファクト・スタンダード

　規模のメリットをもつ財が、互いに競争することもある。そのような例は、かつてのビデオ規格のVHS方式とベータ方式の競争が有名である。同じ規格を採用する製品の間では、データの互換性があるのでネットワーク外部性がはたらき、規格化された部品や補完品は規模の経済を生む。2つの方式の提携グループは、それぞれの規格を採用する製品の販売台数を競い合った。規格の競争は、各種の工業規格、ソフトウェア、通信方式など数多く見られる。流行性のある人気商品にも、規模の経済とネットワーク外部性が関係する。規模の経済やネットワーク外部性がはたらく財の競争では、利用者の多い財はますます利用者を引きつける。売れ出すと、ますます売れる。逆に売れないとまったく売れない状態になる。極端な場合には勝者のひとり勝ちになり、多数の敗者は何も得られない状態になる。そのようなひとり勝ちになった財や規格を、デファクト・スタンダード（de facto standard）と呼ぶことがある[3]。

---

3　本来は規格の類別をする用語で、議決や規則によって成立した規格をデジュア・スタンダード（de jure standard）と呼び、市場における選択の結果に普及したものをデファクト・スタンダードと呼ぶ。規格の用語が転用されて、財のひとり勝ちにもデファクト・スタンダードという表現がなされることがある。

規模のメリットをもつ財が競争する市場は、勝者と敗者が明確に現れやすい。小さな数量でも、独自の価値や特長があれば、利益をあげて事業を続けることはできる。しかし差別化が難しい財では、小さな数量で規模の競争に生き残ることが難しい。規模に勝る勝者になるか、その他の敗者になるかの、事業リスクの大きい市場と言える。規模の経済を獲得するために、それに先んじて利用者からの「規模の期待」を形成するために、早期から大量生産と低価格販売をして、自社製品の浸透を図ることが多い。そのような市場で、価格競争や投資競争を避けてゆっくりと浸透させる戦略は、ライバルに先行を許すので、不利な競争になりやすく成功しにくい。

　デファクト・スタンダードが生まれやすい市場に参入する方法としては、次のような選択肢があるだろう。

- 1社単独で勝者になろうとする：当初大幅なキャッシュアウトが必要であり、ハイリスクの事業モデルになる。
- 複数社で提携する：リスクを分散させて、多数派作りを目指す。リターンも分散することになる。
- 勝ち馬を見定めてから乗る：勝者が明らかになるまで参入を遅らせる。ローリスク・ローリターンの事業モデルになる。
- 複数の規格に参加する：結果的に敗者になる規格にも参加する可能性があるが、参入が遅れることはない。経営資源が豊富にある企業でないと、とりにくい選択肢である。

## 市場シェアと利益率

　規模の経済やネットワーク外部性の程度を問わず、一般に企業の規模あるいは市場シェアと、企業の利益はどのような関係にあるのだろうか。実証研究では、さまざまな産業で企業の市場シェアと利益率の単純な相関関係を調べると、正の相関になることが多い。そのことから、市場シェアひいては売上規模が大きいことは、企業の利益率を上げるように思われるかも知れない。しかし注意すべきことは、売上規模の拡大を直接の目的にして行動することが、利益率の上昇をもたらすかは不明であり、逆効果になることがある点である。その理由を図5-4と図5-5の比較で説明する。図5-4のように企業が製

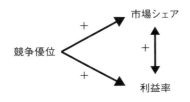
図5-4　競争優位の影響

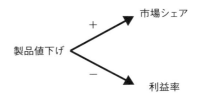
図5-5　製品値下げの影響

品力などの競争優位をもつならば、それは市場シェアと利益率にそれぞれ正の影響をもつと考えられる。その結果、高い利益率と高い市場シェアを形成できる。ただし市場シェアの拡大を直接の目的にするならば、効果が高い方法は、図5-5のような製品値下げである。値下げは売上を増やし、短期的には利益額を高めるかも知れない。しかしコスト削減をともなわない値下げは、遅かれ早かれ利益率を下げる。他社が追随して値下げすると、利益はさらに低下するであろう。そのほか、耐久財や1回限りの消費など、値下げが需要を「先食い」する現象があると、利益は短期的に増加したあとで減少することになる。つまり単純に値下げをして市場シェアを増やしても、利益率は逆に低下する可能性が高い。

　実証研究にみられる市場シェアと利益率の正の相関は、何らかの競争優位が原因になっている可能性が高い。競争優位の源泉は、規模の経済やネットワーク外部性のような、規模自体のメリットである場合もあるが、製品力やブランドなど、規模以外の要因である場合も多い。市場シェア自体を直接の目的にして、値下げや無理な拡販を行うと、利益幅の低下やブランドの毀損などで、利益率を低下させる可能性がある。規模の経済やネットワーク外部性があると考えられる場合でも、値下げや拡販によって、十分な数量増とそれにともなうコスト低下や価値向上が実現するかを、慎重に検討する必要がある。

## 5-4　固定費はリスクか参入障壁か

　参入するために大きな固定費の支出が避けられない事業では、固定費が参

入障壁になったり、規模の経済の要因になることがある。参入障壁や規模の経済は、特定の企業に競争優位を生むことがある。しかし一方で、大きな固定費は、事業の損益分岐点を上げて財務的なリスクを高める。固定費の大きさが競争に与える影響は、次の2通りが考えられる。

　必要な固定費が大きい事業は、新規参入者が簡単に大きな販売数量を得られない場合は、規模の経済を通して既存企業を有利にする。そして固定費の大きさが参入障壁になる。既存企業についても、すぐに販売数量を大きく増やせない場合は、大きな固定費は既存企業同士の投資競争を抑制する要因になる。そのような例は、巨額の設備投資や広告が必要なタバコ事業、冷凍食品の流通、鉄道事業などに見られる。急速な販売数量増が難しい事業とは、市場の成長が遅く、ライバル企業に供給余力があり、需要者が簡単に供給先を変えないような市場に多い。いわゆる安定した市場だが、そこでは固定費は競争の抑制要因になりやすい。

　しかし参入企業や既存企業が、すぐに大きな販売数量を得られる場合は、固定費を原因にする規模の経済が、投資競争や価格競争を加速させる場合がある。その際には勝ち残るか撤退するかのチキンゲームになりやすく、各企業にとって事業リスクは大きくなる。そのような例は、半導体製造、素材、ホテル、小売チェーンなどの産業にみられる。急速な数量増が可能な市場とは、速く成長している市場や、顧客が簡単に供給先を変えられる市場に多い。買収によって他社の供給力や顧客を容易に取得できる場合もあてはまる。

　また産業内の企業数が多いほど、企業1社あたりの市場シェアは小さくなり、企業にとって値下げや投資で大きな数量効果を得やすいので、企業が数量競争を行うインセンティブは高くなる。1社あたりの規模は同じでも、大きな市場で多数の企業が競争していると、固定費の増加は、規模の経済を得るための数量競争を激化させる可能性がある。数量競争は、値下げや設備投資によって行われることもあれば、合併によって行われることもある。財務負担力の弱い企業が多ければ、新規投資ではなく合併が選ばれる可能性が増えるであろう。値下げや設備投資は市場全体としての競争を激化させるが、合併は逆に緩和させる傾向があるだろう。

## 5-5 補完財

　第5章は規模のメリットに関連する戦略を扱っているが、ここで補完財について検討する。補完財と規模のメリットは、一見すると関係が薄いように思えるかも知れない。しかし補完財の利用は、5-7節のプラットフォームの例に見るような、巨大な規模のメリットを生むことがある。

　補完財と代替財は、対照的なものと考えられることが多い。しかし補完財と代替財の違いは、必ずしも財そのものの性質ではなく、供給者や需要者の行動によって変わることがある。つまり2つの財が、互いに補完財にも代替財にもなりうることがある。この5-5節では、まず補完と代替の関係についてまとめ、次に補完財による規模のメリットを検討する。

### 補完と代替

　経済学の定義では、財Aの価格が変わらずに財Bの価格が上がるとき、財Aの販売数量が減るならば、財Bを財Aの**補完財**（complement）という。たとえば、レンタカーの補完財であるレンタカー保険の料金が上がると、レンタカーの価格は変わらなくてもレンタカーの需要は減る。財とその補完財は両方を買うことが多いので、補完財の値上げは合計価格の上昇であり、両者の数量を減らすことになる。

　補完財の定義とは逆に、財Aの価格が変わらずに財Bの価格が上がるとき、財Aの販売数量が増えるならば、財Bを財Aの**代替財**（substitute）という。たとえば、レンタカーの代替財であるタクシーの料金が上がると、レンタカーの価格は変わらなくてもレンタカーの需要は増える。財とその代替財は、どちらかを買えば買手のニーズを満たすので、一方の値上げは他方に需要を移すことになる。

　上の定義でなくても、一般に補完と代替は対照的な概念である。第1章で見たように、取引において、代替の取引相手をもつことは自分の交渉力を高める。逆の見方をすると、同業者は自分の代替であり、その存在は自分の交渉力を弱める。それと同様に、代替財の存在は、財の供給者にとって利益率を下げる要因になる。

補完財は逆に、財の価値を上げる要因になりうる。たとえば自動車の補完財であるカーナビゲーション・システムは、それがない場合より自動車の価値を高める。補完財には、カーナビゲーション・システムのように選択的に使えるものと、パソコンにおけるOSのように必須の補完財がある。選択的な補完財は、その費用と効果を考慮して購買するので、その存在が需要者の利益を損ねることはない。しかし必須の補完財は、選択の余地なくその費用と効果が財に上乗せされるので、質の高い補完財ならば実質的に財の価値を上げるが、質の低い補完財は財の価値を下げる。

### ライバル（代替財）かパートナー（補完財）か

　ただし注意すべきことは、同じ財が補完財にも代替財にもなりうることである。たとえば赤ワインにとって白ワインは、代替財だろうか、補完財だろうか。酒ならば何でも同じだと言う人にとっては、代替財だろう。そのような人は、白ワインの価格が下がればそれを多く飲み、赤ワインを飲む量は減るだろう。赤ワインの供給者にとって、白ワインの供給者はライバルになる。しかしワインの愛好家は、料理や気分に合わせて赤ワインと白ワインを飲み分ける。食事の途中で切り替えて、両方を飲むことが多い。そのような人は、赤ワインの価格が下がれば赤ワインを飲む回数が増えて、それにつれて白ワインを飲む回数も増えるかも知れない。愛好家にとっては赤ワインと白ワインは互いに補完財である。需要家に愛好者の割合が多ければ、赤ワインの供給者と白ワインの供給者は互いにパートナーになる。そして赤ワインの成功は白ワインにも恩恵をもたらす。

　2つの財が、代替の関係にあるか補完の関係にあるかは、必ずしも財そのものの性質ではなく、買手の嗜好や用途によって決まる。したがって供給者は、買手のニーズにあわせて財を差別化することで、代替の関係を補完の関係に変えられる可能性がある。あるいは供給者は買手の知識と興味を高めることで、ニーズを開拓して差別化をしやすくすることができる。

　供給者の行動によって代替の関係を補完の関係に変えることは、しばしば供給者の立場を強める。たとえば近接して立地する小売店同士は、品ぞろえが似ていれば買手から見て代替の関係であり、価格競争を強いられるかも知れない。しかし品ぞろえが重ならないようにすれば補完の関係になり、地域

全体としての品ぞろえが豊富になるので、集積効果によって遠方からの買手も誘引できる可能性がある。映画産業は当初、テレビの台頭を代替品の脅威ととらえ、映画に出演する者がテレビに出演することを禁じたり、テレビ産業に対抗的な対応をした。結局テレビは多くの視聴者を獲得して、映画産業は斜陽産業になった。映画には大きな画面や本格的な音響効果など、テレビにない魅力があるのだから、同じキャラクターに対して映画とテレビで異なる演出の作品を作るなどして、代替ではなく補完の関係を作るほうが得策であっただろう。代替にも補完にもなりうる関係は、既存メディアとインターネットについてもあてはまる。強いライバルが現れた場合には、代替の関係で競争を続けるよりも、補完関係にもち込むほうが得策になる場合がある。

**補完品と規模のメリット**

ある財が多くの選択的な補完財をもてば、使用者のニーズに応じた財の差別化が容易になり、財の需要を広げる。その意味で補完財が増えることは、財の販売数量を増やして、規模の経済やネットワーク外部性を強める可能性がある。補完の関係は双方向にはたらくので、多くの財が互いに補完品になると、それぞれの販売数量が増えて、規模の経済やネットワーク外部性が互いに増強しあう効果が生まれる。相互的な規模のメリットは、数量とともに補完財の価格が下がると、さらに強められる。複数の補完財が使うプラットフォームがあると、この効果が生まれやすい。

## 5-6 規格

規格は財をある意味で画一化する。しかし、規格が企業の戦略やイノベーションに及ぼす影響は、画一的ではなくさまざまなものがある。この節ではその影響を検討する。

**規格による代替と補完**

規格は財の形状や品質を規定して、規格にしたがう財同士を代替可能にする。たとえば乾電池や電球は規格化されていて、異なるメーカーの製品でも

規格品であれば代替可能である。電力供給の方式も規格化されていて、コンセントの形状や、電圧、周波数などが規定され、さまざまな電気製品を接続して使うことができる。

規格は財の代替性を保証する。しかし見方を変えれば、規格化された財は形状や品質が固定されることで、さまざまな財との補完関係を築きやすいとも言える。たとえばカメラで撮った画像を、規格化された外部メモリーに記録して、それをパソコンで再生することができる。そのような使い方ができるのは、規格化された外部メモリーが、カメラやパソコンの補完財になるからである。しかも同時に、規格化された外部メモリーは、カメラとパソコンの補完関係も仲立ちして成立させている。

## インターフェースの規格

上のような補完関係が可能になるのは、外部メモリーの規格が、接続部分の形状など、他の財と接続するインターフェースの規格を含んでいるからである。（ちなみに外部メモリーの記憶容量や耐久性に関する規格は、インターフェースではない部分の規格である。）インターフェースの規格は、接続する両方の財を規定する。たとえば外部メモリーの接続部分の規格に、外部メモリーを使う機器もしたがうことになる。そしてインターフェースを共用するさまざまな財が、補完の関係になりうる。ただし同種の財は、インター

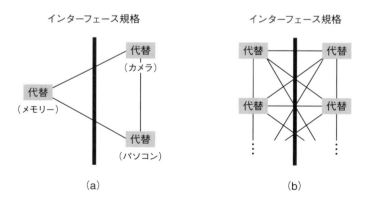

図5-6　インターフェースの規格による代替と補完の関係

フェースの規格に従うことで、むしろ代替の関係を強める。

　以上のことを図で表現すると図5-6のようになる。図5-6 (a) は、カメラと外部メモリーとパソコンの、補完と代替の関係を表している。図の太線はインターフェースの規格を表す。その規格に従うことで、カメラとメモリー、メモリーとパソコンの補完関係が成り立つ。メモリーが仲立ちすることで、間接的にカメラとパソコンの補完関係も成り立つ。すなわちインターフェースの規格に従うすべての財の間で、直接または間接の補完関係が成り立つ可能性がある。補完関係が成り立つ可能性を、図では細い直線で表している。ただしカメラ同士やパソコン同士は、同種であり、利用者から見て代替の関係になる。図5-6では代替の関係にあって競争する同種の財を、四角でひとまとめに表している。2つの財が代替関係にあるか補完関係にあるかは、本質的には前節で述べたように、利用者の用途や認識による。図5-6 (b) はより一般的に、インターフェースの規格によって広がる補完関係のネットワークを表している。同種の財は、インターフェースの規格に従うことでスイッチング・コストが低下し、代替の関係が強められる傾向がある。

## 規格による規模のメリット

　インターフェースに限らず、規格はそれにしたがう財の全体的な需要を増やす効果がある。規格化された財は、品質や性能が規格によって保証されることで、利用者にとっての不確実性が減り、その安心感が需要を増やすことがある。規格による品質の安心感は、工業製品のほか、チェーン・レストランで提供される食事の味付けなどにもあてはまる。そして同じ形状や品質の財が大量に供給されるので、生産や流通のコストが低下して規模の経済が生まれる。多くの人が同じ規格化された財を使うことで、ネットワーク外部性が生まれることもある。また図5-6の (a) や (b) に示したように、インターフェースの規格によって補完財が増えて、財の価値が高まり需要が増えることがある。さまざまな財と接続できることで、用途が広がり需要が増える効果もある。

## 規格化と企業の利益

　財を規格にしたがわせることで、財の供給者の利益が増えるか減るかは、

主として次のメリットとデメリットの比較による。すなわち、需要が拡大するメリットと、他の財との補完関係を築きやすくなるメリット、それに対して、価格競争によって利益率が低下するデメリットである。規格化された財の仕様は固定するので、模倣が容易になり、同業者や新規参入者が追随して供給しやすくなる。しかし規格化された財の差別化は難しく、供給者が増えると価格競争を起こしやすい。規格にしたがう財は代替可能なので、供給者の買手に対する交渉力は一般的に低くなる。それでも、ライバルより供給コストが低い企業は、値下げをしても利益率の低下の割合がライバルより少ないので、数量が増えるメリットを享受しやすいかも知れない。

　どのような規格を作るかが問題になることもある。自社が供給する財を規格にする場合は、上に述べたメリットとデメリットを比較する。ただし自社の財に独自の競争力があり、ライバルにとって模倣が難しい場合は、自社の財を規格にすることで、模倣しやすくなるデメリットがある。そのような場合には、財の性質のすべてではなく、補完財とのインターフェースを含めた一部だけを規格にする方法がある。そうすることで、財全体の模倣を容易にすることなく、規格化のメリットの多くを享受できる。知的財産権に関するオープン・クローズ戦略と呼ばれるものの本質には、この考え方がある[4]。独自の競争力になりうる技術は公開せず（クローズ）、自社の財の価値を上げる補完財の開発につながりうるインターフェースの技術は開示する（オープン）という戦略である。そのほか、規格を設定するけれども社外に技術情報を開示しない、全面的にクローズドな規格を作ることもある。その場合は、自社の財の範囲内だけでメリットを追求することになる。

　企業が規格を利用して大きな利益をあげる構造としては、独占または独占に近い財の、補完財とのインターフェースを規格にする方法がある。この方法は独占の利益をさらに大きくする可能性がある。図を用いて考えてみる。図5-7はインターフェースの規格の効果を表した図5-6（a）の左側にある財を、競争ではなく独占と仮定したものである。ここでインターフェースを規格にすると、独占の財とさまざまな財の補完関係を作りやすくなり、そのことがそれぞれの財の価値を上げる。しかし互いに代替関係にある同種の財は、

---

4　たとえば、小川紘一著『国際標準化と事業戦略』（白桃書房、2009年）を参照されたい。

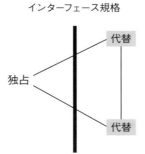

図5-7　独占とインターフェースの規格

競争のため価格を上げることができない。その一方で独占の財は、価格を上げることができる。代替関係にあるそれぞれの財は、競争で品質を上げながらコストと価格を下げる。それらの買手にとっての消費者余剰の増加は、補完財である独占の財が、値上げをする余地になる。このようにして、インターフェースの規格を利用する一群の財の、競争や規模のメリットによる利益機会のほとんどを、独占者が得ることになる。次の5-7節で検討するプラットフォームというビジネスモデルでは、独占者はまさにそのメカニズムを利用する。

### 規格の競争

　複数の規格が、同じ市場の中で競争することがある。そのような競争は、規格を採用する企業や財の数を競う、規模の競争になることが多い。使用する規格を選ぶ立場の企業にとっては、2つの動機が存在する。1つは、自社にとって有利な規格を選択し、そこに多くの参加者を誘導することである。この動機からは、早い時期から望ましい規格に積極的に投資することになるだろう。もう1つの動機は、参加する規格が規模の競争に負けるリスクを避けることで、そのためには、多数派になりそうな規格がわかるまで投資を遅らせることになる。競争が明確な勝者と敗者を生みそうな場合は、文字通りデファクト・スタンダードをめぐる競争になる。そこでの企業の戦略は、5-3節の「デファクト・スタンダード」の項で述べたものになるだろう。

## 規格とイノベーション

　製品開発のスピードは、既存の部品を使うと、すべての部品を新たに開発しなくて済むので速くなる。規格化された既存部品は、寸法や性能が保証されているので採用しやすい。その意味で規格品はイノベーションを加速するが、一方で、規格化された部品は仕様が固定するので、部品のイノベーションの自由度は低下する。

　一般的に規格は、規格の対象になる部分のイノベーションを限定し、それ以外の部分のイノベーションを加速させる傾向がある。たとえば録音用カセットテープの規格化は、録音や再生の機能をもつ製品の開発を加速した。製品の開発者は録音テープや録音方式の開発をしなくて済むからである。一方、カセットテープ自体のイノベーションは減速した。録音方式、録音密度、カセットの寸法などが規定されたため、可能なイノベーションの次元は、主としてコストや信頼性などに限られたからである。

　規格にする部分が広範囲であると、イノベーションを制限する範囲が大きくなってしまう。そのため財の全体ではなく、他の財とのインターフェースだけを規格にする方法がある。そうすることで、インターフェース以外の部分は、自由なイノベーションが可能になる。インターフェースだけを規格にすることは、財の競争優位になる部分を模倣から守るために行うこともあるが、イノベーションを促進する効果もある。

　インターフェースが規格化されると、製品開発の分業がしやすくなる。インターフェースが固定していれば、インターフェースの「向こう側」の要素との調整をしなくても、片側だけで自由に開発や改良ができるからである。インターフェースの両側で改良が並行して進めば、イノベーション全体は加速する。あまり複雑ではない製品をさらにインターフェースで区分すると、変更できる自由度は限られ、イノベーションは活発にならない。しかし大きなシステムや複雑な製品は、インターフェースによって適切な大きさのモジュールに分けると、イノベーションが進みやすくなる。

　ただしインターフェースが規格化されると、特定のモジュールの改良のために使う情報は、インターフェースを超えて共有しにくくなる。新しい用途や改良を求める要請には、インターフェースを超えない範囲の改良で満たされるか、入手可能な補完財の利用などで対応されやすい。したがって、たと

えば工業製品では、利用者のニーズやクレームの情報は、規格化された部品の開発者には流れにくくなる。部品の開発者は、変化の少ない財を供給することに専念しがちになり、同じ財をより効率的に供給するようなプロセス・イノベーションに向かいがちになる。

### 規格品の組合せ

インターフェースが規格化されると、周辺の財も規格化しやすくなる。規格品は大量生産や価格競争の淘汰によって、低価格で性能の高いものになるものが多い。一連の部品の規格化が進むと、それらの組合せは容易なので、生産工程の多くが簡単な組み立てになり、規格品の組合せを変えるだけで新製品を作れるようになる。パソコンをはじめとする多くの電気製品や、プレハブ建築、モジュール化された製品などがこの例である。既成の規格品を組み合わせることで、顧客ニーズに合わせた商品の差別化を、短期間に低コストで実現できる。逆に、規格品がそろっている産業で、規格品を使わず時間をかけて最適のものを作り出す戦略は競争上不利になる。

ただし規格化された部品を組み合わせることは技術的に難しくない。規格品の組合せは他者が真似できるものであり、同じ規格品を使っていては、組合せによって引き出せる競争優位には限界がある。やがて規格が陳腐化することや、規格品の組合せが飽和することで、誰かが規格品ではない新しい財を作ったり、規格を迂回するイノベーションを生んだりする。カセットテープが、CDやハードディスクによって置き換えられたように、規格が陳腐化すれば新たな規格が作られる。イノベーションが活発に起きている分野では、規格は概して短命になる。

## 5-7 プラットフォーム

プラットフォームは、この章で検討した、規模の経済、ネットワーク外部性、規格、補完財、などの効果を組み合わせた、巨大な規模のメリットを生む仕組みである。進歩が著しい情報技術を用いたプラットフォームが注目されることが多いが、従来からプラットフォームの仕組みは、不動産、小売り、

メディアなどさまざまな産業に見られる。この節ではプラットフォームの仕組みと、プラットフォームを活かす戦略を検討する。

## プラットフォームの定義と構造

　プラットフォームという用語は、インターネットや電子商取引サイトなどの性質を表現するときによく使われるが、その定義に通説はない。しかしプラットフォームの特徴として、インターフェースを規格化するなどして、「相互の補完関係と組合せを容易にした一群の財」という点が挙げられる。本書ではプラットフォームの定義として、上のカッコ内に示したものを用いることにする。重要な点は、多くの財が相互に補完財になる点である。1社がインターネット上に出店するだけでも、電子商取引は可能である。しかし、商取引サイトと出店者の間のインターフェース（データ交換方法など）を規格化して、多くの者が出店できてはじめて、商取引サイトをプラットフォームと呼ぶことにする。多くの出店による相互の補完性と規模のメリットが、プラットフォームとしての重要な特徴だからである。

　必ずしもすべてのプラットフォームが、規格化されたインターフェースをもつわけではない。しかしインターフェースの規格があると、図5-6（b）に示したように、一群の補完財からなるプラットフォームが生まれやすい。プラットフォームを構成する財のうち、異なる種類の財の間には、補完関係ができうる。ただし同種の財同士は、競争する代替関係になる。たとえば電子商取引サイトでは、異業種の出店者同士は補完関係になるが、品ぞろえが重なる出店者同士は代替の関係になる。プラットフォームの中には、補完関係と代替関係が共存する。

## プラットフォームの例

　一般にプラットフォームと呼ばれているか否かは別にして、プラットフォームの定義を満たす例を、いくつか表5-1に挙げる。プラットフォームには、その名前のように、多数の補完財の受け皿になるような性質の財があることが多い。たとえば、さまざまなソフトウェアを稼働させデバイスを接続する、パソコン本体のような財である。しかし受け皿になる性質の財がなくても、プラットフォームを構成することは可能である。たとえば商店街は、

表5-1　プラットフォームの例

| プラットフォーム | 構成する一群の補完財 |
| --- | --- |
| パソコン | 各種ハードウェア、各種ソフトウェア |
| スマートフォン | 各種ハードウェア、各種ソフトウェア |
| インターネット | 通信機器、回線、データ |
| 電子商取引サイト | 店舗サイト |
| 商店街 | 店舗 |
| 都市 | 住民、事業 |
| 市場 | 売手、買手 |
| データベース | データ |
| 雑誌 | コンテンツ |
| パッケージ商品 | 各種の財 |
| ワンストップビジネス | 事業 |
| ブランド | 使用する事業や財 |

多くの店が集積すれば、受け皿になるような店がなくても成立する。

　表5-1にあるように、プラットフォームの構造をもつ例は多い。しかしプラットフォームの構造をもつことは、規模のメリットを生み出すが、必ずしも事業の成功を保証するものではない。たとえばスマートフォン（以下、スマホ）の供給者には、利益率の高い企業と、低い企業がある。商店街にも、にぎわっているところと、そうでないところがある。

　パソコンやスマホはプラットフォームの典型例である。それ以外にも、ハードとソフトに分離した製品は、ハードとソフトのインターフェースを規格化すれば、プラットフォームの性質をもちやすくなる。市場で売買される財ではないが、インターネットはさまざまな情報と情報機器が集積するプラットフォームである。電子商取引サイトは、インターネットというプラットフォームの中にある、さらなるプラットフォームである。

　ネット上でなくても、リアルの商店街やショッピングモールもプラットフォームの構造をもつ。その視点を拡大すると、都市もさまざまな人や事業が相互に依存する、プラットフォームとしての性質をもつ。

　電子商取引サイトでは、情報交換方式のようなインターフェースの規格が

ある。それに対して商店街や都市では、区画や街並みの規制、地域のルールなどが規格にあたる。そのような規格があることで、補完しあって共存する構造に、さまざまな人や企業が比較的簡単に参加することができる。商品や金融の市場は、売手と買手によるプラットフォームである。市場の構成員は、商店街のように地理的に隣接しているとは限らないが、市場が定めるルールに従って取引を行う。ルールがインターフェースの規格である。雑誌は編集のスタイルに従うさまざまなコンテンツのプラットフォームである。パッケージ商品はコンセプトに従う財のプラットフォームであり、ワンストップビジネスは連携する各種事業のプラットフォームである。

プラットフォームは商店街の例のように、受け皿になる財がなくても成立する。そのような場合でも、財ではないが、プラットフォームの名前は、受け皿のようなはたらきをする。プラットフォームを構成する財は、プラットフォームの名前を利用する。たとえば、商店街の名前とその評判が、客を集める。集まった客が個々の店を見つける。そして個々の店の質は、商店街の評判に影響する。そのような、プラットフォームの名前の評判と、構成する財の質の相互補完的な関係は、どのプラットフォームにもある。名前の評判を高めるために、プラットフォームに参加する者が従うべきルールを定めることもある。名前の評判を、財にしたものがブランドである。あるブランドを使用する一群の財や事業は、プラットフォームを構成する。ブランドを使用する財や事業は、ブランドの価値を利用できるが、使用する財や事業の評判が、ブランドの価値を再構築する[5]。

## プラットフォームによる規模のメリット

プラットフォームを構成する財は、単独財である場合に比べて、互いの規模の経済やネットワーク外部性を利用しあって、より大きな規模のメリットを享受できる。たとえば、スマホにカメラを搭載することで、スマホの利用者がすべてカメラの潜在的利用者になる。スマホの台数は、従来のカメラの台数よりはるかに多い。そのスマホの台数分だけカメラも作られるので、カ

---

[5] ブランドは希少性が価値を生むことがあるため、ブランドを使用する財の規模（数量）を多くしないことがある。そのような場合でも、ブランドに対して好感をもつ人の規模は、多いほうが良い。

メラの規模の経済が増大する。スマホの通信機能には、電話としての需要に加えて、カメラ画像の通信需要が増える。その他にも、スマホに機能が融合したり補完財が増えたりするたびに、循環的な規模のメリットが生まれる。また、ソフトウェアやアプリのような、利用者間の通信やデータ交換がある財は、プラットフォームを構成して補完財になると、利用者を合計するようなネットワーク外部性が生まれる。ソフトウェアやアプリが、顧客や履歴の情報を相互に利用するならば、プラットフォームを構成することで情報集積効果が強化される。

　企業例を挙げると、2018年5月末時点で世界の時価総額上位7社である、アップル、アルファベット（グーグル）、アマゾン、マイクロソフト、フェイスブック、アリババ、テンセントは、すべてプラットフォームの供給者である。アップルは商品群の規模の経済やネットワーク外部性を中心に、アマゾンとアリババは電子商取引サイトの規模の経済と情報集積効果[6]、マイクロソフトはソフトウェアの規模の経済とネットワーク外部性を中心に、巨大なプラットフォームの効果を利用している。フェイスブックやテンセントはネットワーク外部性に加えて、利用者情報の集積効果をアプリや広告事業に活かしている。グーグルは検索サイトの学習曲線効果に加えて、やはり利用者情報の集積効果を広告事業に活かしている。

　上に挙げた7社はすべて、情報技術をベースにしている。情報技術に依存しないプラットフォームも、表5-1の例の中にあるように、従来からある。しかし情報技術とデジタル化の進歩は、インターフェースの規格化を容易にして、プラットフォームを作りやすくした。インターフェース規格の要求事項は、多くの補完財が充足できるように、シンプルでかつ許容範囲の広いものが望ましい。情報技術とデジタル技術は、他の技術に比べて、一般的にインターフェースの許容範囲を広くとりやすいようである[7]。また、リアルの商店街より電子商店街に出店するほうがコストが低いように、情報技術を用いたプラットフォームの形成は、他の方法よりコストが低いことが多い。そのためさまざまな企業が、情報技術を用いてプラットフォームを利用する可

---

6　アマゾンとアリババには品揃えの豊富さという、次節で述べる範囲の経済もある。
7　小川紘一著『国際標準化と事業戦略』（白桃書房、2009年）

能性を模索している。

## プラットフォームと企業の利益

　プラットフォームにおける企業の利益には、プラットフォームの中での補完と代替の関係が影響する。プラットフォームを構成する中で、同種の財同士は代替すなわち競争の関係になる。同種の財の供給者が多ければ競争は激しく、その財の利益率は上がりにくい。逆に、同種の財の供給者が少なければ、自らの利益率は高くなりやすい。また、競争が激しい財は、他の種類の財にとって、高品質で低価格の補完財になり、彼らの利益率を改善する。本書の第1章で述べた、取引における少数対多数の関係で、代替が少ない少数側が有利になる構造は、プラットフォームの中の利益分布にもあてはまる。

　プラットフォームの中で、ある財の供給が独占であると、プラットフォームの恩恵を独占者はまとめて享受する。そして単独財の独占の場合より、多くの数量をより高い価格で売ることができる。その理由は次の通りである。互いに代替関係にある同種の財は、競争のため価格を上げることができない。その一方で独占の財は、価格を上げることができる。代替関係にある財が競争で品質を上げながら価格を下げて、買手にとっての消費者余剰を増やした分は、独占の財が値上げをする余地になる。このようにして、一群の財の競争や規模のメリットによる利益機会のほとんどを、独占者が得ることになる。

　複数の補完財によるプラットフォームの形成でも市場は拡大するが、スマホとカメラのように財を融合する場合は、市場も融合して、巨大な売上の市場を作る可能性がある。ハードウェアの場合は、製品や部品の小型化が進むと、財の融合をしやすくなる。また、機能やサービスをソフトウェアによって実現させることも、ソフトウェアは寸法をとらないので機能の融合を進めやすい。巨大な市場をもつプラットフォームの中で、独占に近い状況で財を供給すると、先に挙げた世界の時価総額上位7社のような、莫大な利益をあげる企業が生まれる。

　しかしプラットフォームを構成することは、企業にとって必ずしも高い利益率をもたらすとは限らない。プラットフォームの中での競争によって、利益率が抑えられることがある。プラットフォーム自体に、十分な規模のメリットが実現しないこともある。たとえば閑散とした商店街では利益はあが

らない。機能を融合した製品を作っても、売れないことはある。

　また、プラットフォーム同士の競争もある。プラットフォームの競争は、続いて述べるように、他産業からの参入が可能なので、状況が目まぐるしく変わるものになりやすい。単独財の場合より規模の逆転が起こりやすく、規模のメリットより重要な競争力を、ライバルがもつかも知れない。プラットフォームの成長や衰退は、単独財の場合よりかなり速くなることがある。したがって、プラットフォームの形成や組み換えに大きなコストがかかると、事業リスクが大きくなりやすい。

### プラットフォームの特徴

　プラットフォーム間の競争は、パソコン同士の競争のように、ほぼ同じ補完財の組合せ同士で行われることもある。しかしパソコンとスマホの間で利用者を取り合うように、構成するデバイスやソフトウェアの一部は同じだが、他の補完財は異なることもある。つまり図5-8のように、パソコンとスマホがどちらも補完財としてカメラをもつような、プラットフォームの重なりが起こりうる。一般に、補完財の重なりが多くなるほど、プラットフォーム間の競争は激しくなるだろう。

　プラットフォームを構成する財の追加や変更が起きることが、プラットフォーム間の競争を複雑にする。1社でプラットフォームのすべての財を供給しなくても、他社との提携を利用して補完財を増やすことができる。それによって異なる市場にプラットフォームとして参入できる。見方を変えると、

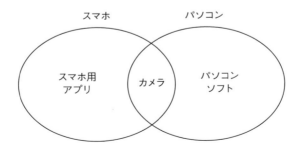

図5-8　プラットフォームの重なり（例）

異なる市場にいる企業やプラットフォームが、新たなプラットフォームを形成して参入してくる可能性を意味する。他産業の強力なプラットフォームが、突然に同業のライバルと提携して参入してくる可能性がある。プラットフォームとしての利益が大きい市場ほど、新しいプラットフォームが参入する可能性は大きい。

したがって、プラットフォームの競争における競争優位は、単独財での競争の場合より持続しない可能性がある。従来の市場で築いた地位は、異業種と提携したライバルによって覆されるかも知れない。逆に、自らが従来の序列を覆す側になることもできる。あるいは、ライバルになりうるプラットフォームと、競争ではなく補完関係を作ることで、より大きなプラットフォームを形成することもある。プラットフォームの競争は、大規模で、かつ目まぐるしいものになりやすい。プラットフォームの成長や衰退は、単独財の場合よりかなり速くなることがある。たとえばインターネットに接続して使う個人用の情報処理機器の主役は、デスクトップ PC、ノート PC、スマホ、と目まぐるしく変化した。流行するショッピングモールが、数年後には競争に敗れて閑散としていたりする。各モールにおいても、出店する店舗の入れ替えは激しい。

## プラットフォームと企業の戦略

プラットフォームを構成する財の供給者の戦略は、プラットフォームの価値を高めてその規模のメリットを利用することと、その中で自社の利益率を高めることが中心になる。プラットフォームの価値を高めるためには、適切な補完財を選び、質量ともに優れた補完財の集合にすることが重要である。そのためには、多くの財と補完関係を作りやすいように、使いやすくかつ標準化されたインターフェースをもつことが有効である。インターフェースは、互いの財を利用しやすくする技術やルールであり、補完財を作るための支援ツールのようなものも含む。また、補完財がまだ少ない時点では、自社の財が単独財として十分な競争力をもつ必要がある。それがひいては、良い補完品を誘引することにつながる。

自社の財が十分な競争力をもつことは、他社の同種の財と激しい競争にならず、プラットフォームの中で利益をあげやすいポジションを作ることにも

つながる。また、構成する補完財の選択や、他のプラットフォームとの関係の作り方についても、プラットフォームの中で主導権をとりやすくなる。たとえば、ショッピングモールの構成では、キーテナントの選定が重要である。集客力のあるキーテナントがあると、他の優良なテナントも誘致しやすく、プラットフォームであるショッピングモール全体として成功しやすい。したがって優良なキーテナントは、出店に際して好条件を提示されることが多く、出店後もショッピングモールの運営に関して影響力をもちやすい。コンテンツ配信やゲームなどのプラットフォームでも、キラーコンテンツをもつことがプラットフォーム全体の成功に有効である。そしてキラーコンテンツを供給する者の、プラットフォーム内での影響力は強い。

そのほか、自社の財がプラットフォームの中で受け皿のような性質をもつなら、たとえばスマホ本体やゲーム機の供給者なら、補完財の選択で主導権をとりやすいだろう。

同じプラットフォーム内の複数の財を供給する企業にとっては、どの財で高い利益を得ようとするかも戦略になる。プラットフォーム全体の規模を拡大するために、顧客増や数量増につながる財を、あえて利益を犠牲にして低価格で売る戦略がありうる。他に独占的に供給する財があるならば、プラットフォームの規模を拡大して、独占的な財を高い利益率で売れば良い。スーパーマーケットなどで、客寄せのために特売する商品と、高い粗利益率がある商品を設定する戦略に似る。たとえばグーグルやフェイスブックは、多くのサービスを無料で提供して利用者を増やし、彼らの膨大な情報を分析して広告に利用し、広告事業で大きな利益を得る。顧客向けのサービスでは利益を追わず、囲い込んだ多数の顧客への広告を独占して、そちらで巨大な利益を得る戦略である。そのほか、プラットフォームの中に独占者が複数いて利益が分散するのを防ぐために、他社が独占する財を、利益を無視して低価格で供給する戦略がある。他社の市場が独占ではなく競争になれば、その市場からあがるはずの利益を、自社が独占する補完財の利益に移す効果がある。たとえば、OSの独占者が、補完財である応用ソフトの他社による独占を防ぐために、利益を無視して低価格で応用ソフトを供給することがある。応用ソフトが低価格であれば、それだけ独占するOSの価格を上げやすい。

プラットフォームは複数の市場にある財の集合なので、プラットフォーム

間で市場の重なりが生まれやすい。複数のプラットフォームがある市場では、プラットフォーム間で需要を奪い合う激しい競争になることもあれば、より穏やかな共存になることもある。プラットフォーム同士が統合して、より大きなプラットフォームを作ることもある。逆にプラットフォームの分裂もある。プラットフォーム間の関係の選択は、重要な戦略の1つである。プラットフォーム間の関係は、プラットフォームを構成する各企業にとって、利益を増やすことにも減らす要因にもなりうる。影響は企業によって異なるが、プラットフォームの中で影響力の強い企業が、プラットフォーム間の関係のとり方で主導権をもつことになりやすい。

1社単独でプラットフォームを作るか、他社と連携して作るかの選択も、戦略に含まれる。プラットフォームを作らない選択肢もある。あるいは他社がプラットフォームを確立させてから、それに参加する選択肢もある。あとから参加する場合は、適切なプラットフォームの選択と、そのタイミングが重要である。参加するプラットフォームは複数でも良い。適切なプラットフォームを選択する場合には、5-3節で検討したデファクト・スタンダードの選択と似て、大別して次のような選択肢がある。

- 早い時期から特定のプラットフォームとのみ提携する。
- 多くのプラットフォームと提携する。
- 大きく普及するプラットフォームがわかってから、それと提携する。

プラットフォーム間の競争は変化が速いので、さまざまな補完財との接続や入れ替えを迅速かつ低コストでできると、変化に適応しやすい。インターフェースの規格化は、そのためにも有効である。技術的には情報技術を利用すると、補完関係を作るための費用や時間を少なくしやすいだろう。

また、プラットフォームを構成する補完財の間で、本書の第4章で紹介した、バンドリングや補完財の組合せによる差別化などの手法を利用できる。

## プラットフォームによる独占の功罪

成功した大規模なプラットフォームは、圧倒的な規模のメリットによって、複数の市場で独占的な存在になりうる。たとえば、あるデバイスが圧倒的な

シェアを得て普及したとする。するとそのデバイスの補完財も、補完財の市場で独占的な存在になりやすい。そのデバイスの供給者にとって、補完財の市場でも大きなシェアをとることが重要ならば、供給者はデバイスとその補完財をバンドルする方法がある。あるいは、自社の補完財がライバルの補完財より、自社のデバイスで使い勝手がよくなるように設定したり、自社の補完財を低価格で供給したりしても良い。

　4-5節の「バンドリングと社会的利益」の項で述べたように、バンドリングは1つの商品における独占を、他の商品に拡大させる可能性がある。また、独占商品と補完性の高い補完財を低価格で供給することは、補完財の市場における独占を容易にする。そのとき補完財の市場だけで余剰分析を行うと、低価格で補完財が供給されるならば、社会的損失が少ないように思えるかも知れない。しかし独占商品の市場では、低価格の補完財の存在により独占商品の需要と価値が高まり、より大きな独占利益が得られ、より大きな社会的損失が生まれる。その他にも、低価格の補完財は、補完財市場へのライバルの参入を妨げ、競争とイノベーションを妨げることで、別の次元の社会的損失を生む。競争があれば独占の状態より、費用対効果の高い新製品が生まれる可能性が高いからである。

　プラットフォームは単独財の独占よりも大規模な、複数市場にまたがる独占を生む可能性がある。その際には社会的損失も大規模になる可能性がある。また、巨大な顧客情報の集積は、プライバシーや情報操作の問題も引き起こしている。その一方で、プラットフォームの社会的利益として、規模の経済やネットワーク外部性、情報の有効利用のほか、多くの異なる補完財を簡単に組み合わせて利用できるメリットがある。独占的な大規模プラットフォームのメリットとデメリットの最適化は、簡単に定量的な比較ができないが、社会的に大きな利益と損失に関わる問題である。これまでにも、巨大なプラットフォーム企業の行動を対象にした訴訟や政策論が話題になっているが、経済学的にも検討する価値の高い課題である。

# 5-8 範囲の経済と多角化

規模のメリットとは異なる種類の統合のメリットとして、範囲の経済がある。複数の種類の財をあわせて供給するほうが、それぞれの財を別に供給するより合計費用が小さくなる状況を**範囲の経済**（economy of scope）という。費用は変わらなくても、あわせて供給するほうが品質や価値が向上する場合は、向上した品質を基準に考えれば、あわせて供給するほうが低コストで行えると考えられる。したがって範囲の経済があると解釈できる。

### 範囲の経済の例と理由

たとえば、ロードサイド型のスーパーマーケットとカラオケ店を同じ敷地内で営業する場合と、離れた別の場所で営業する場合を比べてみる。かりにスーパーマーケットの利用者は夜間より昼間に多く、カラオケ店の利用者は逆に昼間より夜間に多いとする。両者が同じ敷地内にあれば、スーパーマーケットの利用者のために用意する駐車場は、夜間に利用率が下がるので、夜間のカラオケ店の利用者に使わせることができる。そのようにして合計費用を下げることができるので、範囲の経済がある。

範囲の経済の原因には、複数の種類の生産に共用できる何らかの資源がある。上の例では、共用できる資源は駐車場である。共通の資源は、さまざまな製品や事業で使うブランドの場合もある。ブランドを共有すると、個別にブランドを築く場合より、それぞれの製品が同じ認知度を得るための広告費を節約できる。共有が可能な資源の性質は、駐車場の例のように一部または全部が遊休する場合があるか、ブランドや情報のように複数の者が同時に利用できること、いわゆる非排除性（非専有性ともいう）である。

範囲の経済は、供給側の技術や資源が共通する一連の財をフルライン供給することや、需要者の利便のために店舗における品揃えを増やすことの利点を説明する。また、遊休している資源を低コストで他の用途に使うことは、新しい事業を生み出すイノベーションのチャンスになる。たとえばシェアリング・エコノミーは、自動車、駐車場、自宅の部屋、などの資産が遊休している情報を、情報技術を用いて低コストで集め、需要とマッチングさせる新

事業である。遊休している倉庫や廃校の教室などを、起業家のためのインキュベーター（孵化施設）として使うのも範囲の経済の例である。新事業の立ち上げ時には多くの試行錯誤が必要であり、低コストで試行錯誤をするためには、空き部屋など低コストの資源を使うことが有効である。事業のモデルが整ってからは、コストが高くても効果の高い専用の資源に切り替えれば良い。

範囲の経済とは逆に、多くの種類の財を合わせて供給すると合計費用が増える状況を、範囲の不経済という。範囲の不経済の原因としては、管理能力の限界や、それぞれの生産に適した行動様式や組織文化が異なる場合などがある。

### 多角化

範囲の経済は「シナジー」という言葉で表現されることもある。範囲の経済やシナジーを求めて、企業の多角化や合併を行うことがある。しかし範囲の経済やシナジーは、必ずしも多角化や合併によって1社で実現しなくても、複数の企業の提携でも実現できることが多い。ショッピングセンターとカラオケ店の例なら、両方の事業を別の企業が行っていても、駐車場を共用にしてコストを配分すれば範囲の経済を実現できる。むしろ多角化や合併によって組織や経営が複雑になると、範囲の不経済が生じるかも知れない。

実証研究では、多角化は業績面からあまり積極的に支持できないとする研究が多い[8]。とくに既存事業と関連の少ない事業への多角化は、成功確率が低い傾向がある。注意すべき点は、範囲の経済を生む要因は想定しやすいが、範囲の不経済を生む組織や経営の非効率は、予想しにくいことである。そのため事前には、範囲の経済を過大評価し、範囲の不経済を過小評価しやすい。範囲の経済の中でも、資源の共用によるコストの節約は比較的予想通りに実現しやすい。しかし価値のシナジーによる売上の増加は、楽観的な期待になりやすく、必ずしも予想通り実現するとは限らない。価値創出のシナジーだけを強調する多角化の計画は、成果が不確実と言えそうである。別の視点と

---

8 デイビッド・ベサンコ、デイビッド・ドラノブ、マーク・シャンリー著『戦略の経済学』（ダイヤモンド社、2002年）、pp. 220〜228が参考になる。

して、経営者のインセンティブを考慮してみる。一般的な傾向として、経営者への報酬や社会的評価は、企業の規模や成長と正の相関がある。つまり売上を増やす効果がある多角化や合併は、利益率や経営効率への貢献が少なくても、経営者の個人的な利益や満足にとって、魅力的な選択肢になりやすい。

業績や経営効率からみても成功していると考えられる多角化の例としては、次のようなものがある。ブランドを共用の資産にする例では、アップルの製品群や楽天の事業群などがある。人気の出たコンテンツから派生させる、ディズニーなどのキャラクタービジネスも、多角化の例である。1980年代以降のGEは、製造事業から積極的に金融事業に多角化した。高業績の製造事業を中心にしたGEの財務格付けは、他の金融事業者より高く、低コストで調達した資金を金融事業に振り向けて範囲の経済を実現した。ただしリーマンショック後は、金融事業の下方リスクが製造事業に悪影響を及ぼす可能性があり、GEは金融事業を縮小させている。範囲の経済に限らないが、ある市場環境におけるメリットが、違う市場環境ではデメリットになりうるので注意を要する。

第 6 章

# 競争に関する戦略

第6章では企業が市場でライバルと競争する際の、戦略的な要点についてまとめる[1]。競争に関する戦略の要点の1つは、相手の行動を予想することである。戦略には、ある種の両面性があることが多い。利益を得るつもりでとる行動が、相手の反応次第で、逆に不利益を生む可能性がある。成功した戦略は、ライバルが真似る可能性がある。ライバルに真似されることで、むしろ自社が不利になる場合がある。特定の戦略の長所と思える点が、短所にもなりうる。適切な行動をとるためには、相手の期待や行動を予想することが重要になる。

　競争相手の反応を考慮すべき状況は、ゲーム理論によってよく分析できる。たとえば近視眼的な値下げが、相手の追随によって長期的に損失を招くケースは、囚人のジレンマと呼ばれる有名なゲーム理論のパターンである。囚人のジレンマを解決するには、財の差別化やスイッチング・コストを高めることが有効である。財の差別化やスイッチング・コストを高めることは、相手に真似をされても、むしろ自社にとって有利になることが多い。相手に撤退を迫る攻撃的な競争戦略は、ライバルが撤退するか、参入を阻止できれば成功と言える。ただしライバルも追随して、互いに譲らず相手を撤退させようとすれば消耗戦になる。これはチキンと呼ばれるゲームのパターンである。この章ではゲームのパターンと、それぞれの問題点と解決法を紹介する。競争を有利にするためにも、あるいは協調を引き出すためにも、しばしばコミットメントが重要になる。コミットメントは自分の選択肢をあえて放棄することで、数多くの可能な結果の中の、望ましいものに絞り込む効果がある。コミットメントについてもゲーム理論を利用して説明する。

　競争を構成する要因は数多いが、この第6章ではその中から重要なものを取り出して分析する。各要因には関連があり、良い戦略は一石二鳥にも、三鳥にもなる。要因の関連のしかたは、網の目のように広がっている。それらを羅列しても関連はわかりにくいので、筆者なりにストーリーを組んで説明していく。ただし本書のストーリーは、つながりの一部でしかない。読者は

---

[1] 第8章で「競争戦略」という用語を紹介するが、この第6章のタイトルである「競争に関する戦略」との違いは次のようなものである。競争戦略はある企業の一事業の競争についての戦略全体を言う。この章では、競争戦略を構成しうる個々の行動や分析の枠組みを検討する。

さらに独自のつながりを発見してほしい。それが読者の独自の戦略眼になるだろう。

## 6-1 価格設定

競争において注意すべき点として、相手の反応を考慮に入れることがある。競争相手の反応を考えないで、現状に対して最適と思える行動をとっても、結果は必ずしも最適にならない。そのことを、製品の価格設定について次の事例から考えてみる。

### 事例6-1

A社とB社の2社が競争する市場で、A社が自社製品の価格を決めようとしている。両社の価格が同じ場合は、各社の製品の売上数量は、事例4-1におけるA社の売上数量と同じになる。すなわち両社の価格がともに5ドルなら、各社の売上数量はそれぞれ年間3万単位である。そして両社そろって価格を1ドル下げるごとに、各社の数量は1万単位ずつ増え、両社そろって価格を1ドル上げるごとに、各社の数量は1万単位ずつ減る。

2社の価格が異なる場合は、次のように数量が決まる。2社の価格のうち高いほうを両社がつけた場合の数量から、安い価格をつけるほうは価格差1ドルあたり数量を2万単位増やし、高い価格をつけるほうは価格差1ドルあたり数量を1万単位減らす。たとえば、A社が4ドル、B社が5ドルの価格をつける場合を考えてみる。両社が高いほうの5ドルをつければともに数量は3万単位になる。そこから価格差による数量の増減によって、A社の数量は5万単位になり、B社の数量は2万単位になる。

各社の利益は、売上数量に価格を掛けて得られる売上高から、製品を供給するための費用を引いたものである。費用は各社ともに、変動費が単位あたり2ドルのほか、固定費が供給量の大小にかかわらず年間7万ドルである。各社ともにこの製品の年間利益を最大化させる方針であり、両社は互いの費用と方針を承知している。

|  | | B社 | |
|---|---|---|---|
|  | | 5ドル | 4ドル |
| A社 | 5ドル | 2, 2 | −1, 3 |
|  | 4ドル | 3, −1 | 1, 1 |

**図6-1** 価格設定の組合せによる利益（利得の単位は万ドル）

　事例6-1のように、意思決定の結果が相手の行動に左右される状況は、ゲーム理論を使って分析すると見通しが良い。図6-1は、事例6-1の価格設定を表すゲーム・マトリクスである。図6-1では各プレーヤーの価格4ドルと5ドルを選択肢に示している。2×2のセルは、両社の選択肢の組合せに対応し、各セル内の左側の数字はA社の利益、右側の数字はB社の利益を、事例6-1のデータをもとに計算して表している。たとえば左上のセルは、両社が5ドルを選択して、各社が2万ドルの利益を得る状況を表す。そこからA社が1ドル値下げすると、状況は左下のセルになり、A社の利益は3万ドルに増える。ただしB社の利益は−1万ドルで赤字になる。そこでB社が同様に4ドルに値下げすると、状況は右下のセルになり、B社の利益は1万ドルに増えるが、A社の利益は1万ドルに減ってしまう。A社にとってその結果は、むしろ両社5ドルのときの利益より低い利益になる。A社は、近視眼的に考えれば、値下げで利益を増やせるかも知れないが、相手の反応を考慮すれば、値下げはむしろ利益の低下を招くことがわかる。

　この事例6-1の構造は、第4章で挙げた事例4-1および事例4-2と比較してみるとわかりやすい。2社のうち自社だけが価格を1ドル下げると、自社への需要が2万単位増える。この価格と数量の変化は事例4-2と同じである。事例4-2では、4ドルに値下げすることが最適だった。同様に、事例6-1で自社だけ4ドルに値下げすると、その時点では利益は増える。しかし相手も同様に価格を1ドル下げると、自社の増分は取り戻され、価格と数量の変化は価格1ドルに対して数量1万単位で、事例4-1と同じになる。事例4-1では、5ドルに保つのが最適だった。

　値下げによる売上数量の増加が大きいときは、一見すると値下げが理にか

なっているように思える。そして実際に値下げをすると、少なくとも短期的には利益を増やす場合が多い。しかし同業の他社は、1社の値下げをいつまでも放置するだろうか。やがて他社が追随すれば、市場シェアは奪回され、結果的に、長期的な数量増はそれほど大きくなかったと知ることになる。競争相手のいる状況で、価格設定をする場合は、他社の反応を考慮しなければならない。競合他社は、値下げに対して同レベルまで追随するだけでなく、さらに低い水準まで値下げして対応するかも知れない。事例6-1のように、相手の反応を考慮に入れない近視眼的な値下げが、長期的な利益につながらないことがある。

さらに言うと、事例6-1はもう1つの難しさを抱えている。両社5ドルの状況から、A社が近視眼的な値下げをすると利益を損なうように、B社が近視眼的な値下げをしてしまう可能性もある。どちらが4ドルに値下げしても、他方は5ドルの価格では赤字になり、追随して値下げすることで黒字に回復する。ただし両者4ドルでは、利益はともに5ドルの場合より低くなる。A社としては、自社だけでなくライバルも、近視眼的な値下げをしないことが望まれる。

## 6-2 囚人のジレンマとその解決法

事例6-1を表した図6-1のゲームは、「**囚人のジレンマ** (prisoners' dilemma)」と呼ばれる非生産的な状況を表現している。それは、当事者がそれぞれ自分の利得を最大化しようとすると、その行動が互いの足を引っ張り、全体として両者にとって不利益な結果になる状況である[2]。囚人のジレンマとは、次のような利得の構造をもつゲームである。2×2のゲーム・マトリクスの各セルの利得を、プレーヤーごとに4つのセルにある利得の大小関係によって、×、△、○、◎、の4つの記号で表わすことにする。それらの大小関係は、× < △ < ○ < ◎ である。そのとき図6-2のような利得の配置になるゲー

---

2 囚人のジレンマのより詳しい説明と解決法は、筆者著の『ビジネス意思決定』第6章に、パターン1「囚人のジレンマ」として掲載している。

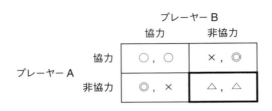

**図6-2** 囚人のジレンマ

ムを、囚人のジレンマと呼ぶ。上下の行の入れ替えや、左右の列の入れ替えは、表現位置の違いに過ぎないので区別しない。プレーヤーの選択肢にはさまざまなものが考えられるが、それぞれのプレーヤーにとって「協力（的行動）」と「非協力（的行動）」の性質をもつ選択肢になる。

　図6-2でプレーヤーAの最適な行動を考えると、相手のBが「協力」を選択するなら、自分は「非協力」を選択するほうが利益は高い。また、相手が「非協力」を選択しても、やはり自分は「非協力」を選択したほうが利益は高い。いずれにしてもAは「協力」より「非協力」を選ぶほうが利得は高いので、プレーヤーAは「非協力」を選択する。Bの最適行動を予想すると、Aの最適行動と同じことがあてはまる。つまり、Aの行動いかんにかかわらず、Bも「非協力」を選ぶほうが利得は高い。すると結果は右下のセルになり、利得は（△，△）になるが、この結果は、両者が「協力」を選択して（○，○）を得る結果に比べて、どちらのプレーヤーにとっても不利益な結果である。

　囚人のジレンマは価格競争のほか、過剰な投資競争、環境問題、公共コストの負担など、経済や社会の問題に広く見られるパターンである。

## 囚人のジレンマの解決法

　囚人のジレンマの解決には、いくつかの方法がある。解決法の本質は、ゲームの利得の構造を囚人のジレンマから別のものに変えることである。構造ではとくに、各プレーヤーにとっての○と◎の大小関係が重要である。図

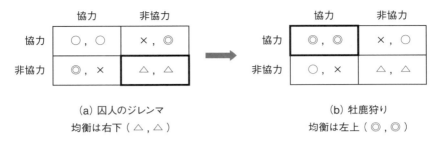

**図6-3　ゲームの利得の構造を変える例**

6-3に示すように、○と◎の大小関係を逆転させると、両プレーヤーが協力する左上のセルが均衡になり、各プレーヤーにとって望ましい結果を導くことができる。ちなみに図6-3の（a）は囚人のジレンマの構造であり、（b）は「牡鹿狩り」と呼ばれる別の構造のゲームである[3]。

　○と◎の大小関係を逆転させる方法は、事例6-1にあてはめれば、たとえば次の6-3節で検討するような差別化戦略が考えられる。

　また、1回限りのゲームでは非協力が支配戦略になるが、囚人のジレンマが継続する場合では、長期的な利得を考えると、プレーヤーの協力を引き出す方法などがある。たとえば図6-1のゲームを繰り返すときに、今回の行動が今後に次のような影響を与えると仮定する。「各社は、もし今回両社が5ドルを選択すれば、協調への期待をもって次回も5ドルを選択する。しかし、もし今回少なくとも1社が4ドルを選択すれば、協調への期待は失われ次回以降毎回両社は4ドルを選択する。」この仮定のもとで、今回を含めた3回合計の利益を計算すると、図6-4のようになる。

---

[3] 牡鹿狩りの詳しい説明は、筆者著『ビジネス意思決定』第6章に、パターン2「牡鹿狩り」として掲載している。

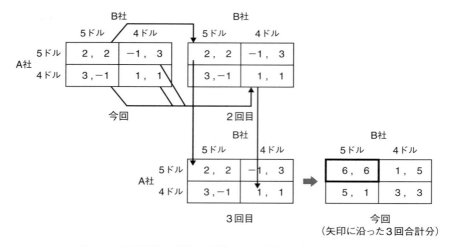

**図6-4　3回合計の利得を計算する（利得の単位は万ドル）**

　図6-4の「2回目」と「3回目」のマトリクスには、「今回」と同じ利得を入れている。マトリクスの間に伸びている矢印は、仮定にもとづいて、前回の結果が次回のどの結果を導くかを示している。そして右下の「今回（矢印に沿った3回合計分）」のマトリクスのセルには、「今回」の選択が、3回のゲームの合計でいくらの利得を導くかを、矢印に沿って加算して入れている。すると、繰り返す各回のゲームは囚人のジレンマだが、3回合計分のマトリクスは牡鹿狩りの構造に変わる。そして両社が5ドルの左上のセルが均衡になる。つまり、両社が「今回」から5ドルの選択を続けることが均衡になる。

　この繰り返しのメカニズムでも、利得の構造が、囚人のジレンマから牡鹿狩りに変わることに注目されたい。

　繰り返しのメカニズムでは、長期的な利益の見通しによって、囚人のジレンマの構造を解消して、当事者の協力が得られる可能性がある。しかしこの状況で、値下げなど「非協力」な行動をとると、相手には長期的な利益を考慮しないようなメッセージを与えてしまう。つまりゲームは再び囚人のジレンマに戻ってしまう。そして相手が非協力的な行動を追随することになりやすい。

## 6-3 差別化戦略

　価格ではなく財の差別化によって需要者にアピールする戦略もある。財の差別化は、財の価値を高めるほか、囚人のジレンマになるような価格競争の解決にも有効である。差別化の効果を検討するために、価格設定を検討した事例6-1と、それを若干変更した事例6-2を比較する。

### 事例6-2

　事例6-1と同じ条件で、ただし次の条件だけが異なる。2社の価格に差がある場合は、価格差に応じた各社の売上数量の増減が、事例6-1における増減量の60％になる。つまり、2社の価格のうち高いほうを両社がつけた場合の各社の数量を基準に、安い価格をつけたほうは価格差1ドルあたり数量を1.2万単位増やし、高い価格をつけたほうは価格差1ドルあたり数量を0.6万単位減らす。たとえば、もしA社が4ドル、B社が5ドルの価格をつければ、両社が5ドルでともに3万単位の数量になる状況を基準に、価格差による数量の増減によって、A社の数量は4.2万単位になり、B社の数量は2.4万単位になる。

　事例6-2における価格設定は、図6-5のゲーム・マトリクスを使って予想できる。図6-5では左上のセルで、両社の利益は最大になり均衡になる。事例6-1を表す図6-1と、図6-5を比較すると、差別化の効果がわかりやすい。ゲーム・マトリクスの利得を、各プレーヤーにとっての大小関係によって、

|  |  | B社 | |
|---|---|---|---|
|  |  | 5ドル | 4ドル |
| A社 | 5ドル | 2 , 2 | 0.2 , 1.4 |
|  | 4ドル | 1.4 , 0.2 | 1 , 1 |

図6-5　価格設定の組合せによる利益（利得の単位は万ドル）

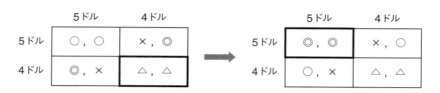

(a) 差別化が弱い状況（図6-1に対応）　　(b) 差別化が強い状況（図6-5に対応）
　　　囚人のジレンマの構造　　　　　　　　　　　牡鹿狩りの構造

図6-6　価格競争における差別化の影響

×、△、○、◎、の４つの記号で書き換える。すると図6-1と図6-5は、図6-6の (a) と (b) のように書き換えられる。(a) は囚人のジレンマ、(b) は牡鹿狩りの構造をもつ。それぞれの均衡を太線で囲んでいるが、均衡は (a) では両社４ドルの右下のセルであり、(b) では両社５ドルの左上のセルになる[4]。

　図6-6の (a) と (b) の唯一の違いは、◎と○の位置が入れ替わることである。(a) では左上のセルは (○、○) で、一方だけが４ドルに値下げすると、値下げしたほうは利得が◎になり高くなる。それに対して (b) では左上のセルは (◎、◎) で、値下げするより利得が高い。この違いは需要の価格弾力性に由来している。(a) は差別化の程度が弱く、需要者が供給者を選ぶ要因は価格の影響が強い。したがって需要の価格弾力性は大きく、値下げで大きく数量が増えて利益も増える。(b) は差別化の程度が強く、需要者は価格以外の要因で供給者を選ぶ傾向が強い。したがって需要の価格弾力性は小さく、値下げをしても利益は増えない。

### 差別化は価格競争を緩和する

　製品やサービスの差別化を進めて、価格差によって需要量が大きく移動しないようにすると、競争を図6-6 (a) のような状況から、図6-6 (b) のよう

---

[4] 図6-6 (b) のゲーム・マトリクスでは、右下のセルも均衡の条件を満たしている。しかし左上のセルは両社に最大の利得をもたらすので、左上が選択される可能性が高いであろう。

な状況に変える効果がある。自社だけでも商品の差別化を進めて、自社製品への需要量が価格差に敏感にならないようにすることは効果がある。しかし同業他社も差別化を進めると、需要移動はさらに小さくなる。つまり差別化戦略は、ライバルが真似をしても自社の損失にはならず、むしろ利益を高める効果がある。

## 6-4 スイッチング・コスト

　スイッチング・コストとは、同種の財を繰り返し購買するなかで、買手が供給先（売手）を変えることによって、買手に生じるコストである。スイッチング・コストには、製品を買い換える直接コストのほか、新しい製品の使い方に関するノウハウを蓄積し直すコストなど、間接的なコストや非金銭的なコストも含まれる。たとえば情報端末のスイッチング・コストには、新しい端末を買うコストのほか、新しい端末の使用法に慣れるために使われる時間や労力のコスト、サービスのキャンセル料、などが含まれる。

　互換性がない製品同士は、互換性の高い製品同士よりスイッチング・コストが大きい。同様に、機種が変わると使い方に習熟を要する製品もスイッチング・コストが大きい。製品を使うためのアドレスや電話番号が変わり、変更を関係者に周知させたりプログラムを書き換える必要があれば、それもスイッチング・コストに含まれる。また、買い替える商品を見つけるためのコストもスイッチング・コストに含まれる。使ってみないと性能や自分との相性がわからない経験財は、性能や価値が明らかな財より、不確実性の分だけスイッチング・コストが高いと言える。

　スイッチング・コストは、時間の経過とともに変わる。製品を買い替える時期には、供給者を変えても変えなくても、製品を買い替える直接コストが発生する。その意味では他の時期より、実質的なスイッチング・コストは小さくなり、供給先の変更が起きやすい。

### ロックインによる独占的効果

　スイッチング・コストは、顧客が他社の製品に買い換える障壁となる。他

社の製品のほうが安くても、価格差がスイッチング・コストを超えない限り、顧客は他社の製品に買い替えない。価格以外でも、他社の製品が性能の優位や顧客の好みに合っていても、その優位がスイッチング・コストを超えない限り、顧客は買い替えない。そのように顧客の実質的な選択肢は減ってしまう。スイッチング・コストによって、顧客が特定の製品に囲い込まれることを**ロックイン**（lock-in）という。スイッチング・コストのある製品の供給者は、価格や製品の価値の差がスイッチング・コストを超えない範囲では、実質的に独占の状況を作り、利益を高めることができる。

### スイッチング・コストと戦略

　買手にとってのスイッチング・コストを高めると、シェアの移動が少なくなる。そのことは財の差別化と同様に、ゲームの構造を変えて、価格競争を緩和させる効果がある。また財の差別化と同様に、スイッチング・コストを高める施策は、ライバルが真似をしても、自社の損失にはならずむしろ利益を高める効果がある。

　スイッチング・コストを高める戦略の例としては、他社の製品と互換性をもたせないこと、解約料金の設定、自社製品を高く買う下取り価格（他社製品を高く買う下取りは、逆にスイッチング・コストを下げる）、顧客が使い込むほどカスタマイズされる製品、固定した顧客担当者によるサービスなどがある。その他の例として、航空会社のマイレージ・ポイントなどの購買ポイント制度がある。ただしポイント制度は、顧客が自社だけでなくライバルのプログラムにも加入すると、スイッチング・コストをあまり高めることにならない。そのときは、ポイント競争に形を変えた値下げ競争と同じ状況になり、囚人のジレンマの状態になりやすい。ポイントへのボーナスを累進性にするなどして、顧客がライバルのプログラムに加入しないようにする制度もある。

　反対に、スイッチング・コストを下げる戦略もある。その際の方法は、製品の値下げのほか、互換性を高めることなどがある。中古市場の存在は、買い替え費用を一部相殺するのでスイッチング・コストを小さくする。下取りで他社製品を高く買うなら、スイッチング・コストはさらに小さくなる。リースやレンタルによる利用者は、製品を替えても買い替えほどのコストにならないので、スイッチング・コストを小さくする[5]。

企業は基本的に、他社から自社へのスイッチング・コストは低く、逆に自社から他社へのスイッチング・コストは高く設定したい。製品の互換性を高めることは、特殊なタイプの互換性を除いて、両方向のスイッチング・コストを低くする。下取り制度や乗り換え顧客の優遇は、条件や対価を変えることで、スイッチング・コストの方向や程度を変更できる。

## 先行・後続とスイッチング・コスト

　市場での競争では、スイッチング・コストが高いことは、先に顧客を得た供給者に有利にはたらく。先行優位を構成する要因の1つにもなる。先行してシェアを得た者は、ライバルの財と互換性をもたせずに、乗り換えを防ごうとする場合が多い。それに対して、シェアが小さいライバルや新規参入者は、先行者と互換性をもたせてスイッチング・コストを下げ、先行者の市場を奪おうとすることが多い。たとえば携帯電話の番号ポータビリティに関して、先行して大きなシェアをもつ通信会社は、顧客が通信会社を替えれば電話番号を替えざるをえなくして、スイッチング・コストを高めた。これによってシェアを守りながら高価格を維持しようとした。それに対して新規参入の会社は、通信会社を替えても同じ番号が使えるようにして、スイッチング・コストを下げることを要求した。そして通信会社を替えた顧客には、料金を大きく割り引いてスイッチング・コストを低くして、既存大手の顧客を奪うことを考えた。コンピュータ産業では、大きなシェアをもつIBMが、他社の製品との互換性を低くして、シェアを守りながら高価格を維持しようとすることが多かった。それに対して新規参入企業は、IBM製品との互換性を高くして、低価格を武器にIBMの大きな市場シェアから顧客を奪おうとすることが多かった。

　補完品をあわせたスイッチング・コストが、戦略的な効果をもつことがある。携帯電話のSIMロックは、通信会社を替えれば携帯電話を買い替える必要があり、スイッチング・コストを高める。日本の携帯電話市場では、新規参入した時点でソフトバンクは、スイッチング・コストを高めるSIMロッ

---

5　ただし付帯サービスを含めたリースやレンタルの場合は、サービスの種類によってはスイッチング・コストを高める要素もある。

クに反対していた。しかし同社はアップル社と、人気の高いiPhoneを日本国内で独占的に扱う契約を結んだ。この人気機種はソフトバンクの差別化要因になり、その優位を持続させるために、独占契約とSIMロックに賛成することになる。ソフトバンクによる独占的なiPhone取扱いの契約は10年近く続いた。

### 財の差別化とスイッチング・コスト

　製品のカスタマイズや人的なサービスなどは、4-3節で紹介した財の差別化の要因であると同時に、スイッチング・コストも高める。差別化とスイッチング・コストの違いは次の点である。差別化は、製品特性と買手ニーズの相性から生まれる便益の増加である。それに対してスイッチング・コストは、本質的にコスト要因であり、差別化のように利用者の便益を向上させない。その意味では、スイッチング・コストは売手の利益を高めるが、買手の利益を含めた社会全体の利益を減少させる。

### ロックインを警戒されると利益を生まない

　顧客が財を購買した後は、スイッチング・コストは供給者を有利にする。しかし顧客がロックインを警戒して購買を躊躇すると、財の市場は小さくなり、供給者に利益をもたらさない。たとえばDVDの規格は当初に乱立して、顧客は自分がロックインされる規格が競争に敗れ、不便な規格を使い続けることをおそれた。顧客は様子を見るため買い控えて、市場の成長は遅れた。規格が乱立して顧客が買い控え、大きな市場にならなかった商品は数多い。また、顧客が不公正と感じるロックインは、供給者のイメージ低下につながることがある。スイッチング・コストを高める戦略とは逆に、スイッチング・コストを下げる戦略もある。製品の互換性を高めたり規格化することはその一例である。

## 6-5　撤退を迫る競争

　再び事例6-1の価格設定に戻る。A社にはより強硬な戦略として、価格3

|  | | B社 | | |
|---|---|---|---|---|
|  | | 5ドル | 4ドル | 3ドル |
| A社 | 5ドル | 2, 2 | −1, 3 | −4, 0 |
|  | 4ドル | 3, −1 | 1, 1 | −1, −1 |
|  | 3ドル | 0, −4 | −1, −1 | −2, −2 |

**図6-7** 価格設定の組合せによる利益（利得の単位は万ドル）

|  | | B社 | |
|---|---|---|---|
|  | | 撤退 | 撤退しない |
| A社 | 撤退 | 0, 0 | 0, 3 |
|  | 撤退しない | 3, 0 | −2, −2 |

**図6-8** 価格設定の組合せによる利益（利得の単位は万ドル）

ドルを選択するというものがある。図6-7は3ドルの選択肢を含めた3×3のゲーム・マトリクスである。A社が3ドルを選択すると、B社はどの価格を選択しても利益はマイナスになる。そのとき、もしB社が市場から撤退して、B社の売上をA社が奪うならば、A社は高い利益を得るであろう。たとえば、両社3ドルの場合の2社分の売上数量を、かりにすべてA社が得るならば、A社は10万単位の売上数量を得て、利益は3万ドルになる。そのように相手の撤退を期待して、大幅な値下げをする戦略もありうる。

ただし同じ戦略を、B社がとる可能性もある。B社が3ドルを選択すれば、A社はどの価格でも利益はマイナスになる。A社が撤退して同様にB社が売上を増やすならば、B社が3万ドルの利益を得るであろう。

もし両社がともに3ドルまで値下げをすればどうなるか。その状況で続いて予想される展開は、図6-8に表現できる。どちらかが撤退すれば、撤退した企業の利益はゼロになり、撤退しない企業の利益は3万ドルになる。どちらも撤退しなければ、ともに−2万ドルの赤字になる。

## 6-6 チキンとその解決法

図6-8のゲームは**チキン**（chicken）と呼ばれる状況を表している。両者の間で、どちらが撤退し、どちらが撤退しないかの、いわば「役割分担」に一致した認識があれば、その役割分担に沿った結果が実現する。しかし両者が撤退しないと、両者にとって最悪の利得になる[6]。

2×2のゲーム・マトリクスの利得を、各プレーヤーにとっての大小関係によって、×、△、○、◎、の4つの記号で書き換える。そのときチキンは、利得が図6-9の配列になるゲームである。囚人のジレンマと比べると、各プレーヤーの利得配置のうち、△と×が入れ替わる形になる。プレーヤーの選択肢は、具体的にはさまざまなものが考えられるが、その性質はそれぞれのプレーヤーにとって、「譲歩（的行動）」と「非譲歩（的行動）」というべき選択肢になる。両プレーヤーの間で、どちらが譲歩し、どちらが非譲歩かの、「役割分担」の一致した認識があれば、その認識に沿った均衡が実現する。しかし両プレーヤーに役割分担の一致した認識がない場合は、2×2のどのセルも実現しうる。

チキンでは、当事者の認識違いによって、最悪の事態（右下のセル）が起こりうる。どちらかの者が右下の結果を予想すれば、その者は選択肢を変えるので、最悪の事態にはならない。しかし両者が互いに、相手は譲歩すると

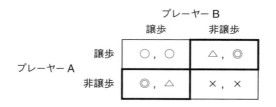

図6-9　チキン

---

6　チキンのより詳しい説明と解決法は、筆者著『ビジネス意思決定』第6章に、パターン4「チキン」として掲載している。

予想していると、最悪の事態になる。しかもチキンが続く状況では、相手が譲歩しないと予想される場合でも、自分が一方的に譲歩し続ける立場になることを嫌って、あえて譲歩しないで対抗する可能性がある。その場合は最悪の事態が繰り返される消耗戦になる。

消耗戦では、相手が譲歩するまでに消耗して失う利得よりも、相手が譲歩した後で得られる利得のほうが大きいと考えれば、譲歩しないことが合理的になる。自分は結局譲歩することになると予想した者は、その時点で無駄な消耗を避けるために譲歩する。もし両者がともに、相手は比較的早く譲歩すると考えていると（少なくともどちらかは相手の意図を過小評価していることになる）、どちらも譲歩せずに消耗戦が続くことになる。

## チキンの例と解決法

チキンは激しい価格競争のほか、過剰な投資競争、当事者の面子や地位をめぐる競争、相手を追い詰めて譲歩を迫る強気の交渉などに見られるパターンである。図6-9に示したチキンの利得配置は、図6-2に示した囚人のジレンマの利得配置に良く似ている。利得の△と×が入れ替わるだけだが、それは自分が譲歩しないときの相手の損失が、チキンではより大きくなるだけの違いである。したがって囚人のジレンマが起こりうるさまざまな競争や社会問題で、チキンも起こりうる。ただし問題はチキンのほうがより深刻になることがある。囚人のジレンマの均衡は（△、△）の利得で、最悪の組合せではないが、チキンにおける消耗戦では（×、×）の利得で最悪の組合せになるからである。

チキンの問題の解決には、罰則や報酬によってゲームの利得の構造を変える方法や、役割分担の確定、第三の選択肢（たとえばより穏やかな競争）を探す方法などがある。当事者が、競争は勝つか負けるかのどちらかだとか、自分が強気の態度ならば相手は譲歩すると考える傾向が強いほど、チキンの問題が起こりやすい。したがって当事者の意識のもち方や、周囲の関係者が当事者の強気の行動を評価するか批判するか、などもチキンの問題とその解決に影響を与える。

## 6-7 コスト戦略

前節までは、A 社と B 社が同じコスト条件をもつ前提で、価格戦略と差別化の影響を分析してきた。この節では、もし一方が他方より低いコストで供給できるならば、どのような影響があるかを検討する。事例6-3は固定費の影響を、事例6-4は変動費の影響を見る。

### 事例6-3

事例6-1と同じ条件で、ただし次の条件だけが異なる。製品を供給するための費用は、変動費は各社ともに単位あたり1ドルだが、固定費は A 社が年間4万ドルで、B 社は年間7万ドルである。

事例6-3を3×3のゲーム・マトリクスで表すと図6-10のようになる。事例6-1を表した図6-1と比べると、A 社の利益が各セルで3万ドル増える点が異なる。3×3のマトリクス全体では、両社4ドルの価格設定が均衡になる。そして図6-1の分析と同じように、5ドルと4ドルの選択肢からなる2×2のマトリクスは囚人のジレンマの構造をもち、短期的な利益を狙って4ドルの価格を選択するより、5ドルを維持することで互いに利益が高くなる。

ただし、3ドルのような低価格を選んで、相手に撤退を迫る戦略が考えられる。3ドルを選択することの戦略的効果は、企業の供給コストに差がある事例6-3では、企業ごとに異なるものになる。A 社が3ドルを選択すると、

|  |  | B社 5ドル | B社 4ドル | B社 3ドル |
|---|---|---|---|---|
| A社 | 5ドル | 5, 2 | 2, 3 | −1, 0 |
| A社 | 4ドル | 6, −1 | 4, 1 | 2, −1 |
| A社 | 3ドル | 3, −4 | 2, −1 | 1, −2 |

図6-10　価格設定の組合せによる利益（利得の単位は万ドル）

**図6-11　両社が価格3ドルを選択する場合の利益（利得の単位は万ドル）**

|  |  | B社 | |
|---|---|---|---|
|  |  | 撤退 | 撤退しない |
| A社 | 撤退 | 0, 0 | 0, 3 |
|  | 撤退しない | 6, 0 | 1, −2 |

B社はどの価格を選択しても赤字になる。したがってA社が3ドルにコミットするならば、B社は撤退することが最適な反応になる。B社が撤退して、A社が3ドルの価格で10万単位の売上数量と、6万ドルの利益を得ることが予想されるなら、それはA社にとって図6-10の均衡よりも高い利益になる。一方で、B社が3ドルにコミットしても、A社は3ドルまたは4ドルで黒字を保つことができ、B社は赤字になるのでコミットを持続できない。

かりに両社がともに価格3ドルをとる場合の、続く展開を図6-11に表現してみる。どちらも撤退しない場合は、B社は−2万ドルの赤字だが、A社は1万ドルの黒字になる。つまりB社は消耗するが、A社は消耗しない。A社にとって撤退しないことが支配戦略になり、A社が撤退しないならば、B社は撤退しないで赤字になるよりも、撤退して利益をプラスマイナス・ゼロにすることが最適な反応になる。図6-11は左下のセルが均衡になり、ゲームの利得の構造はチキンではない。

事例6-3では、A社がもつ固定費の優位によって、A社は価格競争を仕掛けることで大きな利益をあげる可能性がある。

次に事例6-4を使って変動費の影響を見る。

### 事例6-4

事例6-1と同じ条件で、ただし次の条件だけが異なる。製品を供給するための費用は、変動費はA社が単位あたり1ドルで、B社が単位あたり2ドルである。固定費は各社ともに年間7万ドルである。

事例6-4を3×3のゲーム・マトリクスで表すと図6-12のようになる。均

|  |  | B社 | | |
|---|---|---|---|---|
|  |  | 5ドル | 4ドル | 3ドル |
| A社 | 5ドル | 5, 2 | 1, 3 | −3, 0 |
|  | 4ドル | 8, −1 | 5, 1 | 2, −1 |
|  | 3ドル | 7, −4 | 5, −1 | 3, −2 |

**図6-12** 価格設定の組合せによる利益（利得の単位は万ドル）

|  |  | B社 | |
|---|---|---|---|
|  |  | 撤退 | 撤退しない |
| A社 | 撤退 | 0, 0 | 0, 3 |
|  | 撤退しない | 13, 0 | 3, −2 |

**図6-13** 両社が価格3ドルを選択する場合の利益（利得の単位は万ドル）

衡は、両社が4ドルの選択をするセルと、A社が3ドルでB社が4ドルのセルである。ただしA社が3ドルを選択すると、B社はどの価格を選択しても赤字になる。したがってA社が3ドルにコミットするならば、B社は可能であれば撤退することが最適な反応になる。B社が撤退するとA社は13万ドルの利益を得ることが予想され、それはA社にとって図6-12の均衡よりも高い利益になる。一方で、B社が3ドルにコミットしても、A社は3ドルまたは4ドルで黒字を保つことができ、B社は赤字になるのでコミットを持続できない。かりに両社がともに3ドルを選ぶ場合に、続く展開は図6-13に表現できる。どちらも撤退しない場合は、B社は−2万ドルの赤字だが、A社は3万ドルの黒字になる。A社にとって撤退しないことが支配戦略になる。そしてA社が撤退しないならば、B社は撤退することが最適な反応になり、図6-13は左下のセルが均衡になる。図6-13のゲームの利得の構造は、図6-11と同様にチキンではない。

　事例6-3と事例6-4は、ともにA社が3ドルにコミットした場合に、B社

は撤退することが最適な反応になる例である。固定費であれ変動費であれ、ライバルに対する十分なコスト優位をもつことができれば、価格競争から大きな利益をあげる可能性がある。差別化やスイッチング・コストのほか、コスト優位を得るための行動や投資が、適切な戦略になる可能性がある。

## コスト競争のチキンゲーム

しかし注意すべきことは、ライバルも同様な行動や投資をするなら、コスト優位が消失することである。たとえば事例6-4で、もしA社だけでなくB社も、変動費を単位あたり1ドルに下げたとする。すると状況は図6-14のゲーム・マトリクスのようになる。

A社は3ドルまで価格を下げても、B社は最適反応の3ドルで黒字を確保できるので撤退しない。両者が価格3ドルでともに利益3万ドルになる状況は、図6-14の均衡になる。しかし両社の4ドルと3ドルの選択肢を抜き出した2×2のゲーム・マトリクスは、囚人のジレンマの構造をもつ[7]。両社がコスト削減をする前の、事例6-1を表した図6-1における均衡の、両者が価格4ドルでともに利益2万ドルになる状況と、図6-14の均衡は近い水準の

|  |  | B社 | | | |
|---|---|---|---|---|---|
|  |  | 5ドル | 4ドル | 3ドル | 2ドル |
| A社 | 5ドル | 5, 5 | 1, 8 | −3, 7 | −7, 2 |
|  | 4ドル | 8, 1 | 5, 5 | 2, 5 | −1, 1 |
|  | 3ドル | 7, −3 | 5, 2 | 3, 3 | 1, 0 |
|  | 2ドル | 2, −7 | 1, −1 | 0, 1 | −1, −1 |

**図6-14** 価格設定の組合せによる利益(利得の単位は万ドル)

---

[7] 2×2のゲーム・マトリクスの左上のセル(5, 5)と左下のセル(5, 2)は、A社の利得が5で等しくなるので、厳密には図6-2に示す大小関係ではないが、囚人のジレンマの性質をもっている。

利益になる。

　価格をさらに2ドルに下げて、相手の撤退を期待する戦略もある。しかしこれも、相手が同じような戦略をとれば、ともに利益−1万ドルで赤字になり、その後は撤退するか否かのチキンゲームになる。低価格帯ではチキンゲームになる構造は、やはりコスト削減前の事例6-1と似ている。

　基本的に、コストを削減することは利益の改善につながる。コスト削減とともに価格を下げる戦略は、相手が追随できないならば有効な戦略になりうる。しかし相手が追随できるならば、結果として追加利益を生まない投資競争になる可能性がある。

## 6-8　コミットメント

　競争を有利にするために、あるいは協調を引き出すために、しばしばコミットメントが重要になる。コミットメントは自分の選択肢をあえて放棄することで、数多くの可能な結果の中の、望ましいものに絞り込む効果がある。コミットメントについてゲーム理論を利用して説明する。

### コミットメントの性質と利点

　コミットメントとは、取り消し不能な約束や行動によって、将来の自分の選択肢を限定することと解釈できる。物理的に取り消しが可能であっても、取り消しに多大なコストがかかる場合はコミットメントになりうる。コミットメントの例としては、義務を伴う契約を締結する、義務はなくても履行しなければ信用や名誉に関わる約束をする、行動の一部を先行して行う、回収不能な投資をする、などがある。

　コミットメントは将来の選択肢のいくつかを自ら放棄することになる。一般に、行動の選択肢は数多くもつほど有利であるが、逆に選択肢を放棄することが有利になる場合がある。本書の例で言えば、コミットメントは囚人のジレンマやチキンの解決で重要な役割をもつ。たとえば囚人のジレンマで、相手が協力する限り自分は協力するとコミットし、相手が協力しないなら自分も協力しないとコミットすることで、相手が協力を選ぶインセンティブを

作り出す。チキンでは、相手が譲歩する限り自分は譲歩するとコミットし、相手が譲歩しないなら自分も譲歩しないとコミットすることで、相手が譲歩を選ぶインセンティブを作り出す。ただしチキンでは、自分は譲歩しないとコミットして、相手に譲歩させることも戦略の1つになりうる。ゲーム理論以外でも、2-1節で述べた、交渉力の源泉になりうる最終通告効果は、コミットメントの効果でもある。また、契約が履行されるか否かの不確実性があるときに、相手を信用させて取引を可能にするために、コミットメントが有効になることがある。コミットメントによって他者から信頼を得たり、他者の行動を誘導・牽制することができる。

## コミットメントの条件

　コミットメントが効果をもつためには、コミットメントを相手が信じる必要がある。心の中でコミットしていても、相手がそれを知らなければ効果は生まれない。また、コミットメントを相手に伝えても、本当にコミットすると相手が信じなければ、やはり効果は生まれない。相手がコミットメントを信じるためには、取り消し不能な投資を行ったり、自分の評判をかけた宣言をするなど、行動や根拠が必要になる場合が多い。

　物的な根拠による場合は、選択を変更することによる自らの損失が大きいほど、コミットメントに信憑性を与えるであろう。たとえば取り消し不能な多額の投資や、保証を行うなどである。プレーヤーの評判をかけた宣言であれば、築き上げた評判が確固なものであるほど、評判を損なう代償は大きいので、コミットメントの信憑性は高まるであろう。

　高い評判を築き上げた者は、物的な根拠や金銭的な保証を示さなくても、宣言するだけでコミットメントの効果がある。そのような者は、物的・金銭的な根拠を示すことができない状況でも、宣言だけで相手にコミットメントを信用させて、ゲームを有利なものに変えることができる。物的な根拠を示す必要がないならば、コミットメントをすることのコストも低くできる。

　普段から約束を守って評判を高めれば、必要な状況でコミットメントをして、信用がなければ不可能な行動を相手にとらせることができる。その意味で、かえって実質的な選択肢が多くなる。コミットメントはある状況での選択肢を限定するが、その代わりに別の状況で、コミットメントがなければ不

可能な選択肢を可能にする効果がある。

## コミットメントによる先行効果

　コミットメントは行動の順序と関係が深い。その関係を、6-5節で検討した、撤退を迫る価格設定のチキンゲームを用いて説明する。図6-8に表したチキンゲームを、A社が先行でB社が後続の手番にして表したゲーム・ツリーは図6-15になる。図6-15のゲームの均衡を、後戻り推論で求めると次のようになる。まず右上のB社の決定ノードについて考える。ここは、A社が撤退を選択した場合に、B社が行う選択である。その決定ノードから分岐する2つの結果の、B社にとっての利得を比較すると、B社はno（撤退しない）を選ぶことが最適である。右下のB社のノードは、A社がnoを選んだ場合で、ここではB社は撤退を選ぶのが最適である。2つのノードでのB社の最適な選択肢をふまえて、左にさかのぼったA社のノードを分析できる。ここでA社が撤退を選ぶと、B社はnoを選択することが予想され、その場合のA社の利得は0である。A社がnoを選ぶと、B社は撤退を選ぶことが予想され、A社の利得は3である。したがってA社はnoを選ぶであろう。図6-15の均衡は、太線で表わされる。すなわち、先行のA社は撤退しないで、後続のB社は撤退する。そして利益はA社が3で、B社が0になる。つまりこのゲームには先行優位が存在する。

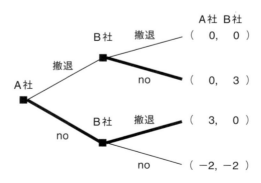

図6-15　図6-8をゲーム・ツリーで表したもの

しかし先行優位は、必ずしも先に決定することに由来するのでない。そのことを明らかにするために図6-16のゲームを用いる。このゲームは図6-15に似ているが、最初のA社と次のB社の決定ノードの後で、A社が決定を変更できるノードが追加されている。

図6-16の均衡は、同図の太線で表わされる。つまり、最初のA社の決定は無差別になり、どちらの選択肢をとっても、次にB社がnoを選択し、最後にA社が撤退を選択する。最初のA社の選択肢が何であっても、それに続くサブゲームは、B社が先行しA社が後続する形である。サブゲームは、図6-15のゲームのプレーヤーを入れ替えた形になる。したがってサブゲームでは、図6-15のA社の先行優位とは逆に、B社に先行優位が生まれ、A社の利得は0、B社の利得は3になる。

A社は先に決定しても、その後で選択を変更できるならば優位にならない。むしろ後続のB社が、選択を変更できないことで、先にコミットメントをする形になり、優位になる。つまり先行優位は、先に決定をすることではなく、先にコミットメントをすることで生じるのである。

このことを、さらに別のゲームを使って説明する。図6-16のゲームで、A

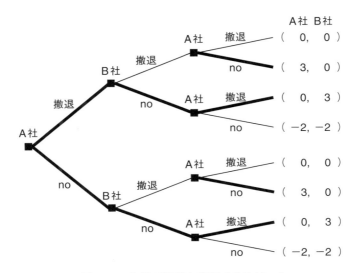

**図6-16　A社が選択を変更できるゲーム**

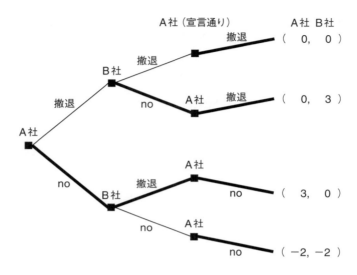

図6-17 A社が選択にコミットするゲーム

　社が最初の選択にコミットしてその後変更しないならば、ゲーム・ツリーは図6-17のようになる。コミットメントによって、A社の最後の選択肢は、A社の最初の選択と同じもの1つだけになる。図6-17の均衡は、最初にA社がnoを選択し、次にB社が撤退を選択し、最後にA社はコミットメント通りにnoを選択する。A社の利得は3、B社の利得は0である。A社が先にコミットすることで、A社は先行優位を回復する。

　コミットメントが先行優位を生む。その意味でコミットメントは、交渉における最終通告に似た効果をもつ。そしてコミットメントは、実質的にゲームの手番を変える効果がある。たとえばA社が撤退しないことにコミットすると宣言し、B社がその宣言を信じるならば、B社は撤退する。このときA社はコミットメントを宣言した時点で、行動をしたのと同じ効果があり、ゲームは実質的にA社の先行手番に変わったことになる。コミットメントを守るプレーヤーだという評判を作ることは、必要なときに実質的にゲームの手番を変えることができるという、戦略的な選択肢をもつことになる。

第 7 章

# 企業の競争優位

ある企業の利益率が同業者の平均値より高いとき、その企業は競争優位をもつという。競争優位の理由には、コスト、財の品質、企業のイメージ、などがある。それらの点でライバルより優れていれば、優位の程度に応じて利益率が増える。競争できる相手がいないほどの優位を築くと、独占や独占に近い状態になり、高い利益率をあげるチャンスが生まれる。

　この第7章では競争優位の問題を検討していく。7-1節では企業の競争優位の源泉になりうる要因を検討する。7-2節と7-3節では競争優位の持続性について考える。ライバルが簡単に真似できるならば、持続的な競争優位にならない。持続的な競争優位の源泉は、目立たない要因であることが多い。7-4～7-7節では、トヨタ自動車（以下、トヨタ）、フランスの高級ワイン、コカ・コーラの例をもとに、企業の持続的な競争優位の源泉を検討する。サウスウエスト航空の例については、航空産業における競争優位の変遷とあわせて検討する。そして7-8節では、企業はどのようにして持続的な競争優位を作ることができるかを考える。

# 7-1 競争優位

　ある企業（またはある企業が行う1事業）の利益率が、参加する市場の平均値より高いとき、その企業はその市場において**競争優位**（competitive advantage）をもつという。企業が複数の事業を行っているときは、競争優位の有無は、それぞれの事業を行っている市場ごとに考える。企業が競争優位をもつ理由には、さまざまなものがある。たとえば、コストが低い、製品やサービスの品質が高い、企業イメージが良いなどである。それらの点でライバルより優れていれば、優位の程度に応じて利益率が増える。競争できる相手がいないほどの優位を築くと、独占や独占に近い状態になり、高い利益率をあげるチャンスが生まれる。

**競争優位の源泉**

　競争優位の直接の理由は、コスト、品質、イメージなどの優位性であるが、それらを生み出す要因をさらに掘り下げると、競争優位を生み出す具体的な

方法を見つけやすくなる。企業の競争優位の源泉としては、次のようなものが考えられる。

- 供給する財の魅力（費用対効果、デザイン、人気）
- 人的能力（技術、知識、気力体力、適応力、人間性）
- 組織文化
- 信用、ブランド
- 戦略、ビジネスモデル
- 規模のメリット（規模の経済、ネットワーク外部性、学習曲線効果、情報集積効果）
- 参入障壁
- スイッチング・コスト
- 探索コスト
- 偶然の幸運
- 他者との提携（調達先、販売先、同業者、補完財）

　上に挙げた要因について、すでに説明したものもあるが、ここで若干の説明を加える。上の要因には重複する部分がある。たとえば人的能力は、他の要因を生み出す基盤になっている。そしてすべての要因は結果として、供給する財の魅力につながる。そのように重複する部分はあるが、それぞれの要因に応じて競争優位を生み出す方法が異なるため、ここでは別の項目として考える。人的能力に含めた、技術、知識、適応力は、個人としても組織で共有する能力としても重要である。適応力は、事業環境が変化することを考慮した要因で、環境に適応するための柔軟性や、行動や習慣を変えるスピード、イノベーションを起こす能力などを含む。

## 競争優位は相対優位
　重要なことは、競争優位はライバルと比較しての相対的な優位であり、必ずしも絶対的な能力の高さとは限らないことである。ライバルが弱い分野ならば、平凡な能力でも競争優位になる。逆に優れた能力や技術でも、ライバルが同じ水準のものをもっているならば、競争優位を生まない。たとえば製

造業の中でも、自動車産業は各社が高い生産技術をもっていると言われる。したがって自動車メーカーならば、たとえばトヨタと比較できるような生産技術をもたなければ、生産技術での優位は生まれない。しかし平均的な自動車メーカーの生産技術の水準があれば、他産業ならば十分に優位性をもてるであろう。

　他社より劣る部分は、優れたライバルを手本にして追いつくことは可能である。しかし真似をして追いつくだけでは、独自の競争優位の源泉は生まれない。ライバルを引き離すような優位性は、独自の競争優位の源泉から生まれる。

### 競争同位

　競争優位がなくても、ライバルと同水準の競争力があれば、少なくともその時点で競争に生き残ることは可能であろう。利益率が企業にとって受け入れられる水準ならば、市場に参加し続けることに意味はある。ただし選択と集中のために、競争同位の市場から撤退して経営資源をより有望な分野に使うことはありうる。

### 戦略的な競争劣位

　競争劣位であっても、優れたライバルを真似て追いつくことは可能である。また、競争劣位であってもその市場に参加することで、他事業にプラスの効果を生む場合がある。たとえば、自社の製品を扱う流通業者が独占的な地位をもっていて、自社の製品を非常に安く買い、消費者に非常に高く売る可能性があるとする。独占的な流通業者がそのような行動をとれば、自社の利益率は低くなり、高い小売価格で販売数量も減るであろう。そこで流通業者を牽制するために、自社の子会社として流通業者を作って競争を生み、自社の製品を適切な小売価格で売る戦略がありうる。そのとき子会社の利益率は高くならないが、自社本体の利益は、子会社がない場合より高くなる。このような例では、子会社が競争同位や競争劣位であっても、市場に参加することに戦略的な意味がある。

## 7-2 競争優位の持続性

　企業の競争優位の源泉にはさまざまなものがあるが、ライバルに真似をされると競争優位はなくなる。たとえばヒット商品は競争優位を生むが、ライバルがその商品を真似ると、競争優位はなくなる。新技術も競争優位につながるが、技術はいつかライバルにも伝播していく。

　競争優位はどのくらい続くのだろうか。ミューラー（Mueller）は1950〜72年の米国製造業600社のデータをもとに、競争優位の持続性を調査した[1]。やや古いデータであるが調査からわかったことは、次の通りである。製造業を、化学産業、輸送機械産業、などの産業に分けたうえで、ある年にある産業で競争優位をもつ企業群の、平均利益率の推移を追跡した。すると基準年の3年後には、競争優位は残っているが、企業群の平均利益率が産業平均を上回る割合は、57％縮小していた。基準の10年後には、同じく65％縮小していた。また逆に、ある年にある産業で競争劣位をもつ企業群の平均利益率

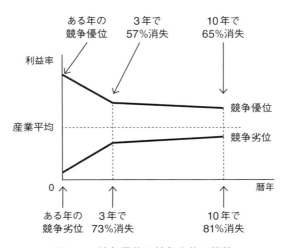

図7-1　競争優位と競争劣位の推移

---

1　Mueller, D.C., "The Persistence of Profile Above the Norm," *Economica*, 44, 1977, pp. 369-380.

を追跡した。やはり競争劣位は残るが、企業群の平均利益率が産業平均を下回る割合のうち、基準の3年後には73％回復した。基準の10年後には81％回復した。以上の傾向は企業群の平均値の推移だが、かりに特定の企業にもあてはまるなら、利益率の推移は図7-1のように表現できる。

　図7-1で「競争優位」と名前をつけた折れ線は、ある年に産業平均より高い利益率を記録した企業の利益率が、ミューラー調査の企業群の平均値と同じ推移をする場合の、利益率の推移を表している。産業平均を上回る利益率が競争優位に該当するが、そのうち半分以上の57％は3年で消失する。そのような比較的短期に消失する競争優位の源泉としては、一時的な幸運によるものや、ライバルが真似をすることが容易なものが考えられる。たとえば、真似が容易なヒット商品、形状デザイン、安価な外部調達先などは、3年あればライバルが模倣して競争優位がなくなる可能性がある。

　その一方で、10年たっても、産業平均を上回る利益率のうち35％分は持続している。3年後から10年後の7年間で減少するのは、わずか8パーセンテージ・ポイント分である。つまり産業平均を上回る利益率の原因には、一時的な運や他社の模倣によって、比較的短期に消失するものと、10年以上持続するものに大別できそうである。

　図7-1で「競争劣位」と名前をつけた折れ線は、競争優位とは逆に、ある年に産業平均より低い利益率を記録した企業の利益率の推移である。ここでも、「競争優位」とは逆方向だが、競争優位の推移と同様な傾向が見られる。産業平均を下回る利益率が競争劣位に該当するが、そのうち73％は3年で消失する。しかしその後の7年間で減少するのは、わずか8パーセンテージ・ポイントで、10年後でも競争劣位のうち19％分は持続している。競争劣位の原因も、一時的な不運を克服したり他社の模倣をしたりすることで、比較的短期に消失するものと、10年以上持続するものに大別できそうである。

　短期でも長期でも、高利益率を生むことは望ましい。しかし企業が将来にわたって生み出す利益の合計である企業価値の増大のためにも、あるいは企業の存続のためにも、長期的に持続する競争優位を構築することはとくに重要である。では、長期的に持続する競争優位とはどのようなものだろうか。

# 7-3 持続的な競争優位の源泉

　持続的な競争優位の源泉は、具体的には企業や事業によりさまざまであるが、表7-1に挙げるような性質をもっていると考えられる。競争優位が持続的であるためには、ライバルに真似されにくい優位性であることが重要である。そのような優位性を、表7-1の (a) 〜 (h) の項目に挙げている。そのほか、優位性を真似されても、新しい競争優位を作り続ければ、企業としての競争優位は維持される。したがってイノベーションによって新しい競争優位を生み出す能力も、持続的な競争優位の源泉になりうる。それを (i) の項目に挙げている。また、他社に競争優位を作らせないように、素早く他社の優位の模倣や対策がとれる能力も、相対的に自社の競争優位を持続させる効果がある。それを (j) の項目に挙げている。

　表7-1の (a) 〜 (j) は、7-1節で挙げた競争優位の源泉のうち、持続性のある要素を選び、まとめ直した項目である。以下に (a) 〜 (j) の各項目を

**表7-1　持続的な競争優位の源泉**

真似されにくい経営資源や組織能力

(a) 組織に根付いたノウハウや暗黙知、企業文化、組織能力
(b) 信用、ブランド
(c) 規模のメリット
(d) 持続的な参入障壁
(e) 先行優位
(f) 歴史的経緯
(g) 他者との独占的な提携
(h) 強みの複合

新しい競争優位を生む能力（真似されても、新しいものを作り続ければ良い。）

(i) イノベーションを生み出す能力

他社に競争優位を作らせない能力

(j) 素早く模倣や対策ができる能力

説明する。

## (a) 組織に根付いたノウハウや暗黙知、企業文化、組織能力

　競争優位の源泉になる人的能力と組織文化のうち、真似されにくい要因である。真似されにくい経営資源や能力は、名指ししにくいものが多い。名指しできる要因とは、「この設備」、「この技術」、「この人物」、「この商品」のように、明確に特定できる経営資源である。たとえば、競争優位の源泉が特定の商品ならば、ライバルはその商品かあるいは似た商品を供給しようとする。特定の設備や技術が源泉ならば、ライバルはそれを導入するかあるいは相当のものを開発しようとする。競争優位の源泉が、「この商品」や「この設備」と明確に特定できるならば、ライバルにとって、何を真似れば良いか明確にわかる。したがって形のある物的資産は真似をしやすい。むしろ人的能力や組織能力の、名指ししにくいものが、ライバルにとっては真似をしにくく、持続的な競争優位の源泉になりやすい。

　名指ししにくい能力とは、明確に表現しにくい、理解しにくい、識別しにくい技術や知識であることが多い。たとえば、組織に根付いた仕事のしかたや、組織文化などである。特定しやすい形式知よりも、特定しにくい暗黙知のほうが、真似をしにくいであろう。1人で行う活動よりも、大勢が協働する活動のほうが、真似をしにくい。したがって競争優位の源泉は、組織に広く根付いたノウハウ、企業文化、組織としての仕事の進め方など、名指ししにくいものが多い傾向がある。

　他者が真似できない能力をもつ個人は、競争優位の源泉になりうるが、名指しできる存在である。したがって特定の人物が競争優位の源泉ならば、ライバルはその者を引き抜けば良い。引き抜きがなくても、その人物が退社すれば、企業から競争優位は失われてしまう。その意味で、人物はもちろん重要であるが、必ずしも特定の個人は持続的な競争優位の源泉になるとは限らない。むしろ、優秀な人物をその企業に引きつけて離さない要因こそが、持続的な競争優位の源泉と言える。たとえば、優秀な人物に任される仕事の質、職場の風土、優れた同僚、人事制度とその運用のようなものである。

## (b) 信用、ブランド

　信用やブランドは、名指しできる要因だが、一朝一夕にできるものではなく、時間をかけて適切な活動を続けないと築けない。したがって、ライバルがそれを真似ようとしても時間がかかる。対抗できるブランドができるまでの時間は、競争優位を持続できる。

## (c) 規模のメリット

　規模の経済、ネットワーク外部性、学習曲線効果、情報集積効果などの規模のメリットが強くはたらく事業で、他に大きく競争力を左右する要因がなければ、ライバルより大きな規模を得た企業の優位は持続する。規模のメリットを生む要因については、5-1節で例示している。規模のメリットは、供給量、累積供給量、顧客の数、集積した情報量、などに関して生まれる。また、大きな固定費（設備、研究開発、広告などの費用）は、規模の経済の原因になるほか、参入障壁の原因にもなりうる。

　情報技術の進歩は、ビッグデータを分析する能力を高めるなどして、情報量の競争優位を、従来より重要なものにするかも知れない。しかし一方で、情報技術の進歩は、情報をより多く低コストで収集することを可能にするとも考えられ、その場合は情報量の競争優位の逆転が容易になる。情報量の競争優位の重要性は増す可能性があるが、その持続性については検討が必要であろう。

　規模のメリットが強くはたらく事業では、規模の有利は持続しやすいが、ライバルの合併や提携によって消失または逆転する可能性がある。ただしある程度以上の規模の市場では、市場シェアが大きくなるほど、合併や提携は独占禁止法などに抵触する可能性が高くなる。また、市場シェアの半分を占めれば、ライバルの合併や提携によって規模が逆転することはなくなる。

　規模のメリットを積極的に追求して、投資や拡販や合併を行うことが、その企業に競争優位と利益をもたらすか否かは、ライバルの行動に依存する。もしライバルも規模を追求して、規模競争をすることになると、必ずしも高い利益率はもたらされない。そのような規模を追う戦略の両面的な性質は、5-2節でも検討している。

### (d) 持続的な参入障壁

　参入障壁のうち、持続的なものである。たとえば法規制によって事業を行える企業の数が限られているとき、許認可を得た企業がその数を満たせば、いずれかが撤退しない限り、持続的な参入障壁に守られることになる。通信事業者への電波帯の割り当てなどが規制されていることもある。知的財産権は、時効になるまで法的に独占的な権利の使用を可能にする。

　限られた立地も、自分がそれを譲渡しない限り他社は使えないので、持続的な参入障壁になりうる。たとえば駅前の一等地にある百貨店のような、特定の場所の例もあるし、ドミナント出店をしてライバルが参入しにくくなった地域のような、エリアの例もある。

　事業に必要な大きな固定費が参入障壁になることもある。たとえば大規模な設備や流通チャネルへの初期投資が必要な場合や、製品認知のために多額の広告費が必要になる場合などである。参入者がすぐに大きな市場シェアをとれるときには、固定費は必ずしも参入障壁にはならないが、すぐに大きな市場シェアをとれないと思われるときは、大きな固定費は参入障壁になる。

### (e) 先行優位

　ライバルより先に、市場に参入したり、限られた経営資源を占有したりすることで、持続的な競争優位を得ることがある。特定の財を最初に供給した者が、先駆者として持続的に高く評価されることがある。必ずしも最初に供給した者でなくても、その市場で最初に認知度を得た企業の場合もある。先駆者のイメージは、ブランドの一例ともいえる。

　そのほか、ライバルより先に規模の優位を作れば、規模のメリットを利用して競争優位を持続・拡大することができる。先行して普及した製品が、事実上の規格になると、ノウハウや顧客を多くもつ先行者にとって有利な状況になりやすい。

　スイッチング・コストが高い場合は、他社より早く顧客を得た者は、顧客を囲い込むことが容易である。スイッチング・コストの分は、他社より価格が高くても顧客は他社に移らないので、スイッチング・コストが高いほど、先行者は価格競争に引き込まれにくい。

### (f) 歴史的経緯

経路依存（path-dependence）ともいう。偶然の幸運のうち、効果が持続するものである。偶然に特定の企業だけに現れた好機を活かした競争優位は、真似されにくい。そのような好機にはたとえば、異業種の優良企業と共同開発をする機会に得たノウハウ、軍需などの特需で得た規模や設備、などがある。特定の企業にだけ現れた好機に由来する優位ならば、ライバルはそれを獲得する機会をもてない。

幸運に限らず、不運が競争優位の源泉になることもある。自社だけに現れた試練に対応する過程で得られた強みが、結果的に競争優位になることがある。たとえば、厳しい自然環境で農作物を栽培する生産者は、厳しい環境でも良く育つ品種を改良して手に入れられるかも知れない。新品種と蓄えたノウハウは、似た環境の地域に進出するときに、競争優位の源泉になる。穏やかな環境に進出しても、ライバルに比べて天候の変化に強いという競争優位の源泉になりうる。

### (g) 他者との独占的な提携

自社が本来もつ強みでなくても、独自の強みをもつ他者と独占的に提携することで、ライバルにない強みをもつことができる。ライバルに真似されないためには、少なくとも自社の市場や事業の範囲で、独占的な提携である必要がある。たとえば、競争力のある部品や補完品の独占的な供給契約を結ぶことや、強力な流通チャネルと独占的な販売契約を結ぶことである。通信事業者が、人気の高い携帯電話機の独占的な供給契約を結ぶような例もある。補完財の相互に独占的な提携としては、パソコン用のインテル社の MPU とマイクロソフト社の OS が、その組合せで使うことで、互いの性能を発揮しやすいような製品設計にして差別化した例がある。独占的な提携が生むような効果を狙って、合併が行われることもある。

### (h) 強みの複合

1つの強みは真似できても、複雑に補強し合う一連の強みを真似ることは難しい。したがって一般的に、単純な製品やサービスより、複雑な製品やサービスにおける競争優位のほうが持続しやすい。複雑な製品とは、生産面

では部品数や工程数が多いこと、利用面では利用者の習熟や専門家による支援が必要になることなどがあてはまる。同様に、単純なオペレーションより複雑なオペレーションにおける競争優位のほうが持続しやすい。

### (i) イノベーションを生み出す能力

強みを他社に真似されても、新しいものを作り続ければ競争優位を持続できる。したがって、イノベーションを生み出す能力が他社より高ければ、持続的な競争優位の源泉になりうる。企業がイノベーションを生み出す能力は、組織の風土や、社内外の制度とインセンティブなど多岐な要因の影響を受けるため、市場と競争のメカニズムだけでは分析しきれない。複雑ではあるが重要な内容なので、あらためて著述の機会を得て分析したい。

### (j) 素早く模倣や対策ができる能力

ライバルに持続的な競争優位を作らせないようにすれば、相対的に自社の競争優位の効果が持続する。つまり他社の長所を素早く模倣する能力があれば、ライバルに競争優位ができても持続しにくい。そのためには、柔軟な組織能力が必要であり、ときには多くの経営資源も必要になる。模倣でなくても、ライバルの競争優位に対する対抗策をすぐに取れれば、相対的に自社の競争優位を守る効果がある。対抗策にもやはり、柔軟な組織能力や多くの経営資源があるほうが有利である。対抗策には、知的財産権や公正取引関連法などにもとづく法的な対応や、取引先との契約で、他社の優位な取引条件を自社にも実現させるなどの施策も含まれる[2]。

### 持続的な競争優位の源泉の特徴

ヒット商品や単独の新技術のような要因は、真似や技術の移転がしやすく、競争優位の源泉になっても短期的なことが多い。逆に、持続的な競争優位の源泉は、(a)～(j)に挙げたように、むしろ目立たないものであることが多い。持続的な競争優位の源泉のイメージをつかんでもらうために、次節以降

---

2 いわゆる最恵待遇を契約させることや要求することが、競争制限として違法と判断されることもあるので注意を要する。

に持続的な競争優位をもつ企業の例を挙げて、その源泉を考えてみる。

## 7-4 持続的な競争優位の例：トヨタ

　持続的にライバルより高い利益率をあげ続けている企業の例として、トヨタを挙げて良いだろう。リーマンショックのあった2009年3月期に赤字を出したが、それまで58年間黒字を続け、1980年代以降はほぼ毎年利益額で国内10位以内に入っていた。リーマンショック後に業績は回復し、6期後の2015年3月期には過去最高益を更新した。

　トヨタの持続的な競争優位の源泉は何だろうか。特定のヒット車種が、好業績に貢献することがある。しかしヒット車種はやがてライバルに真似されるので、特定車種の貢献は必ずしも持続的ではない。

　トヨタといえば多くの人が連想する強みは、モノ作りに関する競争優位であろう。同社が生み出した独自の生産方式は、総称してトヨタ生産方式と呼ばれて有名である。ただし注意すべき点は、生産の方式自体は真似をすることが可能なことである。トヨタの工場には世界中の同業者が見学に訪れているし、トヨタは生産方式をとくに秘匿しているわけではない。世界の何百という同業異業の企業が、トヨタ生産方式を採り入れたとか、参考にしたと言っている。しかし真似をしても、それによってトヨタと同水準の生産性までを実現できた企業はほとんどないであろう。トヨタのモノ作りに関する競争優位の源泉は、真似ができる生産方式ではなく、生産方式の思想を、真似ができない水準まで徹底して実践できる企業風土にあると思われる。

　またトヨタ本体だけでなく、協力会社を含めた企業グループとしての、モノ作りに関する競争優位も見逃せない。日系メーカーの乗用車の製造費用に対して、部品などの購買費用はその70%程度になる。単純な計算をすれば、乗用車の価値のうち完成車メーカーによるものは30%で、残りは取引先メーカーによるものと言える。トヨタの協力会社は、競争力のある部品を供給するほか、トヨタの生産ラインの近くに工場を建て、トラブル対応を即時に協働して行うなど、グループとしての生産性の向上に寄与している。トヨタの競争優位には、系列メーカーの競争優位も含まれている。トヨタのライバル

は、自社単体でなく部品会社を含めた生産性で、トヨタと競争しなければならない。

モノ作りの品質が高く製品の信頼性が高まると、企業ブランドが高まる。また、生産台数の多さは規模の経済を生む。購買面での交渉力が高まるほか、1台あたりの広告費を低くする効果がある。

何人かの同業日本車メーカーの人に、トヨタの持続的な競争優位の源泉は何かと尋ねたことがある。企業の強みは、ライバルが一番良く理解しているだろうと思ったからだ。筆者はモノ作りに関する要因を想像していたのだが、同業者の答えは、モノ作りの違いはそれほど決定的ではないように思うとのことである。むしろ、資金力と販売力の違いが大きいとのことだった。資金力の差は、他の要因による業績の差が蓄積したものと考えられるので、本質的な源泉としては資金以外の、販売力に注目していいだろう。

販売力に関しては、ディーラー網の競争力の違いを挙げることができる。ディーラーの競争力は、販売後サービスや顧客の満足度を高めて、ブランドにも影響する。トヨタによるディーラー網の整備は、国内のモータリゼーションが起きるよりかなり前の戦前の1930年代にさかのぼる。この当時すでに全国各地の、企業家精神のある有力者にはたらきかけて、トヨタの専売ディーラーになってもらっている。国内の他社では、子会社としてディーラー網を作り、本社から天下った者が経営にあたることが多かった。戦後にモータリゼーションが始まるとディーラー網の重要さが認識され、他社も事業意欲の高いディーラーを探したが、各地の有望な事業家はすでにトヨタの専売ディーラーになっていることが多かった。先行して有望なディーラー候補者を独占した、トヨタの先行優位である。

ただし販売力の違いは、主に国内におけるもので、海外では国内ほどの優位性はないであろう。逆に、海外メーカーとの競争では、国内での競争以上にモノ作りの優位性が大きいかも知れない。自動車産業の特徴は、製品が複雑で（部品点数は約3万になるが、たとえば家電製品の部品数は数十から数百程度のものが多い。）、人を乗せるので品質や安全性の要求が高いことである。さらに競争が激しいのでコスト制約も厳しい。そのような特徴から、モノ作りの競争優位は比較的重要と考えられる。

まとめるとトヨタの持続的な競争優位の源泉は、(a) モノ作りを中心に組

織に根付いた企業文化と能力、(e) 国内販売網における先行優位、(g) 競争力のある系列メーカーとの提携などがあり、それらが (b) 信用と品質に関するブランド、(c) 規模のメリットを生み出している。さらに製品が比較的複雑であることで、(h) 強みの複合の効果が高まることになる。

**経緯**

　ではそのようなトヨタの持続的な競争優位は、どのように作られたのか。さまざまな理由と経緯があるはずだが、注目される点をいくつか挙げる。トヨタがリーマンショックの前に赤字になったのは、1950年にさかのぼる。このときトヨタは経営危機と言える状況で、多くの人員整理と労働争議が起きている。経営危機の理由はドッジラインなど急激なデフレ政策によるもので、必ずしも経営の失敗とは言いきれない。しかし人員整理をした責任をとって、実質的な創業社長の豊田喜一郎が辞任している。創業家の社長を辞任させたことと、三河の土地柄もあり、二度と人員整理をしないような財務力の強い会社にしたいという思いが、経営陣と社員に共有される。

　以後、経営の無駄を省いて合理化することが徹底して継続された。トヨタ生産方式も、生産部門におけるそのような活動から作り上げられた。そして58年間黒字を続け、人員整理は行っていない。逆説的な推測だが、もし経営危機を経験しなければ、その後のトヨタほどの強い会社にならなかったかも知れない。

　ディーラー網の先行優位を作れた理由は、販売が重要な時代が来ることについての先見性であっただろう。

　トヨタに限らず日系自動車メーカーは、海外メーカーに対して、小型車の設計と生産についての持続的な競争優位をもっていた。これはオイルショック後の1970年代中ごろから、米国で大型車ブームが起きる2000年頃まで、業績に大きな貢献をした。この競争優位の源泉は、日系メーカーにとっての歴史的経緯と言って良いだろう。日本では歴史的に道路事情が貧弱だったので、自動車は小型にならざるをえない。そして日系メーカーが得意な小型車は、海外の市場には不向きだった。しかしオイルショックが起きて石油価格が高騰し、環境規制が厳しくなったこともあって、日系メーカーにとって不利だった車の小ささが、逆にセールスポイントになった。ただしその好機を

活かせた背景には、不利な小型車でも、その条件のなかで品質と乗り心地が良い車を開発していた蓄積があった。独自の弱点を克服する経験から、独自の強みが作られていた。トヨタの経営危機を克服した経験や、日本車メーカーにとっての小型車の強みは、持続的な競争優位の源泉である (f) 歴史的経緯の例である。

**今後**

　現在までのトヨタの持続的な競争優位の源泉としては、以上のようなものが挙げられる。しかし自動車産業の技術と事業環境が急速に変わりつつあるいま、上に挙げたものが引き続き持続的な競争優位の源泉であり続けるか否かは注目されるところである。自動車の動力の電力化と制御の電子化は、従来の機械工学を中心とする技術を一部置き換えるとともに、自動車1台あたりの部品数を減らすであろう。このことは、従来のノウハウが置き換えられるとともに、モノ作りのプロセスが従来よりシンプルになることを意味する。

　また自動運転や、自動車と外部システムとの情報交換などが進展すれば、それらのソフトウェアや規格との相性によって、自動車の売れ行きが左右される可能性がある。また、自動車が発電および充電する電力を、住宅など車外に引き出して使うことや、電力網に還元する社会システムの一部になることも考えられる。つまり自動車が、インターネットや電力網という、より大きなプラットフォームを構成する一補完財の性質をもつことである。したがって、自動車単体としての製品力もさることながら、プラットフォームの中での他の補完財との関係の作り方が、戦略として重要な意味をもつようになる。プラットフォームで提携や競争をするならば、情報技術の利用は従来以上に有効になるだろう。そのような事業環境の変化が、自動車産業における競争優位のあり方を変える可能性がある。

## 7-5 持続的な競争優位の例：フランスワイン

　次にフランスの高級ワインの持続的な競争優位の源泉について考えてみる。気取らない食事や息抜きなどに飲む普及品のワインをテーブル・ワインと呼

ぶが、それとは対照的な、特別なハレの食事や贈答品などに使われる高級ワインについて考える。

　高級ワインに関して次のような逸話がある。1976年にフランスと米国を代表するワインの品評会が行われ、9名のフランス人専門家によって銘柄を隠した審査をした結果、赤白ワインともに第1位は米国（カリフォルニア州）産が選ばれた。ワイン作りの歴史はもちろんフランスのほうが長いが、米国の生産者は栽培や醸造の条件をデータにとって科学的に分析していた。また良質のブドウを栽培するためには、カリフォルニアのほうが気候が適しているとも言われる。良いワインにはいろいろな要素があるのだろうが、すでに当時において、それぞれの風土に適した方法で丁寧に作れば、風味については甲乙つけがたいワインを作れたのであろう。

　しかし現在においても、フランスと米国の高級ワインの価格を比べると、フランスワインのほうがかなり高い価格になっているように思う。百貨店などで1本10万円を超える価格のフランスワインを見ることはあるが、その価格のカリフォルニアワインを見たことはない。（筆者が知る範囲だけの比較だが。）もし風味に大きな差がないならば、この持続的な価格競争力の違いは何によるのだろうか。

　一言で言えば、ブランドの違いと言えるだろう。しかしブランドは、数十年の時間があれば築くことができる。たとえばマイクロソフト社は、創業が1975年。ワインの品評会とほぼ同じ時期である。しかしすでに1990年代には、世界のだれもが認めるブランドになった。グーグルの創業は1998年。まだ20年である。ネットビジネスはブランド認知が速いかも知れないので、他の例を探すと、高級ホテルのフォーシーズンズは創業1960年。品評会で優勝したカリフォルニアのワイナリーより、実は創業は新しい。つまり良い製品と適切なマーケティングを行えば、世界的なブランドでも20〜30年くらいで作ることができそうだ。

　フランスワインのブランドは、普通のブランドより競争力が持続しているようである。その理由の1つは、フランスの高級ワインはブランド名に、地名やシャトー（ブドウ園をもつ城館）の名前など、地理的な固有名詞を使っていることがありそうだ。そして地名やシャトーの名前は、その産地のブドウから作ったワインしか使えないよう規制されている。もしブランド名が普

通の企業名であれば、同じような品質のワインに似たイメージのブランド名をつければ、他の産地でも競争力のあるブランドを作れるだろう。そしてフランスワインが作った高級品の市場に参入することができる。地名をブランドに使うとしても、原料産地の規制がなければ、他の産地の原料を使って参入することができる。地名と原産地の規制によって、農場の面積が供給のボトルネックになり、高い価格が維持されやすい。

地名などの固有名詞をブランドに使うことは、真似をされて市場を奪われる可能性を下げるので、評判を築くことができれば、その持続性は高くなる。その意味では、地域ブランドや観光業などは、成功した場合の競争優位の持続性が高い条件をもっている。

フランスワインの競争優位のもう1つのポイントは、ワインの補完品である料理の価格帯である。フランスの高級ワインは、フランス料理と一緒に消費されることが多い。高価格の料理に合わせるのであれば、ワインの価格は高価な食事代金の一部にすぎない。その一方で米国のワインと一緒に消費される米国の料理は、一般にフランス料理ほど高価ではない。したがってワインとして請求できる金額には、おのずと上限が生まれやすい。

まとめるとフランスの高級ワインの持続的な競争優位の源泉は、(b) 真似されにくい地名ブランドと、(d) 地名ブランドを使うためには原料がその地域で生産されていなければいけない制度、(g) フランス料理という価格競争力のある補完品などである。

余談になるが、フランスワインの持続的な競争優位の源泉は、日本酒にもあてはめることができそうだ。和食は海外では高価格で提供されているので、海外市場に注力して、料理とあわせた日本酒の選び方などを宣伝し、ブランド管理を行えば、高い利益率をあげられる可能性がある。

## 経緯

地名のブランドと原産地の規制は、19世紀にフランスワインが海外市場で人気を博したときに始められた。知識の少ない海外の顧客に、粗悪品を売る者が多かったので、フランスワインの人気が失われる恐れがあった。そこで良品とそれ以外を確実に区別できるように、規制が始まった経緯がある。ブランドと規制によって、生産者には、品質の高いワインを供給して、自ら

の信用を維持するインセンティブが与えられた。

　ワインに限らずフランスの生産者は、ブランドの価値とそれを維持する方法をよく知っているようだ。ブランドの認知度を利用して、販売量を増やして短期的に利益を増やす誘惑は常にある。しかし供給量を増やすことは、品質や稀少性の価値を下げてしまう危険がある。販売量ではなく付加価値を増やすために、品質の向上やブランドにまつわる「伝説」を作ることを、一貫して継続する姿勢が感じられる。

## 7-6　持続的な競争優位の例：コカ・コーラ

　フランスの高級ワインのあとで気軽なコカ・コーラを並べると、フランス人には怒られるかも知れない。しかしコカ・コーラは、高級ワインとは別の種類の持続的な競争優位をもっている。アップル社の創業者スティーブ・ジョブズは、コカ・コーラのライバルであるペプシコからジョン・スカリーを引き抜くときに、「残りの人生を砂糖水を売って過ごすつもりか」と挑発した。同じような挑発的な言い方をするなら、コカ・コーラも砂糖水を売っている会社ということになる。飲料業界や食品業界を広くとらえると、ネスレやシーグラムなど、豊富な経営資源やブランドをもった企業は数多い。単純に「砂糖水」を売るだけなら、それらの企業がコーラ市場に参入するのは難しくないだろう。コカ・コーラが100年以上にわたって、市場シェアを守り続け、高い利益をあげ続ける競争優位の源泉は何だろうか。

　ブランド価値を定量化するのは難しいが、多くの調査で、コカ・コーラは企業ブランドの価値として世界の上位10位以内に入り続けている。同社のブランドが持続的な競争優位の源泉の1つであることは確かだろう。しかし同社のブランディングやマーケティングは、過去数十年、大手の広告会社に委託されている。したがってブランディングやマーケティングの技法は、コカ・コーラ独自の能力ではない。他社も同じような水準の技能にアクセスすることが可能である。

　コカ・コーラの広告では、技法よりむしろ、圧倒的な広告量が他社の追随を許さないのだろう。広告の効果に影響を及ぼす要因の1つに、消費者がブ

ランドを見聞した累積回数（brand exposure）がある。コカ・コーラは同じブランドを世界中で長年広告してきたので、累積回数はかなり多いが、1つの製品を大量に売るので、製品1本あたりの広告費はそれほど大きくはない。新規参入者がコカ・コーラと競争できるブランド認知を得ようとすれば、巨額の広告費を使わなければならないだろう。つまりコカ・コーラは規模の経済とブランド認知によって、広告費を参入障壁にしている。

風味についてはどうだろうか。かつてはコカ・コーラの成分比は極秘事項で、企業内でも知る者は数人程度と言われていた。今でも公開されていないが、現在の食品分析の技術をもってすれば、成分は正確に分析でき、風味は他社でも完璧に再現可能だそうである。もはや「秘密のレシピ」ではないらしい。

ところで、そもそもコカ・コーラの味はおいしいのだろうか。筆者が初めて飲んだ時の印象は、おいしいというよりも、「何だ、これは」という、やや違和感を伴う驚きだった。ビジネススクールの授業で、コカ・コーラの味をどう表現するかと聞いてみたが、美味という人はむしろ少なく、多い答えは「コーラとしか言いようのない味」であった。

しかしこの答えの中に、戦略的な成功の理由がある。たとえばもしコカ・コーラの味が、オレンジジュースのような味だったら、飲んだ人は、「炭酸入りオレンジジュース」と認識する。するとライバルが似た製品を出しても、別の会社の果汁飲料として、同列に比較できるものになる。しかし「コーラとしか言いようのない味」ならば、コカ・コーラが作った市場に参入しようとすれば、コカ・コーラに似た味にしなければならない。そうしないと「コーラではない」と思われてしまう。しかしコカ・コーラに似せれば、飲んだ人は、「コカ・コーラの模倣商品」と感じる。コカ・コーラが本物であり、後発品はニセものと認識される。対等な競争にならないのである。かつて使われた、「コーラと言えばコカ・コーラ」というキャッチフレーズは、まさにこの「本物」のイメージを強化するはたらきがある。

マーケティングの用語を使えば、コカ・コーラは従来にないカテゴリーを作ったと言える。従来にない味なので、簡単には顧客に受け入れてもらえなかったかも知れない。しかし受け入れてもらえば、市場のパイオニアとして認知され、そのことが先行者の優位性になる。

さらには、コカ・コーラは歴史的な経緯によって偶然の幸運をものにしている。それは軍需だが、コカ・コーラの事業に大きな展開をもたらした。第二次世界大戦後に米ソの冷戦がはじまり、米国は世界の同盟国に軍事基地を作り米兵を駐屯させた。若い米兵が異国で長い期間を過ごすためには、アメリカにいるのと同じようなリラックスできる環境を作る必要があり、そのためには音楽（ジュークボックス）とソーダ（炭酸飲料）が必要ということになった。その米軍の公式ソーダに、コカ・コーラが採用されたのである。軍事基地では安全のために、用品を本国から配送することが多い。食品に関しても生鮮品は現地調達せざるを得ないが、安全検査を基地内で行っている。コカ・コーラは世界中で消費される製品の濃縮された原液を、米国にあるただ1か所の工場で作り、コンテナに密閉して出荷する。世界の各地で原液に水と甘味料と炭酸を加えて最終製品にする。そのようなボトリングの設備を基地内に作ればいいので、安全面でも輸送費を節約する面でも、コカ・コーラは都合のいい製品だった。公式ソーダとして、ボトリングの設備が国費で世界中に作られた。そしてコカ・コーラの一部は基地外にももち出されて、現地の人にも飲まれることになった。第二次世界大戦後はしばらく、アメリカは圧倒的に豊かな国であり、世界各国で憧れられる存在だった。コカ・コーラはアメリカを象徴する製品の1つとして、各国で受け入れられることになる。言うなれば、コカ・コーラは国費で国際展開のための初期投資をしてもらったことになる。

　その後コカ・コーラは投資効率の良い海外市場を中心に投資し、1980年代以降は利益の大半を海外市場から得た。海外でコカ・コーラを大量に販売するには、ボトリングの工場の増設・運営と、現地の流通や商習慣に詳しい提携企業が必要だった。地域の隅々まで流通網を整備できる経営資源をもった企業は、戦後間もない頃の米国以外では多くはない。その中の有力な提携先と、コカ・コーラは独占的な契約で提携した。それに対してペプシは、米国市場を中心に投資して、同時期の利益の半分近くは米国内から得ている。つまりコカ・コーラとペプシは全面的に競争せず、市場を分け合ったような構図になる。

　まとめるとコカ・コーラの持続的な競争優位の源泉は、(e) 従来にない飲料カテゴリーを作った先行優位、(f) 軍需という幸運な歴史的経緯による海

外展開、(e) 海外のボトラーや流通を囲い込んだ先行優位などがあり、(c) 規模の経済が (b) ブランドの効果を補強していると言える。

# 7-7 持続的な競争優位の例：サウスウエスト航空

　航空業界は企業にとって差別化が難しい業界である。サービスの供給に用いる航空機は、一部の小型の機種を除いて、どの企業もボーイングとエアバスの標準的な機種から選択する。出発地と到着地は公共の空港であり、基本的にどの企業も利用できる。航空機の経済的な巡航速度はごく限られた範囲内で、極端に速くも遅くもできない。つまりサービスの主要な要素で、航空会社が他社と差別化できる余地は限られている。したがって価格競争が起こりやすく、航空会社はおしなべて利益率が低い。政策的に自国の航空会社を保護している国では、国内線の利益率が高くなることはある。しかし米国では国内線・国際線ともに自由化が進んでおり、航空会社は大手でも赤字と黒字を繰り返すような業績である。

　その中でサウスウエスト航空だけは、1973年以降連続して毎年黒字をあげ、利益率の水準も業界内で高い。米国の航空産業の競争環境の変遷とあわせて、サウスウエスト航空の持続的な競争優位の源泉とそれを維持する戦略を考える。

### 米国の航空産業

　1978年まで、米国内の州際（異なる州の間を飛ぶ）航空事業は極端に規制されていた。州際航空事業に参入していた企業は20社以上あったが、新規参入は審査が厳しく、そのうえ1つの路線には、需要がどれほど大きくても1～3社しか就航が認可されなかった。運賃は路線1マイルあたり「適正な」利益が出る価格に規制され、同じ路線で営業するすべての企業が同じ価格になった。そのように規制で保護されて、航空会社はいずれも安定した利益をあげていた。

　しかし1978年の規制緩和によって、州際や州内の国内路線への、参入、価格、運航スケジュールが自由化された。すると一斉に新規参入がおこり、

企業数は1年後に100社を超えた。そして猛烈な価格競争が始まった。多くの企業はすぐに疲弊し、撤退したり、他社に吸収されたりした。

　差別化が難しい航空事業で生き残ったのは、ハブ・アンド・スポーク・システムと呼ばれる路線網を作った企業である。その路線網は、ハブと呼ばれる特定の大都市の空港を中心にして、自転車の車輪のスポークのように、周辺の都市に向けて放射状に路線を設定する。そのような路線網は、すべての空港を直行便で結ぶ路線網よりも、路線の総数を少なくすることができる[3]。ハブ・アンド・スポーク・システムでは、ハブの都市に発着する旅客以外は、ハブで乗り換える必要がある。しかし路線の総数が少ないので、路線あたりの便数を増やして頻繁に飛ばすことできる。直行便だけで路線網を作るならば1日1便になる路線でも、ハブ・アンド・スポーク・システムならハブでの乗り換えを経由して、1日数便で結ぶことができる。ハブでの接続が便利ならば、乗り換えがあっても頻度が多いことで、利用者の時間を無駄にしないで済む。ハブ・アンド・スポーク・システムは、少ない機材で高頻度のサービスと高い座席利用率をあげやすく、コスト面で競争優位があった。さらにハブになる大都市の利用者には、どこに行くにも頻度の高い直行便があり便利である。ハブのある都市発着の市場を、独占に近い形でおさえることもできた。ハブ・アンド・スポーク・システムは、最初は貨物専用の航空会社フェデラル・エクスプレスで採用されたが、間もなくデルタ航空をはじめ大手の旅客航空会社が採用していった。

　しかしハブ・アンド・スポーク・システムは、採用した企業に短期的な競争優位をもたらしても、持続的な競争優位の源泉にはならなかった。システムはどの企業も真似できるから、国内線はハブ・アンド・スポーク・システム同士の競争になった。それぞれの企業は違う都市にハブを作り、その都市の利用者から独占に近い形で高い利益率をあげた。しかし各社のハブになる大都市間の路線では、企業間の価格競争が発生した。大都市間の路線は利用者が多く、各社のスポークから乗り継ぐ利用者も多いので、簡単にシェアを

---

[3] もし $n$ 個の都市をすべて直行便で結ぶと、路線の総数は $n(n-1)/2$ になる。それに対してハブ・アンド・スポーク・システムでは、路線数は $(n-1)$ になる。つまり、すべて直行便だと $n/2$ 倍の路線数が必要で、逆にハブ・アンド・スポーク・システムはそれだけ路線数を集約できる。集約の効果は、都市数 $n$ が大きいほど顕著になる。

譲ることはできない。各社はハブ都市からの利益を、大都市間の路線の価格競争につぎ込むことになり、結局どの企業も利益があがらなくなった。

　アメリカン航空は予約発券業務のコンピューター化を進めて、業務を効率化させるとともに、きめ細かい価格差別をはじめた。前売り発券の時期、空席状況、発券後の予約変更の自由度、などの条件にあわせて、1日に何度も価格調整をするシステムを作った。またマイレージプログラムを導入し、顧客の囲い込みも行った。しかし他社もやがて似たシステムや制度を導入し、アメリカン航空は持続的な競争優位を築けなかった。マイレージプログラムには多くの利用者が加入したが、彼らは複数の航空会社のプログラムに加入したため、プログラムの特典の競争が、形を変えた価格競争のようになった。

### サウスウエスト航空[4]

　どの企業もなかなか持続的な競争優位を築けない中で、ハブ・アンド・スポーク・システムを採用せずに、高い利益率をあげ続けて成長したのがサウスウエスト航空である[5]。サウスウエスト航空は、テキサス州内の主要3都市である、ダラス、ヒューストン、サンアントニオ、を結ぶ格安航空会社として1971年に就航した。コストを下げるために、大都市にいくつかある空港のうち、利用料が安い古くて狭い空港を使った。航空機は比較的小型のボーイング737型だけを使った。機種が少ないと、機種ごとに多くの予備機や交換部品をそろえる必要がないのでコストを節約できる。また操縦士や整備士の免許は機種ごとに発行されるが、単一機種ならだれもがすべての機材を担当できるので効率が良い。そして安全に関わらない旅客サービスは、機内でも地上でも最低限にした。座席は自由席にして発券業務を簡素化し、機内食や飲み物は希望者にのみ有料で提供した。航空機の運用については、空港での折り返し時間を最小化させた。自由席なので、旅客は良い席を取ろうと早くから搭乗口に集まっている。機内食や飲み物が少ないので、それらの積み込みと積み降ろしの時間が節約でき、発生するゴミも少ない。ゴミが少

---

4 　サウスウエスト航空の歴史や経営については、ケビン・フライバーグ、ジャッキー・フライバーグ著『破天荒』(日経BP社、1997年)を参考にしている。
5 　サウスウエスト航空のほか、準大手のアラスカ航空は、アラスカ州を中心に地域独占に近い路線網を作り、持続的に比較的高い利益率をあげた。

ないので、乗務を終えた乗務員が、機内掃除をしてゴミをもち出すことにして、清掃員が入れ替わって機内に入り清掃する作業をなくした。乗務員が清掃をするのは業界に前例のないことだったが、家族的で協力的な労使関係を維持していたので、柔軟に労働契約を変更することができた。

　以上のことは、低コストを徹底させるための施策であるが、それらの組合せから、新たな競争優位が生み出された。利用料が安い古くて狭い空港は、利用する便数が少なくすいていて、航空機の折り返しの準備ができれば、待たされることなくすぐに離陸許可が出る。ハブ・アンド・スポーク・システムではないので、乗り継ぎの接続を確保するために、1つの便の遅れが他の多くの便の出発を待たせることもない。つまり運航スケジュールの定時性が高いのである。古い空港は都心の近くにあることと合わせて、時間を節約したいビジネス客にはありがたい。コストを下げるための施策の積み重ねが、逆に付加価値を生んだのである。当初は意図しないものだった。

　サウスウエスト航空の企業風土の特徴は、多分に創業経営者の個性を反映して、開放的で家族的と表現できる。従業員満足度を重視した経営方針で、従業員が満足しているからこそ、顧客を満足させることができると考えられている。従業員は、顧客を大きな仲間の一員としてくつろがせ、ユーモアなどで楽しませるのがサウスウエスト航空の特徴である。職場ではチームとして成果をあげることが重視され、そのために柔軟に協力することが求められる。乗務員が清掃も行うという、従来の習慣に反した柔軟なオペレーションも、同社の企業風土があったからこそ可能だったと言える。経営陣は人件費を、節約すべきコストとは考えておらず、賃金の水準は同業大手と同等以上で、費用に占める人件費の割合も大手並みである。不況でもレイオフは行わない。

　1978年の規制緩和後も、サウスウエスト航空はビジネスモデルを変えずに、利用料の安い空港をつなぐ路線を開設させながら、徐々に州際にも路線網を広げていった。サウスウエスト航空のビジネスモデルに合う空港は、大都市にある空港の中でも小さいもので、その他は中小都市の空港だった。いずれもハブになるような大空港ではない。使用するボーイング737型機は航続距離が短いので、既存の路線網からあまり離れた都市には進出できなかった。事業の成長や路線網の拡大は、自己資本を中心にしたもので、買収はほ

とんど行わず、財務の健全性を保ちながらゆっくりと進められた。安全に関しては手間や投資を惜しまず、創業以来、墜落などによる乗客の死亡事故は起きていない。

サウスウエスト航空のビジネスモデルを真似ようとした同業者はいた。しかし大手のライバルは高コスト体質のため、容易にサウスウエスト航空の事業運営の真似はできなかった。新規参入で真似をすることは可能である。たとえばジェットブルーのような例である。しかし大都市の近くの狭い空港のうち、路線網を作るのに魅力的な発着枠の多くが、サウスウエスト航空によってすでに抑えられていた。したがって新規参入者は、サウスウエスト航空ほどの業績はあげられていない。

## 持続的な競争優位

自由化前の米国内の航空産業では、規制によって参入や競争が制限されていた。規制は航空会社の利益を保証するような水準に価格を規定し、価格競争もなかった。州際航空の各路線の市場に参入している企業にとって、規制は (d) 参入障壁であり、参入していない企業に対する持続的な競争優位の源泉であった。そして参入している企業の間は競争が制限されて、ほぼ競争同位といえる状況を作っていた。

しかし自由化後は、持続的な競争優位を築きにくい産業になった。ハブ・アンド・スポーク・システムや、コンピューター化、マイレージプログラム、価格差別などは、短期的な競争優位を作ることはあっても、持続的な競争優位の源泉にはならなかった。他社も真似をすることができたからである。

その中で、サウスウエスト航空は持続的な競争優位を築いた。その源泉としては次のものが挙げられる。(a) 組織に根付いた協力的な企業文化、(e) 限られた小さい空港の発着枠を他社より先におさえた先行優位、(h) 低コストを徹底させる多くの施策を複合させたオペレーションである。さらには、それらの利点と、ハブ空港を使わないことの複合によって、高い定時性という付加価値を生んでいることも挙げられる。

注目すべきことは、強みの複合や高い定時制は、当初から計画して作られた競争優位ではない点である。低コストを実現するための施策を積み重ねるうちに、事後的に生まれた新しい次元の競争優位である。一般に強みの複合

や補完性は、当初からすべてが計画されたものではなく、想定外の要因が結果的に組み合わされることが多い。

　成長をある程度犠牲にしても財務的に無理をしないことも、持続的な競争優位に貢献していると考えられる。買収や急速な路線拡張で債務がふくらんだときに、不況やライバルとの激しい価格競争が重なると、コスト削減のためにレイオフを強いられて協力的な企業文化が損なわれたり、安全対策がおろそかになったりする危険がある。財務的な余裕があるからこそ、適切な行動を持続できるのである。

## ビジネスモデルの弱み

　どのようなビジネスモデルにも弱点はある。サウスウエスト航空の場合は、路線網はビジネスモデルに適した空港を結ぶ必要があるが、そのような空港のない都市に展開すると利益率が低下する可能性がある。比較的小型の１機種だけを使うため、長距離便を飛ばせない。また、ボーイング737型機が陳腐化したときには、機種更新のために単一機種による運用ができなくなるか、一斉に機種変更をする大きな投資が必要になる。国内では有利な空港の発着枠をおさえているため、他社がビジネスモデルを真似ても利益をあげにくいが、国外では他社による真似が可能である。（実際に、ライアンエアーやエアアジアは欧州やアジアを拠点にして、サウスウエスト航空と似たビジネスモデルで成功した企業と考えられる。）したがってサウスウエスト航空にとって、利益率をともなう成長には限界があるだろう。

　そのほか、サウスウエスト航空の協力的な企業文化が創業者に依存していることも、長期的にはリスクになりうる。同社は創業者の退任後も好ましい企業文化を持続させるために、創業者の影響力に頼らない組織的な取り組みをしているが、その効果は未知数である。

　また、航空産業では避けられない要因として、規制の変更がある。規制は基本的に各社に等しく適用されるものだが、その効果は特定の企業にとって有利あるいは不利になることがある。たとえば9.11同時テロの後、運航の安全を確保するための、乗客や荷物の検査が厳しくなった。そのため搭乗前の検査にかかる時間とコストが増大した。規制の変更はすべての航空会社に同様に適用されるものだが、時間とコストの増大は、低コストと折り返し時間

の短さが競争優位の源泉であるサウスウエスト航空にとって、比較的不利な内容であった。9.11同時テロの影響は永続的なものではなかったが、セキュリティに関する規制は今後とも、一時的あるいは永続的に変更される可能性がある。

## 7-8 大切なものは目に見えない

　7-4節〜7-7節の例で見たように、いわゆる「強い企業」には、1つではなく多くの持続的な競争優位の源泉がある。
　持続的な優位の源泉には、組織に根付いた能力や信用のように、長い時間をかけて培い、だからこそ他社が真似るのに長い時間がかかるものが多い。その一方で、歴史的な経緯や先行優位など、決定的な好機に正しい選択をしたことによる優位もある。後者は長い時間をかけなくても、偶然の幸運で手にしたように見えるかも知れない。しかし幸運な結果は、十分な準備と努力をしていたからこそ、つかめることが多い。好機が来たことに気づく能力や、好機に正しい判断をする能力は、普段の努力で磨かれる部分がある。努力をしていないと、身近に訪れたチャンスにさえ気づかないことがある。その意味では、単純な幸運による競争優位もあるだろうが、幸運と努力の組合せによることが多いのであろう。
　努力と競争優位についてのもう1つの重要な特徴は、本当の強さは、とくに注意しなくても当たり前のようにできるものだということである。当事者が注意して行っている時期は、まだ強みを身につけようと努力している段階とも言える。本当に身についていないから、意識しないと行えないのである。たとえば丁寧な接客は、ベテランの従業員なら意識しなくても習慣的にできる。しかし新人は、意識しないとできないし、意識してもベテランほど上手に接客できないかも知れない。本人が重要と考えて行っていることが、必ずしも客観的に競争優位になっているとは限らない。
　逆に、すでに身についている強みを、本人が重要性に気づかず手放してしまうことがある。企業の持続的な競争優位の源泉でいえば、とくに、信用、強みの複合などは、当事者がその大切さに気づいていない場合がある。信用

を失ってから、大切さに気づく。影響をよく確認せずに業務の一部を変更して、自社の強みの補完性を崩してしまう。そのようなことが時々起きる。自社の強みを正確に把握することは意外に難しく、企業の戦略を考える際に重要なポイントの1つになる。

「本当に大切なものは、目に見えない」という教訓は、事業の強みについてもあてはまるときがある。「目に見えない」を「気がつきにくい」と読み替えても良い。大切なものは本人が気がつかないほど自然に身についている。自然で気がつきにくいから真似されにくい。しかし気が付きにくいから大切さも忘れられやすい。

## どうすれば持続的な競争優位を作れるか

ここまでは、すでに持続的な競争優位をもっている企業の例から、その競争優位の源泉を探してきた。しかしおそらく、他社の競争優位を分析するより重要なことは、自らの持続的な競争優位を築くことであろう。どのようにすれば持続的な競争優位を作ることができるのだろうか。

競争優位は独自の強みから生まれる。意図的に独自の強みを作る方法の1つとして、他社と異なる独自の目標を立てて、それを達成しようと工夫する方法がある。目標を追求する過程から、独自の強みを得る可能性がある。他社と同じような目標を追求すると、得られる強みは他社と似たものになるかも知れない。目標の方向性が異なるか、あるいは、他社と同じ方向なら無理と思えるほど高い水準の目標であればこそ、その過程で独自の方法や強みが見つかるであろう。得るために時間がかかる強みでも、それだけ持続性があるとも言える。

プラス方向の目標を達成しようとする工夫とは逆に、マイナス方向の問題を解決しようとする工夫からも、強みが生まれる可能性がある。自社に固有の問題点は、一般に事業のハンディキャップと考えられるが、それを解決できたならば、解決法は他社にない独自なものである可能性が高い。一般に企業の問題点や弱みは個別性が高く、解決する過程の副産物として、独自の強みができる。たとえばかつて日本の自動車メーカーは、狭い日本の道路に合わせた小型車を作らなければならないため、海外市場に輸出するには不利だと言われていた。しかし石油ショックや環境問題によって、世界的に小型車

が注目されるようになると、日本メーカーの小型車を作るノウハウが競争優位になった。

　何らかの方法で得られた強みは、関連分野に拡張させて、強みを複合させていく。強みを転がす、という表現を聞いたことがある。雪だるまを作るように、関連分野の要素を付け加えながら、強みを膨らませていくイメージであろう。

　マインドセットとして、他者と違うことを恐れない姿勢も重要である。結局のところ競争優位とは、「支持される他者との違い」である。

## Column

## 百貨店の持続的な競争優位の源泉

　成功している百貨店の持続的な競争優位の源泉の1つには、立地の良さがあることが多い。小売業にとっての立地の大切さは、古くから関係者がよく言うところである。ただし1990年代頃まで、日本の百貨店の経営者が言うところでは、百貨店が他の小売店に対してもつ競争優位の源泉は、立地ではなかった。むしろ、顧客サービスの質の高さと、それにもとづくブランドであった。同じ品物でも、顧客は百貨店で買い物をすることを望み、それゆえ値引きなどをしなくても売れるということだった。しかしその後、都心の百貨店の業績に対して、新たに進出した郊外の百貨店の業績が低迷して、立地の重要さは明らかになった。郊外の百貨店は、決して顧客サービスをおろそかにしたわけではないだろう。

　ただし経営者の立場で考えてみると、もし立地の重要さをわかっていたとしても、「サービスではなく立地が良いから売れる」とは口にしにくいだろう。販売員には、自分たちのサービスが店を支えていると思ってほしい。顧客には、店は自分たちへのサービスを何より大切にしていると思ってほしい。立地が重要と言うほど、サービスは重要でないかのような印象を与えてしまう。しかし、もし経営者がサービス第一と繰り返して言ううちに、立地の意識が薄れ、それを聞いて育った後継者が立地を軽視したら、「当社のブランドとサービスがあれば、どこでも成功する」と考えるかも知れない。

　自社の強みを正しく把握することは、経営戦略を考えるうえで重要なことだが、正しい認識を妨げる要因は意外と多い。

第8章

# 競争戦略の事例

第8章では、企業の競争戦略を事例とともに検討する。この章の内容は、本書の第1章から第7章で検討してきたことを、まとめて応用するものになる。戦略は、ある範囲の活動の、本質的な目的とそれを達成する方法の要点である。戦略は多くの行動によって構成されるが、行動は目的に合わせた一貫性をもつ必要がある。企業の競争戦略における目的は、長期にわたる高い利益率をあげることに、ある程度集約させて考えることができる。したがって、持続的な競争優位を築きそれを維持することが、企業の競争戦略の重要な部分になる。ただし事業の環境やライバルの行動は変化するので、戦略は一貫性をもつ一方で、必要ならば適切に変更することも重要である。

　8-1節では、企業の競争戦略とその質を左右する要因について検討する。8-2節では事例として、持続的に成功する企業がなかった家庭用ビデオゲーム市場で、持続的に大きな成功をおさめた任天堂のビジネスモデルと競争戦略を検討する。そして8-3節では、任天堂という強い企業がいる同市場に、参入を検討するソニーの立場での競争戦略を、読者に考えてもらう。8-4節と8-5節では、米国のコンピューター産業の競争環境の変遷と、各社の戦略の変化を検討する。コンピューター産業は、本書で取り上げるさまざまな理論や戦略が、かなり頻繁に現れ、実行されている産業である。

## 8-1　競争戦略

**戦略とは**

　戦略という用語はさまざまな場面で使われる。経営に関係する学問の分野では、特定の分野で戦略を定義することはあるが、分野を超えて共通する定義はない。すでに本書では戦略という用語を使っているが、あらためて本書では戦略を、「特定の活動領域における、目的とその達成計画」と定義する。より普通な表現で言い換えるならば、「ある範囲の活動の、本質的な目的とそれを達成する方法の要点」とも言える。

　戦略は対象にする範囲によって、大規模にも、小規模にもなる。たとえば、企業には全社レベルの戦略もあれば、事業部レベルの戦略、さらに小さな担当業務レベルの戦略もありうる。個人レベルの戦略もありうる。1つの大戦略の

中にいくつかの小戦略があるような、階層構造をなすこともある。活動の種類に特化して、マーケティングの戦略、財務の戦略、などが作られることもある。期間の違いから、長期の戦略と、短期の戦略もある。戦略と訳す英語は strategy だが、たとえば米国では、「今回の製品発表の strategy を考えよう」のような言い方をすることがある。随分と小規模なものだが、strategy を上の表現にならって「本質的な目的と方法の要点」と置き換えれば、不自然な言い方ではない。

戦略の目的を達成するための方法は、通常、いくつかの行動を組み合わせたものになる。複数の行動が、個別の効果もさることながら、全体として目的に合わせた一貫性をもつことが重要である。個々の行動にはそれぞれの長所と短所があるが、互いの長所を強め短所を補い、さらに市場や事業の環境に適合するように組み合わせることで、優れた戦略になる。

**競争戦略とは**

競争戦略とは、字のごとく、企業がある事業において競争するための戦略である。言い換えれば、市場で競争する際の目的と行動の要点である。事業の目的にはさまざまなものがありうるが、競争の範囲に限れば、目的は持続的な高い利益または利益率をあげることに、かなり収斂できるだろう。そのための方法は、ビジネスモデルとも呼べるが、ライバルに対する競争優位、できれば持続的な競争優位を築くことが要点になる。

競争戦略は、自社やライバルの強みと弱み、および事業のリスクと機会とに、密接な関係がある。強みや弱み、リスクや機会を、受動的に利用したり回避したりするほか、能動的に作り出したり軽減したりする。

本書はここまで、市場のはたらきと企業の行動を個別に検討してきた。第1～3章で検討した市場のはたらきと、第4～7章で検討した企業の行動は、どれもが競争戦略の構成要素になりうる[1]。この第8章では、いくつかの企業の競争戦略を、全体としての一貫性や環境への適合を含めて検討する[2]。

---

1 第6章「競争に関する戦略」で紹介したものは、競争戦略そのものではなく、競争戦略を構成しうる個々の行動や分析の枠組みである。
2 本書は市場メカニズムと競争に関する本なので競争戦略の範囲について検討するが、組織や人事制度、財務や法務などの戦略もありうる。

### 一貫性と柔軟性

　戦略が成功するためには、一貫性をもつことが重要である。戦略を構成する行動が一貫性をもつことで、諸行動は互いの長所を強めあい、短所を補いあう。また戦略の目的やメッセージを強く関係者に印象づけることができる。

　すべての行動が目的に合わせて完全に統合されていれば理想的である。しかし現実ではそこまで一貫させることは難しい。さまざまな理由で、戦略に完全に統合できない行動はあるだろう。その場合でも、せめて行動が目的に背反することがないように注意することが、一貫性を守ることにつながる。事業のすべての行動でなくても、いくつかの重要な行動が一貫性をもてば、戦略は効果を生むことが多い。したがって戦略を簡潔にして、行動の制約を真に必要なものに絞り込むことで、行動の自由度を増やし、一貫性と柔軟性を両立させることができる。

　一貫性には、諸行動が目的にあっていることのほか、時間を通しての一貫性もある。つまり目的や行動の要点が、時間を通して変わらないことである。決めた方針が変わらないからこそ、関係者の信用が得られ、組織内外の協力者が行動を協調させやすくなる。同じ目的で行動を重ねることで、学習効果も得やすい。

　事業の環境は変化するので、一貫性と柔軟性を両立することの重要性は、時間を通してもあてはまる。つまり目的と行動を、基本的に変えない戦略の部分と、状況に応じて変えて良い部分に分けるのである。さまざまな状況変化の可能性を考慮して、変えなくて済むもの、あるいは、あえて変えないことに価値があるものから、骨子にする目的と行動を選んで戦略にする。骨子の部分を必要最小限に絞ると、柔軟性が高くなり、むしろ戦略の一貫性を維持しやすいだろう。目的が定まっていれば、骨子以外の行動を変えるにしても、変える状況と方向性を関係者が予想しやすい。骨子の部分を上手に選ぶことが重要である。

### 計画型と探索型

　ビジネスの環境は変化し、将来を正しく予想できることは少ない。したがって、成功した企業であっても、戦略はしばしば予想より早く変更されるようだ。とくに、技術の変化が激しいハイテク産業や、事業環境が変わりやすいベンチャー企業では、戦略は比較的頻繁に変更される。

戦略を作るタイミングを大別すると、当初に目的と行動計画を決める、いわば計画型がある一方で、行動を重ねながら徐々に戦略が作られる、いわば探索型がある。計画型は、早い時期に適切な戦略が作られると、無駄のない見事な成功や、ライバルを出し抜くような成功につながる可能性がある。ただし当初の情報や予想が誤っていたり不足したりして、戦略が失敗や変更につながることもある。それに対して探索型は、行動を重ねながら得られる経験や情報をもとに、目的と行動の要点を収斂させていく。事後的に一貫性を作っていくとも言える。典型的な探索型では、事業を始めた当初はとくに戦略をもたず、とりあえず有望そうなことを試してみる、または注文を受けた仕事をすることから始める。そのように事業を始めても、成功し、事後的に良い戦略をもつにいたる企業は多い。

　計画型と探索型は必ずしも二者択一のものではない。両者を組み合わせた方法もある。たとえば、戦略を作って事業を進めるが、探索的に情報を収集して戦略を修正していくことを予定に含めるなどである。興味深いことに、事業を長く継続している企業で、戦略は当初のものから変更されたが、結果的により一貫性をもつ戦略になっていることがある。たとえば、7-7節で検討したサウスウエスト航空の事業は、低コストのオペレーションを徹底することから始めた。その後さまざまな施策が組み合わさり、定時運航で1位になったり、大都市の都心に近い空港のゲートを独占に近い形で占有するなど、当初の低コストを超えた範囲まで一貫した競争戦略をもつにいたった。同社に限らず、とくに、強みの複合や歴史的経緯を競争優位の源泉にする事業では、事後的に一貫性が拡張する例がよく見られる。戦略のなかで従来から継続する部分と、変更したり加えられたりした部分が、結果的に一貫性をもち、より環境に適合するのである。ある意味で高度な戦略とは、戦略が進化しうることを前提に、変更や拡張をしても一貫性をもちやすいようにデザインされたものかも知れない。

　当初から、戦略が変わることを前提にする場合もある。たとえば、戦略の有効期間を定めるなどである。戦略が無効になる条件を定めることもある。つまり戦略の中止条件や撤退条件を決めるのである。戦略が無効になれば、次の戦略を考えれば良い。あるいは、代替案を作っておき、状況によって代替の戦略に変えることにしても良い。ただし戦略が複雑になりすぎないように、代替案はあまり増やさないほうが良いだろう。

また、当事者の間で戦略の解釈が一致していることも、戦略を遂行するうえで重要である。関係者の経験、価値観、文化的背景などが異なると、同じ行動や情報に対しても、それが意味するところの解釈が異なることがある。シンプルな戦略を、誤解が少ないような表現で共有することが重要である。

### 意思決定と遂行

戦略の良否は、戦略を決める意思決定の質と、戦略を遂行する意志と能力にかかっている。意思決定の質を左右する要素としては、筆者の前著『ビジネス意思決定』で、目的の適切さ、選択が目的を満たす程度、能力と情報の限界を考慮すること、を挙げた。この3点は、戦略の良否を左右する要因としても、ほぼそのままあてはまる。そして4点目を加えると、戦略を遂行する意志と能力が重要になる。決めた戦略を、変更の誘惑に駆られずに堅持する意志の強さと、困難な状況になっても目的を達成する方法を見つける柔軟性と能力である。そして戦略を遂行する能力には、環境が変化して戦略が適切でなくなったときに、戦略を中止または変更する能力を含む。戦略を中止する能力には、環境の本質的な変化に気づく洞察力と、従来の戦略で作られている組織の慣性を、くつがえす意志の強さと説得力が含まれる。

## 8-2 任天堂の事例

実際の企業の事例をもとに、競争戦略を検討してみる。最初の事例は、任天堂のファミリーコンピュータの事業である。ファミリーコンピュータの発売は1980年代で、やや古い話になるが、競争戦略としては注目に値する。家庭用のビデオゲーム市場は、それまで持続的に利益をあげる企業がない、難しい市場だった。しかし任天堂は、持続的に利益をあげる事業にして市場も拡大させた。ファミリーコンピュータ事業によって任天堂は急成長し、驚くことに1991年3月期には、任天堂の経常利益は日本銀行に次いで国内2位になった。それほどの利益をあげる事業にしたビジネスモデルと競争戦略はどのようなものだったのか。次の事例から考える。

## 演習課題8-1

### ビデオゲーム産業の特徴

　家庭で遊ぶビデオゲーム機は、米国で1960年代に作られ始め、1970年代にはいくつかの企業がヒット作を生み出した。ゲーム機にはゲームソフトが内蔵され、ジョイスティックなどの操作具がついていて、テレビにケーブルで接続して画像を映し出す。たとえば卓球のゲームは2人向けで、テレビ画面の左右両端に映るラケットを動かしてボールを打ち合う。ブロック崩しというゲームは1人向けで、テレビ画面の下端にあるカーソルを動かして、跳ね返したボールで画面上のブロック塀を崩していく。そのようなヒット作はときどき生まれ、そのたびに市場は盛り上がったが、間もなく崩壊を繰り返した。

　市場の盛り上がりが持続しなかった理由は、主として、質の低い模倣品による。エンターテインメント事業では、何がヒットするかはプロでも売ってみなければわからないことが多い。ヒットしても、商品が売れる時期はブームが持続している間に限られる。ブームが去ったり、消費者が飽きてしまえば、どれほどヒットした商品でも売れなくなる。したがってある商品がヒットすれば、多くの企業が似た商品を出して、いわゆる2匹目のどじょう、3匹目のどじょうを狙う。彼らは時間をかけて良い製品を開発するよりも、ブームが続いている間に急いで商品を出そうとする。そして商品の質が犠牲になる。多くの顧客が質の低い模倣品をつかみ、ブームは冷めて、大量の売れ残り商品が出ることになる。模倣品が出ても、質の高いものであれば、ブームは持続し、同業者の切磋琢磨によって市場が成長する可能性がある。しかしビデオゲーム産業では、構造的に質の低い模倣品が生まれる理由があった。企業の参入は比較的容易であり、多くの中小規模の企業が参入したが、持続的に利益をあげる企業は生まれなかった。

　また、数万円から10万円近くになるゲーム機の価格も、子供の玩具としては高いものであった。

　家庭用の他に、ゲームセンターに設置するコインゲーム機として、業務用ビデオゲームも生まれた。業務用は家庭用よりも大型で高価なゲーム機で、より高度なゲームと複雑な画像処理が可能であった。家庭用ゲームの内容をバージョンアップして業務用にすることもあるし、業務用に開発したゲーム

を簡易にして家庭用にすることもある。業務用ゲーム市場では、家庭用ほど極端なブームは発生しない。また業務用ゲーム市場は、製品が家庭用より複雑なことや、流通チャネルが限られることから、家庭用ほど参入が容易ではない。したがって家庭用ゲーム市場よりは安定した市場と言える。

**任天堂のファミリーコンピュータ**

　日本でも1970年代にはビデオゲームが登場した。当初は米国のゲームをコピーしたような製品が、小規模な企業によって供給されていた。やがて大手の玩具メーカーである任天堂が、1977年に米国企業からライセンスを得て家庭用ビデオゲーム機の生産をはじめ、1978年から業務用ゲームも生産した。任天堂は古い歴史をもつ企業だが、1960年代後半には、従来にない新しいタイプの玩具をいくつも発売して、話題を集めていた。1980年には任天堂は携帯型のゲームウォッチを発売した。ゲームウォッチはヒット商品になったが、多くの企業がそれを真似た商品を出した。ヒット作が生まれるたびに、市場が盛り上がりと崩壊を繰り返す状況は、米国と同じように日本でも起きた。

　1983年に任天堂は、家庭用ゲーム機のファミリーコンピュータ（以下、ファミコン）を発売した。このファミコンが持続的な大ヒット商品になる。ファミコンは、いくつかの米国企業にならって、ハードウェア（ゲーム機）とソフトウェア（ゲームソフト）を分けて別の製品にした。ゲームソフトは１つのカートリッジに１つのゲームを装填し、カートリッジを入れ換えれば、同じゲーム機で異なるゲームができた。ファミコンのゲーム機は、カートリッジを読みとる装置と、ジョイスティックのついたコントローラーで構成され、画像と音声はゲーム機からケーブルで接続したテレビに出力した。ゲーム機は画像処理能力を重視した高性能のもので、業務用ゲームの感覚を家庭用ゲームで再現させようとした。

　1990年に任天堂は、後継機のスーパーファミコンを発売した。（本書では、スーパーファミコンも合わせてファミコンと呼ぶ。）他社がゲームソフトと一体で５～８万円のところを、ゲーム機が25,000円、ゲームソフトが１本あたり平均9,800円とした。ゲーム機とカートリッジの生産は外部委託で、最終組立だけを任天堂の工場で行った。外部委託先は、稼働率の低さに悩む工場

をもつなど、低価格で請け負うところを選んだ。ファミコンのゲーム機の価格は、初代機も後継機も、発売当初は業界では、原価ぎりぎりか原価割れではないかと考えられていた。

　ゲームソフトは、任天堂およびライセンス先のソフトメーカーが開発した。ライセンス先は自社が開発したゲームソフトを、任天堂に発注してカートリッジに装填してもらう形になった。ライセンス先が開発したゲームでも、任天堂が内容を検査して最終的に発売するか否かを決める権利をもっていた。検査の基準は、ゲームとしての面白さや、暴力やポルノなど子供向けに不適切な内容が含まれていないことなどである。発売を決めたゲームはカートリッジに装填され、カートリッジには最終組立の工程でセキュリティ・チップが付けられた。セキュリティ・チップが付いていないと、ファミコンのゲーム機で使えなかった。ゲームソフトのライセンス契約では、ファミコン用に発売されたゲームは、発売後18か月はファミコン以外のゲーム機用に転用できないことになっていた。またライセンス先の企業には、年間に新たに発売できるファミコン用ゲームのタイトル数に制限があった。制限の数は、任天堂と早い時期から取引があったライセンス先に対してはいくぶん緩やかだったが、多くの企業に対しては年間最大2本であった。

　ファミコンのゲーム機とゲームソフトは、国内では、従来から任天堂と取引のある「初心会」という玩具の流通チャネルを通して販売されていた。この時点の玩具の流通チャネルは、前近代的と言って良いだろう。卸小売ともに零細な業者がほとんどで、任天堂の商品を扱う小売店は全国に公称25,000店あった。流通の効率は低く、コストは他産業の流通に比べて高かった。製品は基本的に売り切りで返品なしである。任天堂は玩具産業においては大手の老舗であり、卸や小売店への影響力は大変強かった。

　ファミコンのゲームソフトの小売価格は、平均して1本9,800円程度であった。この価格は次のようなコストとマージンから構成されている。小売店の仕入値は、タイトルの人気や卸と小売店の交渉力によって異なるが、平均して1本6,800円程度。つまりソフトを1本売るたびに、小売店は3,000円の利益を得る。小規模な家族経営がほとんどの玩具店にとって、放っておいても売れるファミコンのソフトは、このうえもなくありがたい商品だった。卸は多くの場合、一次卸と二次卸の二段階になっていた。一次卸がソフト

メーカーから仕入れる価格は、タイトルの人気やソフトメーカーと卸の交渉力などにもよるが、平均して5,300円程度であった。つまり流通段階のマージンは計4,500円で、小売価格9,800円の半分近くになる。この流通マージンは、他産業と比較するとかなり厚い。しかし玩具産業の常識では、このマージン率は高いものではない。玩具は返品を行わず在庫回転率も低いので、一般に高いマージン率はやむを得ず、それでも経営は苦しかった。むしろファミコンのようなヒット商品が時々出るおかげで、卸や小売の経営は一息ついていたといえる。

ソフトメーカーは平均して1本5,300円で出荷するが、その前に1本あたり3,000円ほどを委託生産代金およびロイヤリティとして任天堂に払っている。そこから任天堂が外部委託先にカートリッジの生産費として1,500円程度を払う。ソフトメーカーから任天堂への支払いは前払いで、最低でも1タイトルあたり1万本を発注しなければならない。発注から発売開始までは、3ヶ月程度のリードタイムがあった。ソフトメーカーは前払い金の資金繰りをしなければならず、ソフトが売れ残れば前払い金を回収できないリスクを負う。このような厳しい条件だが、ゲーム機を普及させていた任天堂の交渉力は強く、ファミコンのライセンス契約を結ぶソフトメーカーは200社に及んでいる。その中でファミコン発売後の7年間で経営に行き詰ったソフトメーカーは、この業界としては少なく10社程度だった。任天堂との契約を解除したソフトメーカーはほとんどない。

カートリッジは半導体メモリーにゲームソフトを初期記憶させるので、量産のためのリードタイムが長く、しかも1回にまとめて大量生産をしないとコストが下がらない。このためソフトは大量の見込み生産にならざるを得ない。娯楽商品は需要の予測が難しいので、不人気商品の在庫や、人気商品の欠品に悩まされることになる。需要に応じた増産も、一時期に大量生産する必要があり、簡単に行えない。そのため人気ソフトは、流通段階で売り惜しみがあったり、中古品として何回も売買されたりした。

### 米国でのファミコン事業

1980年に任天堂は米国子会社の任天堂アメリカを設立していた。業務用ビデオゲームは売れたが真似られ、ゲームウォッチはほとんど売れなかった。

そして1985年にファミコンを発売する。米国では、子供向けの「ちゃちな物」のイメージが付きやすい玩具ではなく、家電製品として販売した。米国での流通方式は日本と異なり、ソフトメーカーが卸を通さず直接小売店に販売する。米国でのファミコン用ゲームソフトの供給者には、米国のソフトメーカーのほか、日本のソフトメーカーの米国法人も多い。ソフトメーカーに対するライセンス契約は、日本におけるものと似た内容だが、ソフトメーカーから任天堂アメリカへの委託生産代金とロイヤリティは、1本あたり、日本よりやや多い金額になっている。ライセンス先が発売できるのは年間5タイトルまでで、委託生産は1本あたり14ドルで最低3万本の発注が必要であった。ゲームソフトの小売価格は約45ドルであった。米国でのライセンス先は約100社で、ゲームタイトルは計450。そのほとんどが、任天堂ではなくライセンス先が制作したゲームだった。

1989年には米国玩具市場で、任天堂の製品が売上で20％超のシェアをもっていた。ファミコンは店頭に入荷すると飛ぶように売れ、任天堂の知名度が低かった米国市場でも、にわかに大成功を収めた。任天堂はファミコンの出荷数を少なめにして品薄感を演出していると噂された。1989年には司法省が不当な競争制限をした疑いで任天堂の調査を開始した。

## ファミコンの成功

家庭用ビデオゲーム市場は、任天堂の一人勝ちと言える状況である。1990年の段階で、任天堂のファミコンは、後継機のスーパーファミコンを合わせて、定価25,000円のゲーム機を国内で累計1,700万台販売していた。同じような価格で米国でも累計3,000万台販売していた。ゲームソフトは1本あたり平均9,800円で、国内で累計2億本近くが売られていた。米国では累計2.5億本が販売されていた。ゲーム機の台数には、ファミコンのほか、後継機であるスーパーファミコンも含まれているので、一家で2台以上のゲーム機をもつこともある。しかし国内の18歳未満の子供がいる世帯数が1,200万であることを考えると、子供がいるほとんどの家庭に普及していると言って良いだろう。米国においても、人口に対して日本国内と同じくらい普及している。

**参考文献**
武田亨著『任天堂の法則』(ゼスト、1999年)
Adam M. Brandenburger and Barry J. Nalebuff, "Co-opetition," Doubleday.

---

> 演習課題8-1の分析

## 強みと弱み、機会とリスク

　任天堂のファミコン事業の競争戦略を分析する手始めとして、同社の強みと弱み、同事業の機会とリスクを考えてみる。任天堂の強みとしては、企業の知名度と、玩具メーカーの中では比較的規模が大きく影響力をもつ点が挙げられる。ただし事業に参入する時点では、家庭用ビデオゲーム市場にとくに強力なライバルがいたわけではない。したがって競争戦略においては、ライバルと比べての強みや弱みよりも、事業の機会とリスク、とくに、持続的に利益をあげにくい市場環境が重要な問題であった。持続的に利益をあげることが難しかった理由としては、需要のブーム性のほか、質の悪い模倣品の問題、子供向けの商品としては高い価格になってしまうこと、などが挙げられる。ただし強いライバルがいないことは、市場環境の問題を解決した企業には、機会があることを暗示している。

> 演習課題8-1に関する設問

　ファミコンのビジネスモデルを検討するために、下の設問への解答を考えてもらいたい。

「ファミコン事業が高い利益をあげることができた要因は何か。その要因は、何らかの持続的な競争優位の源泉になっているか。要因には、従来のビデオゲーム産業の問題点に対応するものと、そのほかのものがある。」

## 成功要因

　ファミコン事業が高い利益をあげられた要因を、従来のビデオゲーム産業の問題点に対応するものと、そのほかのものに分けて考えてみる。
　従来のビデオゲーム産業の問題点である、質の低い模倣品への対策として

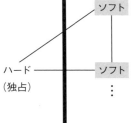

**図8-1** ファミコンのプラットフォーム

は、セキュリティ・チップの導入が挙げられる。任天堂による最終組立でセキュリティ・チップを装着したゲームソフトのみが、ファミコンのゲーム機で動くようにした。それ以外のゲームソフトはファミコンでは使えない。またファミコンのゲームソフトは、ファミコンのゲーム機でのみ使えるようにした。何らかのセキュリティの仕組みがなければ、ファミコンがヒットした後で、他社が模倣品のソフトやハードを作ることを止められなかったであろう。製品が真似されにくくなることで、セキュリティの仕組みは持続的な競争優位の源泉になっている。

また、製品の価格を抑える方法として、プラットフォーム化を行っている。つまりハード（ゲーム機）とソフトを分離して、ソフトを買い足すだけで、異なるゲームができるようにしている。これでゲーム１タイトルあたりの消費者の平均支払額を下げられる。また、ハードを共通にすることで、ハードには大きな規模の経済がはたらく。この方式は任天堂が発案したものではなく、他社も真似が可能だが、ファミコンの成功のためには欠かせなかったであろう。

ファミコンのプラットフォームを視覚化すると、図8-1のようになる。インターフェース規格に相当するのは、カートリッジとセキュリティの規格である。ハードとソフトは補完の関係にあり、ソフト同士は、競争する代替関係でもあり、ファミコンブランドを通した補完関係でもある。ファミコンのソフトは、ファミコン以外のハードでは使えないので、ハードは独占の地位にある。

プラットフォームを構成することで、従来はゲームタイトルごとに作られた評判やブランドが、ファミコンというプラットフォームに対して作られる

ようになった。ゲームタイトルごとのブランドは、消費者が特定のゲームに飽きてしまうと持続しない。しかし、ファミコンというプラットフォームのブランドは、個々のゲームを超えて持続できる。プラットフォームにブランドを作ったことは、持続的な競争優位の1つである。

プラットフォームのブランド化に成功したことで、強い補完材による規模のメリットが増幅される。つまり、ファミコンのゲームは質が高いという評判ができると、消費者は、他のゲームもファミコン用であれば質が高いだろうと想像する。評判が確立していない新しいゲームも、すぐに買ってくれる。そしてハードに規模の経済がはたらき、ハードがたくさん普及するほど、追加のソフト代金だけで新しいゲームを楽しめる消費者が増えていく。ファミコンでは、プラットフォーム化によって規模のメリットがハードとソフトに循環的にはたらき、非常に強いものになった。これは従来の問題点への対応を超える、持続的な競争優位の源泉になり、ファミコンの成功要因の1つになった。

その他の成功要因として、画像処理能力を重視したこと、製品の価格設定、取引先の選び方と契約条件、米国市場でも成功したこと、などが挙げられる。この中で、価格設定と取引先との契約条件について、さらに詳しく検討する。

## 価格設定とリスク管理

製品の価格設定は、ファミコンの競争戦略の重要な部分である。ファミコンの価格設定を、ハードとソフトの分離に関連して検討してみる。ハードとソフトは互いの補完品なので、個別独立ではなく両者をあわせて、最適な価格設定を考えることが望ましい。両者の価格を考えると、ごく大雑把に分類

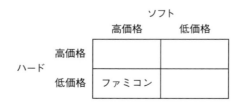

図8-2　価格設定の組合せ

して、図8-2のような2×2の組合せが考えられる。価格の設定は中間的な値でも可能だが、かりに「高価格」をその製品の販売で十分な利益を期待できる価格水準、「低価格」をその製品の販売で利益を期待できない価格水準とする。その分類にしたがえばファミコンの価格設定は、図8-2に示すように、ハードは利益を期待しない「低価格」にする一方で、ソフトは「高価格」にして利益を狙う設定になる。

　可能性としては、図8-2に示す4つのセルの選択肢がある。そのうちハードもソフトも「低価格」にする設定は、事業利益を期待できない。もしハードとソフトの他に、たとえばキャラクタービジネスなどで利益を期待するなら、（ハード低価格・ソフト低価格）でも事業として成立しうる。しかし事業当初の段階では、キャラクタービジネスは未知数だったので、そのような価格設定は現実的ではない。

　そこでかりに、（ハード低価格・ソフト低価格）の選択肢を除いた、3つの選択肢を比べてみる。するとファミコンが採用した（ハード低価格・ソフト高価格）は、財務的には最もリスクが大きい選択肢と言える。なぜなら、顧客が製品を買う順番を考えると、顧客はまずハードであるゲーム機と、1本目のソフトを買う。1本目のソフトに満足すれば、2本目以降のソフトを買うことになる。つまりハードの売上が先に立って、その後徐々にソフトが売れていくことになる。ハードで利益をあげれば、事業として投資の回収は早い。逆にハードで利益をあげないファミコンの価格設定は、投資の回収が最も遅くなる選択である。さらに、ソフトが売れ続けることが必要であり、もし途中で何らかの理由でファミコンの評判が下がれば、事業としての成功は難しくなる。

　あえてそのような価格設定にした理由は、ゲーム機を普及させるためであろう。ゲーム機が売れないと、ゲームが面白いものであってもわかってもらえない。高価格でもゲームの質が良ければ、徐々に売れるだろう。しかしゆっくり普及すると、ヒットすることがわかった場合に、他社が似たようなハードとソフトを開発する時間を与える。一気にゲーム機を普及させて規模のメリットを作る戦略でないと、成功してもやがて追いつかれて競争になり、持続的な競争優位を作れない。

　したがって事業が成功するためには、ゲーム機を普及させるとともに、ソ

フトが売れ続けなければならない。質の低いゲームソフトが顧客を落胆させ、ファミコンのゲームはつまらないという評判が流れれば、以後のソフトの売上は低迷するであろう。ソフトの質は、事業の成功を左右する重要な要因である。ソフトの質を確保するために、任天堂はセキュリティ・チップによって質の低い模倣品が流通することを防ぎ、ライセンス先が開発したゲームでも、質のチェックと発売決定の権利を任天堂が握っている。また、ライセンス先が発売できるタイトル数を制限していることも、ゲームタイトルの質と量がトレードオフになるときに、質を優先させることになるだろう。「下手な鉄砲も数を打てば当たる」ではなく、時間と労力をかけて、必ず当たるゲームを作ることを奨励する制度であろう。

## タイトル数の制限の狙いは

しかしタイトル数の制限は、ソフトメーカーにゲームの質を重視させる一方で、発売すれば成功した作品を、制限のために発売候補から外して「幻の名作」にしてしまった可能性がある。それはソフトメーカーにとっても、任天堂にとっても、逸失利益である。質については任天堂のチェックがあるので、一定以上の水準を確保できるだろう。優秀なゲーム作者が集まれば、良い質のタイトルが続出する可能性は十分にある。タイトル数の制限は、適切な施策だったのだろうか。

これについては、次のように考えられる。もし特定のソフトメーカーに優秀なゲーム作者が多く集まり、良いゲームがたくさん作られるが、1社あたりのタイトル数の制限のために、その多くが発売されないとする。このとき、優秀でやる気のあるゲーム作者であれば、独立して会社を作り、自分の作品を制限いっぱいまで作りたいと思うであろう。その結果、任天堂と取引する小さなソフトメーカーが多数生まれることになる。そうなれば結果的に、良いゲームは幻の名作にならずに、世に出ることになる。逆に、もしタイトル数の制限がなければ、1社に優秀なゲーム作者がたくさん集まり、任天堂に対して交渉力のあるソフトメーカーが生まれる可能性がある。つまりタイトル数の制限があることで、任天堂1社と小規模多数のソフトメーカーが取引する構造になる。第2章で述べたように、1対Nの構造を作ることで、任天堂の利益率は高くなる。

## 1対Nの構造

　任天堂1社と小規模多数の取引先という構造は、ゲームソフトの供給のほか、製品の流通にもみられる。玩具の流通は前近代的で高コストだが、任天堂1社と多数の零細の流通業者の構造であり、やはり任天堂に利益が集中する構造である。実はゲーム機とカートリッジの生産委託先も、多数のメーカーの中から、余剰設備をもつなどの理由で、任天堂に有利な条件でも受け入れる取引先が選ばれている。ゲーム機供給者、ソフト供給者、流通などの取引先に対して、任天堂1社と多数の取引先になる構造を作り、その構造を利用して任天堂は利益を極大化させた。

## 再び価格設定について

　この1対Nの構造があったからこそ、任天堂は（ハード低価格・ソフト高価格）に設定したのだろう。ソフトの多くを外部から調達するなら、単純な（ハード低価格・ソフト高価格）では利益を取り逃がしてしまう。ロイヤリティなどの取引条件で利益を任天堂に移転させるために、1対Nの構造は重要であった。もし1対Nの構造による交渉力がなければ、図8-1に示すように任天堂はハードを独占していたので、ハードを高価格にしてそこで利益を得ようとしただろう。その際にはファミコンの普及は実際より少なかったかも知れない。
　しかし、ファミコンのようにハードを低価格で普及させる必要がなければ、ハードを高価格に設定するのは自然である。たとえば2000年代以降のアップル社のiPhoneを受け皿にするプラットフォームでは、独占的に供給するiPhoneを高価格に設定している。iPhoneとアプリの関係は図8-1と似た構造であるが、ファミコンとは対照的な価格設定である。

## ファミコン事業の弱み

　どのようなビジネスモデルにも弱みがある。ファミコンのビジネスモデルの弱みは何だろうか。ファミコン事業では、任天堂1社と多数の取引先になる1対Nの構造が、あらゆる場面で作られている。ただしそれは、必ずしも任天堂の技術やゲーム開発能力の結果ではなく、駆け引き的な要素の結果とも思われ、各方面で任天堂に対する不満がたまっていることが弱みと言える。実際に米国では、司法省による調査が始まっている。司法省が調査を行うこ

との判断は、純粋な法律論だけでなく、強すぎる企業を牽制する世論の後押しがさせることもある。弱みは時として、強みと表裏の関係にある。

　そのほか、ファミコン事業の重要な資源、とくにゲームソフトの開発の多くを外部に依存していることも弱みの1つである。取引先が任天堂との取引を止めれば、任天堂は重要な資源を失うことになる。また、ゲームソフトの媒体技術である半導体チップとカートリッジは、発売当初は新しかったが、時とともに陳腐化する。たとえば、大量生産と長いリードタイムを必要とすることは、需要に即した柔軟なソフトの生産を妨げている。

　このようなファミコン事業の弱みは、事業環境の変化によっては、より大きな脅威になるかも知れない。また、任天堂のライバルや、家庭用ビジネスゲームの大きな市場に参入しようとする企業にとって、その競争戦略を考えるうえで重要なポイントになる。

## 競争戦略のまとめと持続的な競争優位

　ファミコン事業に参入する時点での、家庭用ビデオゲーム市場の大きなリスクは次のようなものであった。製品がヒットするか否かの不確実性と、首尾よくヒットした場合でも、人気が一時的なブームになりがちな点と、低品質の模倣品が参入して市場が崩壊するリスクである。そのため持続的な成功が難しく、強いライバル企業は存在していない。ただし強いライバルの不在は、もし任天堂が、他社が真似できない方法で持続的に成功すれば、独占的な利益を得られる可能性を暗示している。

　したがってファミコン事業の競争戦略は、特定のライバル企業との競争よりも、他社に模倣されないための戦略や、自社製品の人気を持続させる戦略が中心になる。そのために利用できる自社の強みは、国内の玩具産業における大手メーカーであり、系列の流通チャネルをもつことや、企業の知名度である。企業としての弱みは、ビデオゲームのハードウェアを開発するために必要な技術を社内にもたないことが挙げられる。

　模倣されないための戦略としては、セキュリティ・チップの装着が重要であった。人気を持続させる戦略としては、個々のゲームソフトの質を重視することと、ゲームタイトルだけではなく、ファミコンというプラットフォームのブランドを作り維持したことが大きい。これらはいずれも持続的な競争

優位の源泉になった。

そのほか利益率を高める戦略として、ゲーム機供給者、ソフト供給者、流通業者などの取引先に対して、つねに任天堂1社と多数の取引先になる構造を作った。そのことで、ビデオゲーム市場の利益を、任天堂が集中して独占的に得られるようにした。各方面での1対Nの構造が持続した理由としては、ゲーム機の普及台数による規模のメリットと、ファミコンというプラットフォームのブランド効果が挙げられる。多くの取引先が、任天堂の独占を許してでも、その規模のメリットとブランド効果を使いたがったからである。

## 8-3 ソニーの事例

この節で検討する事例は、前節で検討した任天堂の事例の、続編にあたる。任天堂が築き上げたビデオゲーム市場に、ソニーの意思決定者の立場で、読者ならば参入するか否か、参入する場合はどのような競争戦略にするかを考えてもらいたい。

### 演習課題8-2

任天堂が高収益をあげていた1990年当時、ソニーの経営陣はCD専用の静岡工場の稼働率の低さに頭を悩ませていた。このCD工場は、ソニーにとって戦略的な意味のある大きな投資であった。

### ソニーとCD

CD（Compact Disc）はオランダのフィリップス社が開発したデジタル記録技術である。比較的安価に製造できることや、デジタル記録のため音質が劣化しないこと、ダイレクト・アクセス[3]の使い勝手の良さなどから、従来

---

3 ダイレクト・アクセスとは、データを読み書きする際に、記録媒体上の該当箇所だけを読み書きする方式である。機構的には、読み書き装置を該当箇所にできるだけ直接的に（短時間・短距離で）移動させることで対応する。それに対してカセットテープのように、物理的に一定の順番でしか情報を読み書きできない方式をシーケンシャル・アクセス（順次アクセス）という。ダイレクト・アクセスは、たとえば音楽なら曲の頭出しや編集作業などに応用できる。

のレコードやカセットテープに代わる録音媒体として有望視されていた。しかしすでに普及しているレコードやカセットに代えてCDを普及させるためには、CDとプレーヤーの開発だけでなく、量産設備、広告、流通段階における変更や調整、などに多額の投資が必要である。しかもダイレクト・アクセスのデジタル記録技術は、CDの他にもいくつか方式があり、それらを他社が研究していた。そのような状況で、フィリップスはCDを音楽産業に自社展開する決定をしなかった。

　1980年代までにソニーは、音響機器のほか、テレビやビデオなどの映像機器、パーソナル・コンピューター、コンテンツ産業などへの参入を進めており、それらを技術的に統合するマルチメディアで、他社に先駆けて主導権を得ようと考えていた。この構想を進めるツールとして、CDは適した媒体であった。デジタル記録であることは、さまざまなデータを区別なく記録できる長所がある。最初は音楽の録音媒体として使うとしても、ビデオなどの画像の媒体にすることも可能である。音と画像を1枚のCDに記録することもできる。デジタル方式はコンピューターとの相性も良い。将来は個人がコンピューターを使って音楽や画像を編集して、自分だけのCDアルバムを作ることも可能になる。それらのすべてにソニーの機器が使われる可能性があり、ソニーの製品と規格をスタンダードにすることができれば、マルチメディアを囲い込むことが可能になる。

　ソニーはフィリップスからCDを技術導入し、CDの普及のために戦略的な製品開発、設備投資、広告、プロモーションを行った。最初の製品は音楽CDとCDプレーヤーである。CDの生産は専用の静岡工場で行うが、この工場は、完成当時は1箇所で世界のCD生産能力の3分の2を占める規模であった。

　ヒット曲の盛衰が激しい音楽産業では、毎週のヒットチャートを集計して翌週の売れ筋を予測する手法が発達している。レコードなどの音楽商品は、そのほとんどが店舗で週末に売れる。ソニーの音楽CD事業は、月曜日に世界中のレコード店の週末の売上げを集計し、翌週の売れ行きを予想して、火曜と水曜には売れ行きが伸びそうな楽曲のCDを増産して供給量を調整し、木曜にCDを世界各地に発送し、金曜に世界中の店頭にCDを並べて、土曜・日曜にCDを売るビジネスモデルとした。CDは大量生産が高速かつ安

価にできるので、1週間サイクルで需要の変動に応じた生産が可能になる。しかも小型軽量なので、1箇所に生産を集約して世界に発送することができる。静岡工場で全世界の音楽CDの需要をまかない、ソニーは世界中のヒット曲の情報を入手できる仕組みであった。

　しかしCDの普及は、計画した通りに進まなかった。新しい技術に関心を示す日本の消費者は、予想通りのペースでCDに乗り換えて行った。しかし海外では、高価なCDプレーヤーを買う消費者は少なく、静岡工場の稼動率は10％台に留まった。マルチメディア構想のつまづきもさることながら、静岡工場が毎年100億円近い償却を計上しながら稼働率を上げないことも、経営上の負担になった。ここでビデオゲームという新たな大市場が生まれたのである。任天堂のファミリーコンピュータ（以下、ファミコン）のゲームソフトは、世界中で年間5,000万本以上売れていた。これは当時静岡工場で生産していたCDの数を上回る本数である。ゲームはソニーにとって未知の市場だが、この本数を静岡工場製のCDに置き換えられれば、稼働率の問題はかなり解消されるであろう。

**ビデオゲーム事業に利用可能な経営資源**
　この当時CDを用いるビデオゲーム機は、業務用でも家庭用でもどのメーカーも作っていなかった。しかしソニーがCDを用いるゲーム機を作ろうとすれば、グループ内の経営資源だけで問題なく数ヶ月で開発できるであろう。かりにゲームに機能を絞ったシンプルなゲーム機にして、ファミコンと同じように、画像出力はテレビ画面に接続するものとする。そのようなゲーム機1台あたりで、ソニーとして採算が取れる出荷価格は、およそ次のような水準になると考えられる。

　　最初の100万台（1台目〜100万台目）は、1台あたり平均35,000円。
　　次の100万台（100万〜200万台目）は、1台あたり平均25,000円。
　　200万〜300万台目は、1台あたり平均20,000円。
　　300万〜400万台目は、1台あたり平均16,000円。
　　さらに生産数が増えるにつれて徐々にコストは低減して、
　　700万〜800万台目は、1台あたり平均12,000円。

たとえば累積で300万台生産する場合は、最初の100万台が35,000円、次の100万台が25,000円、最後の100万台が20,000円の採算点になるので、全体を平均すると出荷価格26,667円が採算点ということになる。これに流通マージンを乗せたものが小売価格としての採算点になる。たとえば小売価格の25％を流通マージンにするなら、小売価格35,556円が、300万台生産での採算点になる。

　シンプルなゲーム機にしても、CD再生の機構をもつことになる。したがって接続するテレビのスピーカーや、ホームステレオ、携帯ラジカセなどを使って、音楽CDを聴くプレーヤー機能をもたせるには、ほとんど追加のコストや開発工数はかからない。もちろん、コストをかけてより高機能の製品にすることも可能である。いずれの機能をもたせるにしても、ソニーのグループ内の工場で量産が可能である。

　ただしソニーにはゲームのクリエーターがいない[4]。クリエーターを新人から育成するには時間がかかる。ゲームソフトを外部から調達するとしても、実績のあるソフトメーカーはほとんどが任天堂と契約していて、任天堂とのライセンス契約では、同一タイトルを他社の機器に使わせることに制限を加えている。もし人気ソフトのメーカーが契約を乗り換えてくれれば、そのメーカーがもっている人気ソフトのバックナンバーや、将来の続編を手に入れることができる。しかしそのためには、乗り換え先のゲーム機がかなり普及していなければならないだろう。その他の調達方法としては、任天堂と契約していないソフトメーカーから調達する、あるいは任天堂と契約しているメーカーにソニーのための新しいゲームを開発してもらう、などが考えられる。任天堂と契約している大手メーカーは、新しいゲーム機のために新しいゲームソフトを開発するには、少なくとも300万台程度のゲーム機が普及していることが条件になると言った。

　ゲームソフトを記録したCDの生産はきわめて低コストでできる。ゲームのソースコードができれば、CDは1枚あたり30円程度のコストで、数日のリードタイムで1枚から百万枚単位まで、どのようにも生産することが可

---

4　国内と米国の小会社に、ファミコン向けのゲームソフトを作っていた小規模なグループがあったが、人数・経験ともに、新事業の重要なソフト供給源になるものではなかった。

能である。

　流通チャネルとしては、ソニーが従来から取引のあるところで、ソニー系列の家電店、家電量販店、百貨店、レコード店のチャネルなどがある。玩具やゲーム専門店とは取引がないが、その他のチャネルを含めて、過去に取引がなくても、ソニーが頼めばほとんどの流通チャネルは取引を拒まないだろう。家電量販店は、流通チャネルの中でもきわめて業務効率が高いチャネルである。卸を通さずにメーカーから直接仕入れて小売する。量販店の経費は、同じ品物を扱えば玩具チャネルの半分以下ではないかと思われる。各チャネルの販売店が、従来ソニー製品を仕入れていた価格は、レコードは定価の70％程度、映画ビデオは定価の75％程度、家電製品は製品や小売店の規模によるが定価の70〜75％程度であった。ゲーム機とゲームソフトは、消費者が同じ店で買えるほうが便利であろう。

**他社の動向**
　セガは業務用ビデオゲームの大手で、質の高い業務用のゲーム機を作る技術をもっているほか、社内に多数のクリエーターを擁している。業務用ビデオゲームでは自社製および外部ライセンスによる多くの人気ソフトをもっている。しかし業務用のゲーム機は1台100万円を超える価格であり、それに見合うコストをかけて作ったゲーム機やゲームソフトの内容を、家庭用の価格で実現することはできなかった。セガは家庭用ビデオゲームにも参入していたが、ファミコンとの競争では劣勢で、多くの外部ソフトメーカーがタイトル開発に必要と考える300万台のゲーム機の普及には遠く及ばず、ゲームソフトの品揃えもファミコンに及ばなかった。

　ナムコも業務用と家庭用の両方に参入している。業務用ではゲーム機とゲームソフトの両方を作っていて、やはりコンピューター・グラフィクスの技術では定評のあるメーカーである。事業の主力は業務用だが、家庭用でもファミコン向けのソフトを多数開発している。しかし現在のファミコンの技術方式では、自社のゲーム開発の能力を十分に発揮しきれず、また任天堂との取引は、当初の優遇条件が段々と認められなくなり収益性が低下している。任天堂との取引に限界を感じて、自社製の家庭用ゲーム機の開発を検討したが、事業性が立たずにあきらめていた。

コナミも業務用と家庭用の両方に参入していて、ファミコン向けに多くのゲームを開発している。コナミも家庭用ゲーム機の開発を検討したが、事業リスクが大きいためにあきらめていた。

**参考文献**
武田亨著『任天堂の法則』(ゼスト、1999年)
麻倉怜士著『ソニーの革命児たち』(IDG コミュニケーションズ、1998年)
山下敦史著『プレイステーション　大ヒットの真実』(日本能率協会マネジメントセンター、1998年)

---

### 演習課題8-2に関する設問

読者が1990年のソニーの意思決定者であるとして、ソニーとして家庭用ビデオゲーム市場に参入するか、しないか。参入するなら、競争戦略の大枠として、次の項目を具体的にどのようにするかを考えてもらいたい[5]。

- 想定する市場セグメント
- 使用する媒体技術（事例に書かれた事情から、参入する場合の媒体技術はソニーが生産するCDが適当なように思われるが、それ以外の選択でも良い。）
- ゲーム機の小売価格
- ゲームソフトの小売価格
- ゲームソフトの価格構成と収益配分：具体的には、
  - 流通チャネルへの配分（ソフトの小売価格と出荷価格の差）
  - ソフト調達先への配分（ソフト出荷価格から委託生産費とロイヤリティを引いたもの。ソニーがソフトを開発する場合はソニーの取り分になる。）
  - ソニーへの配分（委託生産費とロイヤリティ）
- ゲームソフトの調達先
- 流通チャネル
- その他の戦略や契約に関する特徴

---

5　製品をハードとソフトに二分する前提だが、他の構成もありうる。

演習課題8-2のソニーに関する記述のほか、前節の演習課題8-1の任天堂の事例と、その分析で述べたファミコンの特徴や成功要因と弱みも、設問の競争戦略を考えるうえで欠かせない情報であろう。

## ファミコンのビジネスモデル

参考までに、任天堂のファミコン事業における、設問の項目に対応する内容は、国内については次のようなものである。米国においても、価格設定と収益配分、流通チャネルは異なるが、大要として内容は変わらない。

- 想定する市場セグメント：6～14歳の男子
- 使用する媒体技術：半導体チップ入りカートリッジ
- ゲーム機の小売価格：25,000円
- ゲームソフトの小売価格：9,800円（平均）
- 流通チャネルへの配分：4,500円
- ソフト調達先への配分：2,300円
- 任天堂への配分：3,000円
- ゲームソフトの調達先：任天堂およびライセンス先
- 流通チャネル：玩具
- その他の戦略や契約に関する特徴：ソフトの質を重視。ライセンス先は、前払い金による発注で在庫リスクを負うほか、他のゲーム機への転用や年間発売タイトル数に制限がある。

## 史実

まず参考までに、実際に行われた意思決定や行動を紹介する。一般に、実際の行動は、必ずしも状況における最適な行動、いわゆる「正解」とは限らない。むしろ過ちと思える場合もある。あくまで参考として受け取ってもらいたい。

読者は、任天堂のファミコンと競争した、ソニーのプレイステーションを思い出すかも知れない。しかしプレイステーションの発売は1994年12月で、設問の時点より4年後のことである。1990年時点では、ソニーは次のような戦略を考えた。ビデオゲーム市場に参入するが、市場を支配している任天堂

と競争はしない。任天堂と提携してファミコン事業に参加する。つまり、任天堂のゲームソフトの媒体をCDに変えてもらい、そのCDをソニーの静岡工場で生産する。CDを読みとるゲーム機はソニーが開発と生産を行い、任天堂ブランドでOEM供給し、ファミコンの次世代ゲーム機として販売する。

この時のソニーとして重要なことは、CDの需要を増やして工場の稼働率を上げることである。それを競争戦略の目的とするならば、任天堂と競争してゲーム用のCDの需要をゼロから増やしていくよりも、すでにある巨大なファミコンの需要をそのまま転用するほうが良い。任天堂としても、CDを使うことで、ゲームの質を従来のカートリッジ方式より高められる。この提携に任天堂も同意し、1991年末に公表され大きなニュースになった。

しかしその後、任天堂はソニーとの交渉のなかで、次世代ゲーム機の仕様について変更を繰り返し、ゲーム機の開発はなかなか進まなかった。任天堂は本心では提携を進めるつもりはなく、時間を稼ぎながらソニーの行動を抑えているのだという者もいた。そのようにして半年が過ぎた時点で、ソニーから見て、任天堂は提携を進めるつもりのないことが明白になった。この時点でソニーの経営企画は、ビデオゲーム市場への参入をあきらめた。市場を強力に支配している任天堂と、提携ではなく競争するのなら、参入しても事業性はない、CD工場の稼働率どころではないと判断した。

しかしこれを当時の大賀CEOに報告したところ、CEOは憤慨して、「Do it!」と言ったそうである。トップダウンで参入する命令が下り、何とか作り上げたのがプレイステーションの事業計画であった。参入するだけなら数カ月で可能であったが、事業性のあるものにするため、発売までさらに2年以上を費やすことになった。

## プレイステーションのビジネスモデル

当初の戦略を変更して、演習課題8-2の時点より4年後に発売された、プレイステーション事業のビジネスモデルは、設問の項目にあてはめると次のようになる。任天堂のファミコンと提携するのではなく、競争して利益をあげようというものである。

● 想定する市場セグメント：6〜14歳の男子

- 使用する媒体技術：CD（加えて、3次元画像処理）
- ゲーム機の小売価格：39,800円
- ゲームソフトの小売価格：5,800円（平均）
- 流通チャネルへの配分：2,300円
- ソフト調達先への配分：2,500円
- ソニーへの配分：1,000円
- ゲームソフトの調達先：ファミコン用のゲームを開発したメーカーを引き抜きたい。しかしそれはできず、ファミコン用のゲームを開発していないソフトメーカーのみになった。
- 流通チャネル：あらゆるチャネル、ただし任天堂と取引のある玩具チャネルを除く。
- その他の戦略や契約に関する特徴：ライセンス先は在庫リスクを負わない。ゲームの内容に関する厳しい制限や、ライセンス先の年間発売タイトル数の制限はない。

　想定する市場セグメントは、任天堂のファミコンと同じものにした。結果的には、想定していたより高年齢の顧客にも売れて、ファミコンは逆に、より低年齢のほうに顧客層を移すことになる。しかし参入時点のソニーにとって、ファミコンの顧客層は実在する大市場であり、それを外した顧客層は未知数であった。家庭用ゲーム事業は多くのゲーム機を普及させなければ成功しないであろうから、未知数の市場をゼロから開拓するよりも、ファミコンと正面から競争することにした。

　使用する技術はCDにすることで、より高度なゲームを開発できるようになる。しかしそれだけでは、すでに普及したファミコンに加えて、新たに別のゲーム機として買ってもらうには魅力不足に思われた。ファミコンを大きく上回る優位性をもつために、ソニーのテレビ放送用カメラに搭載するために開発中だった、3次元画像処理の半導体チップを使うことにした。3次元画像処理を使うことで、画像は上下左右の2次元の動きを表現するだけでなく、奥行き方向への動きも同時に表現できる。このチップが実用化するまで2年あまり、発売を遅らせることにした。

　ゲーム機の小売価格39,800円は、300万台生産して流通マージンを25％と

する場合の採算点35,556円、あるいは流通マージン30％での採算点38,095円と、ほぼ変わらない水準である。何らかの理由で将来値下げをする可能性を考えれば、ある程度の成功と考えられる300万台を売っても、ゲーム機からは利益を期待できない。それでもファミコンのゲーム機よりかなり高い価格になるので、ゲームソフトの価格は5,800円と、ファミコンよりかなり安くした。低価格にできるポイントは、CDの製造費の低さと、量販店など効率的な流通チャネルを基準にした流通マージンの低さである。ソフト調達先には収益配分を厚くして、ファミコンのライセンス先を引き抜きたいところだが、ゲームソフトの小売価格に跳ね返るので、代わりに契約条件をソフトメーカーに有利にすることで誘因にした。

　ゲームソフトの調達先は、最も苦労した部分である。ファミコンには1,000近いゲームタイトルがあり、競争するにはそれなりの品揃えが必要になる。ファミコン用の人気ソフトを出しているメーカーを引き抜こうとしたが、どの企業も、任天堂との関係を切って、どれだけ普及するかわからないプレイステーションには乗り換えなかった。結局プレイステーション発売の時点でゲームを供給したのは、ファミコン用のゲームを開発していない、主に業務用ゲームのメーカーだった。プレイステーション発売時のゲームの数は、わずか8点だった[6]。しかしその中で、ナムコが開発した「リッジレーサー」というゲームは、3次元画像処理の強みを活かしたキラーコンテンツになった。そのゲームは、当時大変な人気があったF1レースのドライビング・シミュレーションである。従来のビデオゲームはすべて2次元画像処理で、奥行きのない絵画面の上で、キャラクターや背景が上下左右に動くだけだった。しかし3次元画像処理が可能になると、動きに奥行きを加えて、たとえば遠くに小さく見えるものが、手前に動いてきて大きく見えるような画像処理が、簡単にできるようになる。リッジレーサーでは、車の速度を上げると、遠くの景色が飛ぶように近くに迫り、ハンドルを切れば景色が自分を中心に回転するように動いていく。前を走る車を追い越すこともできる。ソニーの担当者は、プレイステーションの事業性に自信がなかった。しかしリッジレーサーを発売前にゲームマニアに試してもらったところ、大変な反響になった

---

6　他に多くのゲームが開発中で、その後発売されることは予想されていた。

ので、プレイステーションは事業として成功するのではないかと思うようになった。そして実際に発売後しばらくは、プレイステーションを買う理由は、リッジレーサーをしたいからという人がほとんどだった。

　流通チャネルは、低いマージン率を了解するチャネルなら、あらゆるものを使った。具体的には、ソニー系列の家電店、家電量販店、百貨店、レコード店などで、扱い量では家電量販店が最も多くなった。玩具のチャネルでも扱ったが、任天堂と取引のあるところは除いた。理由は、プレイステーションの流通マージンはファミコンの半分しかないことである。もし両方の商品を扱うと、店頭の販売や推奨でファミコンが優遇されるのは明らかである。プレイステーションの販売戦略や新製品の情報などが、チャネルを支配する任天堂に流れる可能性もある。

## プレイステーションの発売後

　プレイステーションは1994年12月に発売された。広告などで前評判が高まったが、ソニーは発売時にゲーム機を20万台しか生産していなかった。ゲーム機の採算点は少なくとも300万台だが、発売時の生産数が少なかったのは、ゲーム機が売れなかった場合の損失を少なくするためであろう。しかし実際には、予想以上の人気で発売3日後にゲーム機は売り切れになり、増産したゲーム機が店頭に並んだのは年明けの1月中旬になった。年間で一番大切なクリスマスと新年の商機を逃してしまったのである。

　しかしその後も売れ行きは持続し、1年後にはゲーム機の販売が300万台を超えた。この時点で、ファミコン用の人気ゲームである「ファイナル・ファンタジー」を供給していたスクエアが、次のバージョンをプレイステーション用にして発売すると発表した。スクエアの転向に続いて、他の人気ゲームの供給者も転向し、ファミコンとプレイステーションの競争は、プレイステーションの優勢に変わっていく。セガなどが投入した、CDを使う他の家庭用ゲーム機との競争にも勝った。その後多くのゲームがプレイステーション用に開発され、ゲーム機は世界で1億台以上販売されることになる[7]。プレイステーションはソニーの担当者でさえ予想しなかった大成功を収める

---

7　後継世代のゲーム機も含めると3億台以上になる。

ことになった。

## 評価

　規模のメリットが強くはたらく事業で、持続的な競争優位になりうる圧倒的な市場シェアをもっていたファミコンに、プレイステーションは逆転して優位に立った。逆転できた理由としては、単独商品ではなく、プラットフォーム型の事業であったことが一因である。つまり、ゲーム機だけの競争ではなく、補完品であるソフトを含めた競争であり、ソフトの供給者はプラットフォームの乗り換えが可能だったことである。この事例では、スクエア社に続く一連のソフト供給者の、ファミコンからプレイステーションへの転向の影響が大きかった。それに加えて、プラットフォームになるゲーム機自体でも、プレイステーションはCDと三次元画像処理による技術的優位を作った。技術的優位を作りやすいハイテク産業であったことも、逆転を可能にした要因の1つである。技術的優位ができる前の時点では、圧倒的シェアをもつ任天堂に競争を挑まなかったソニーの判断は、おそらく適切なものだっただろう。

　結果的には大成功になったが、発売時に準備していたプレイステーションの台数が少なく商機を逸したのは失敗だった。この失敗は、ソニーが家庭用ビデオゲームのビジネスをまだよく理解していなかったからだと言われる。つまり発売時に一気に普及を狙うべきで、そのためには発売時の在庫あるいは増産体制を、もっと準備しておくべきというものである。あわせて発売価格も、さらに低価格でも良かったと言われている。

　また、この後の両社の行動も興味深い。プレイステーションの成功に対して、任天堂はファミコンの対象顧客をより低年齢に移して、その年齢層にあったシンプルなゲームをそろえた。いわばニッチに入る戦略をとった。ゲームの質はハードの性能ではなくソフトの面白さで決まる、というのが任天堂の考え方で、その方向性は低年齢層向けのゲームによく適合した。任天堂はその後、DS、Wiiなど、ファミコンとは異なるジャンルの新しいゲーム製品を開発して成功する。

　一方のソニーは、プレイステーションの成功要因は技術の優位性だと考えた。実際にはスクエア社の転向など、人気ソフトの影響も大きかったと思わ

れるが、ハードウェアメーカーとしては、自社開発の技術に意識が向きやすいのかも知れない。そしてプレイステーションの後継機であるプレイステーション2には、さらに高度化した半導体チップを開発して装填した。プレイステーション2は1.5億台を販売し、プレイステーション以上の成功になった。プレイステーション3ではその方針をさらに進め、4,000億円という巨額を投資して、きわめて高性能の半導体チップを開発した。しかしプレイステーション3の能力は、多くのユーザーが求める範囲を超えていた。ゲームソフトの開発も複雑になり、より多くのコストがかかるようになった。複雑になったゲームにマニアは満足したが、初心者は敬遠して、プレイステーション3は事業として失敗する。

　数十年を通してみると、ソニーのゲーム事業には成功と失敗があった。それに対して任天堂は、1対Nの構造で有利になる状況を選び、ソニーのような経営資源の豊富な企業との競争は避けた。ときにニッチに入り、競争相手のいない新製品を作り出し、結果としてゲーム事業の通算ではソニーを上回る利益をあげた。

## 8-4 コンピューター産業の事例

　次の事例は、コンピューター産業における競争環境の変化と、対応する企業の競争戦略の変化である。数十年にわたる変遷を追うが、変化の本質は、標準化と差別化、プラットフォーム化、オープン戦略とクローズ戦略、価格競争などであり、必ずしも古いものではない。むしろ現在、多くの産業で起きていることと共通する。

#### 演習課題8-3

　順調に成長してきた米国のコンピューター産業に、1991年に異変が生じた。記録が取られて以来初めて、売上高が前年比で縮小したのである。その中でPC（Personal Computer）は、販売台数は前年比で大きく増加したが、売上高では減少した。毎年大幅に市場が拡大することが当たり前だったコンピューター産業、なかでもダウンサイジングの波に乗ってひたすら成長を追

表8-1 主要コンピューター・メーカーの業績（PC事業以外を含む）

|  | 1990年 |  | 1991年 |  |
| --- | --- | --- | --- | --- |
|  | 売上高 | 純利益率 | 売上高 | 純利益率 |
| IBM | 690 | 8.7% | 648 | −4.5% |
| DEC | 129 | 4.1% | 139 | 2.8% |
| アップル | 56 | 8.5% | 63 | 4.9% |
| コンパック | 36 | 12.0% | 33 | 7.0% |
| サン・マイクロシステムズ | 25 | 4.5% | 32 | 5.9% |
| デル | 5.5 | 1.3% | 8.9 | 5.0% |
| 産業全体 | 1,419 | 6.4% | 1,405 | 3.3% |

（売上高の単位は億ドル）

求していたPCメーカーにとって、初めて経験する市場の減速であった。減速の理由の1つとして、経済の全般的な不況が考えられる。しかし過去30年以上にわたって、情報・エレクトロニクス技術はめざましく進歩し、コンピューターの普及はとどまるところを知らなかった。過去にあった何回かの不況においても、売上高が前年比で減少することはなかったのである。

　1990年と1991年における、コンピューターの主要な供給者の業績は表8-1の通りである。PC関連の各社のもう少し詳しい業績が、表8-2〜表8-7に示されている。コンピューターおよび周辺機器の売上に占めるPCの割合は、1986年の34％から1991年には51％へと過半数に増加した。一方、PCの粗利益率は、1980年代には70％に達することもあったが、1991年には30％を下回ってしまった。PCの企業ユーザーは、社内の各部署がばらばらに購入するのではなく、全社的に購買を管理してPCの調達先を絞り込むようになった。PCの個人向け小売りは、専門店から量販店に序々に比重が移っていた。そしてチェーン展開している量販店は、あまり多くのブランドを店頭に置かない傾向があった。

## メインフレームの時代

　ごく初期のコンピューターのハードウェアは、回路に真空管や銅線などを使っていた。性能は今日の電卓程度であったが、数万本の真空管を使い、重

さは数十トンもあった。複雑な計算には何時間もかかり、その間に真空管が切れて計算が中断してしまうため、可能な計算量にも限界があった。最初は軍事用に開発されたコンピューターが民間に広く普及したのは、半導体を用いた集積回路が発明されてからである。集積回路は小さなチップに莫大な量の真空管に相当する機能を作り込むもので、コンピューターの小型化と高信頼化に寄与した。半導体部品の設計と製造には高度の技術と設備投資を必要とする。製造には規模の経済がはたらくため、コンピューターの普及による量産は低コスト化をもたらし、普及をさらに加速させた。そして半導体部品の性能も、驚くべき勢いで向上していった。コンピューターの価格は、同じ性能なら1960年代以降は平均して毎年20％以上低下し続けた。そして同じ価格ならば、コンピューターの性能はそれに相当する割合で向上し続けた。

　1950～60年代の初期のコンピューターは、特定のメーカーが基本的にすべてのハードウェアとソフトウェアを開発した。この時代のコンピューターは、今日のPCに比べてはるかに高価であり、大企業でも1～2台を所有するだけのことが多かった。システム構成は、コンピューター本体に、多数の端末や記憶装置などが通信回線でつながれていた。そのようなシステム構成をもつ大型のコンピューターを、後の時代のより小型のコンピューターと区別して、メインフレームと呼ぶ。この時代のメインフレームは、メーカー間の製品に互換性はなく、異なるメーカーのコンピューターを使うときには、顧客はシステムを一式買い換えて、顧客が作った応用ソフトウェアは書き直す必要があった。顧客にとってはスイッチング・コストが大きく、その分だけ各メーカーは顧客を囲い込むことができた。一度あるメーカーの顧客になれば、顧客はそのメーカーのシステムに習熟し、自社業務のための応用ソフトウェアを蓄積していく。そして実質的なスイッチング・コストは、より大きなものになっていった。メーカーがコンピューター産業に参入するときには、独自のシステムをすべて開発するか、あるいは既存の他社システムの一部を供給する形で参入した。

　メインフレームの時代に、コンピューター産業で圧倒的なシェアと利益を得ていたのはIBMであった。IBMはコンピューター本体の性能もさることながら、豊富な付属機器やソフトウェアを揃え、保守サービスの態勢を充実させて、高価格・高付加価値の戦略をとっていた。ソフトウェアは最も参入

障壁の低い部分なので、IBMは他社の参入や顧客の自作を防ぐために、多くのソフトウェアを無料で提供して、その分をハードウェアの価格に上乗せした。IBMは手厚い営業体制を作って、顧客の問題解決をサポートすることに全面的に協力した。当時の顧客企業の経営者は、事業にコンピューターを使う必要性を感じていたが、コンピューターに関する知識をほとんどもっていなかった。したがってコンピューター・システムがうまく機能しないときに、それが不可抗力的なトラブルなのか、システムの性能が低いためなのか、判別ができなかった。したがって顧客企業の情報部門の担当者にしてみれば、「IBMの製品やサービスをもってしても避けられないトラブルだった」というのは便利な言い訳になった。情報部門にとっての安心感もあって、IBMの製品は高価格でも受け入れられた。そして販売台数にもとづく規模の経済が、付属機器やソフトウェアの品揃えを可能にし、高価格にもとづく利益マージンが、手厚いサービス体制の原資になった。

1964年にIBMはシステム/360という製品群を発売した。それまでの各社のコンピューターは、事務処理、科学計算など主たる用途にあわせて別に設計され、同じメーカーのコンピューター同士でも互換性のないことがあった。しかしシステム/360は、どのような作業もプログラムの変更だけで対応できるよう、高度に汎用化されていた。IBMの顧客の囲い込みは、汎用のシステム/360の発売でますます強固になった。システム/360を導入すれば、他のコンピューターを買う必要がなくなるのである。IBMにはユニバックなど多くのライバルがいたが、1950年代末から70年代初頭にかけて商業用コンピューターにおけるIBMのシェアは65〜75％を占めていた。

### アムダールの互換機

IBMのシステム/360は大ヒットになった。しかし多数のシステム/360が普及すると、1960年代の終わり頃には、システム/360と互換性のあるテープドライブやディスクドライブなど周辺機器を供給するメーカーが参入し始めた。IBMは高価格戦略をとっていたため、多数の企業が利益を求めて参入した。それらに対してIBMは、価格競争で対応するのではなく、システム/360の機器間のインターフェース（接続方式）を変更したり、顧客とのリース契約を長期化したりして対抗した。インターフェースを変更する

と、互換の周辺機器はうまく作動できなくなる。IBM製の周辺機器も置き換える必要があったが、IBMは基本的にリースでコンピューター・システムを販売していたため、置き換えにともなう顧客側の金銭的負担を発生させずに済んだ。

しかし1970年に、システム/360の中心的な設計者であるジーン・アムダールが、IBMをスピンアウトしてアムダール社を設立した。そして、システム/360互換の周辺機器と接続できるメインフレーム・コンピューターを発売した。アムダール社のメインフレームと、システム/360互換の周辺機器、さらにIBMが無料で提供しているソフトウェアを使えば、システム/360を低価格で置き換えることが可能になった。

この事態に対して、IBMはハードウェアの価格を下げて、代わりにソフトウェアに対価を求める方針に変更した。それでも互換機との競争のためにコンピューター・システムの価格は全体的に低下し、IBMの利益率は低下した。システム/360の低価格化は、システム/360および互換製品の市場シェアを高め、システム/360互換以外のメーカーはシェアを落とし利益もあげにくくなった。さらに、競争が激化したために結局アムダール社は資金難に陥り富士通に身売りした。富士通は他の日本メーカーと提携したため、1970年代後半には、複数の日本メーカーがIBM互換機を供給することになった。IBM互換機同士の競争は、ますます激しくなった。

**ミニコンピューターの登場**

再び1950年代にさかのぼる。米国東海岸のボストン近郊にあるリンカーン研究所の研究員であったケネス・オルセンは、軍事プロジェクトとして、コンピューターをより小型にして、かつ多目的に使えるようにする研究を行っていた。オルセンは2人の同僚とともにスピンアウトして、1957年にDEC（Digital Equipment Corporation）を設立し、1959年には産業界向けの汎用小型コンピューター・システムを発売した。最初の製品は12万ドルと高価であまり売れなかったが、1960年代にはより低価格の小型コンピューターを大量に販売した。

DECが開拓した、メインフレームより小型のミニコンピューターは、メインフレームの顧客を一部奪いながら、大きな市場を形成した。1970年代

にはミニコンピューターの売上はメインフレームの30％程度にまで成長した。1977年にDECの売上は10億ドルを超え、世界のミニコンピューター市場の41％を占めた。ミニコンピューター市場の成長を見てIBMは参入を決定したが、新しいシステムの開発には時間がかかる。参入したときには、すでにDECが多くの顧客を囲い込み、他にも20社以上が参入してそれぞれの規格で顧客を囲い込んでいた。そのような経緯で、IBMはミニコンピューター市場では影響力をもつシェアをとることができなかった。

その後、ミニコンピューター用の汎用性のある演算装置やソフトウェアが供給され、各社がそれを採用するようになると、ミニコンピューター市場の利益率は低下していった。

**電卓の登場**

1960年代に、いくつかの日本の電子機器メーカーが電子卓上計算機（電卓）の開発を始めた。初期の電卓は、企業や商店の事務計算を行うためのもので、ごく限られた性能と用途を前提にしていた。電子部品を製造する技術を身につけた日本の中堅メーカーが、その技術を用いた新製品を模索して開拓した市場と言って良い。

1970年に日本のビジコンという企業が、桁数の多い計算ができる電卓を作るために、半導体集積回路の演算装置をもつ電卓を開発することにした。その演算装置の開発は、米国のインテル社に発注した。インテル社は、フェアチャイルド社で世界最初の半導体集積回路を開発したロバート・ノイスとゴードン・ムーアが、1968年に独立して設立したばかりの、小規模な半導体チップメーカーであった。しかしインテル社は非常に高い設計技術と生産技術をもっていた。発注された演算装置は最低限の機能しかもっていなかったが、電卓以外の用途に使うことも考えられた。そこでインテルは電卓以外の用途の権利をビジコンから買い取り、製品に改良を加えて、1973年に汎用の小型演算装置（MPU：Micro-Processor Unit）にして発売した。しかし当時のインテルは、半導体製造における規模の経済を活かすために、市場規模の大きいメモリーの開発と生産を重視しており、MPUの市場開拓には熱心でなかった。

## PCの登場とアップル

　1970年代になると、MPUやメモリーなどの部品が低価格で市販されるようになった。すると市販の部品を組み合わせて、ごく初歩的な個人用の小型コンピューターを組み立てることが可能になっていた。そのための部品一式を袋詰めのキットにして、マニア向けに販売する小規模な企業も現れた。組み立てが面倒な人に代わって組み立てる個人企業も現れた。この初期のPCは原始的な性能であったが、5,000ドル程度という、個人に手の届く価格で販売された。コンピューターはそれまで個人が買える価格のものではなかった。したがって文字通り個人で所有できるコンピューター（Personal Computer）の出現は、性能はさておき、コンピューターに興味をもつ者にとって刺激的な出来事だった。

　米国西海岸のシリコンバレーの大学生だったスティーブ・ジョブズとスティーブ・ウォズニアックは、市販部品を組み立てて独自のPCを作り、シリコンバレー周辺に多数いるコンピューター愛好家に売っていた。2人が作るコンピューターは個人用だが、仕事でコンピューターを使っている者を驚かせるほどの性能があり、愛好者の間では知られる存在になった。2人は1976年にアップル社を設立した。最初の製品であるアップルIは200台売れた。そして1977年に発売したアップルIIは、1980年までに10万台以上も売れるヒットになり、アップル社はPC業界トップの27％の市場シェアを握った。1981年にはフォーチュン誌が選ぶ世界の売上上位500社に入り、史上最速で500社入りする記録を作った。

　アップル社の創業者たちは、将来は世界中の1人ひとりに1台ずつのコンピューターを普及させることを目標にしていた。そうすることで、技術の力で世界を変えることができると考えた。アップルIIはエンジニアでなくても使いこなせるように、簡単な操作で使えるように作られていた。アップルIIがシェアを伸ばした要因は、操作の簡単さのほか、豊富なソフトウェアの品揃え、とくにビジカルクという表計算ソフトウェアの存在であった。表計算が簡単にできることで、アップルIIは、高級玩具ではなくビジネスの道具としても使えたのである。

　アップルIIの後継機の構想を練っていたジョブズは、シリコンバレーにあるゼロックス社のパロアルト研究所の研究者に案内されて、研究所で試作し

ていた未来のコンピューターのコンセプト・モデルを見た。その試作機は、当時のコンピューターのようにキーボードから命令を文章で打ち込むのではなく、画面上にある絵文字（アイコン）にカーソルを移動させて Enter キーを押すことで、命令を実行することができた。カーソルを移動させるには、キーボードの矢印キーを使う代わりに、ネズミのような形をした部品を机の上で前後左右にすべらせることでも可能であった。命令を次々に実行させると、それに対応する画面が次々に現れた。それはあたかも画面上にいくつも窓が開いていくように見えた。作業を終えて「窓」を閉じれば、その前に作業していた画面が再び現れた。何とユーザーに優しい設計であろうか。研究者が言うには、構成技術の1つひとつはすでに公表されているものが多く、ゼロックス以外で開発されたものも多い。しかしそれらを組み合わせると、このように面白いものを作ることができる。ただしこれはあくまで試作機であり、東海岸にある本社に報告したが、本社では製品化する予定はないという。ジョブズは、このようなコンピューターならば、アップル社の目標である1人に1台のコンピューターの普及が可能になるように思われた。

　1980年時点で PC 市場のシェア1位はアップル、2位はラジオシャックという電器量販店の自社ブランドで、3位はコモドアであった。当時の PC メーカーは多くの規格部品を外部調達し、自社流のデザインで組み合わせて製品にしていた。そして異なるメーカーの PC の間には互換性がなかった。MPU を自社開発していた PC メーカーはなく、アップル社をはじめ多くのメーカーがモトローラ社の MPU を使い、その他一部のメーカーがインテル社の MPU を使っていた。

## IBM の PC 参入

　コンピューター産業の巨人である IBM は、コンピューターのさまざまな市場分野に参入していた。しかし1970年代まで、その主たる収益はメインフレームとその周辺機器および保守サービスからあがっていた。ミニコンピューター市場では参入が遅れて主導権が取れず、PC 市場には参入していなかった。IBM にとって PC 市場に参入することは、自社の収益源である上位機種の販売に悪影響を与える可能性があった。また PC の顧客は個人や中小規模の企業が多くて取引規模が小さく、営業的にもあまり魅力がなかった。

しかし1970年代後半にPCが急速に普及し、なかでもアップルが大きなシェアを握る存在になって現れると、IBMとしても事態を静観できなくなった。コンピューターのダウンサイジングは確実に進んでおり、上位機種がPCに置き換えられていくのは時間の問題に思われるようになった。ミニコンピューターのときと同様に、IBMはPC市場の参入に乗り遅れている。アップルをこのまま独走させてしまうと、将来IBMに対する大きな脅威になる危険性があった。IBMはPC事業部を新たに作り、一刻も早くPC市場に参入することにした。

PCの主要メーカーは、各社の間で互換性のないハードウェアとソフトウェアを供給していた。そのことが各社の製品の差別化を可能にし、顧客の囲い込みに寄与していた。IBMはコンピューター・メーカーの中でも、製品の自社開発比率が高いメーカーであった。従来の戦略に従うならば、PCでも独自の製品を開発して参入するところである。しかし自社でPCをゼロから開発するためには、多くのマンパワーを必要とする。巨大企業IBMといえども、PC事業部の中で割ける開発人員には限りがある。MPUの開発とソフトウェアの制作には時間がかかる。しかもMPUに関しては、IBMのメインフレーム用の最新技術をPCに使うことは許されなかった。PC事業部にとっての問題は、製品が競争力をもつためには、ソフトウェアと付属品の品揃えが必要であって、それらを自作することは利益を高めるが、一方でPC市場への参入を遅らせることである。

PC事業部はIBMの通常の方針に反して、社外の力を積極的に利用して、自社開発の工数を減らすことにした。PC市場への参入が急がれるという経営者の理解がなければ、許されない戦略であった。IBMは開発するPCの設計仕様を公開し、互換性のある周辺機器やソフトウェアを他社が開発しやすくした。そして、インテル社のMPU、マイクロソフト社の基本ソフトウェア（OS）など、多くの部品とソフトウェアを外部調達することにした。販売網も従来の直販ではなく、社外の代理店を使うことにした。

MPUの調達先としては、モトローラとインテルが考えられた。モトローラは、PC向けMPUの市場シェアが1位で、幅広い技術基盤をもつ大企業であった。そのため今回モトローラから調達すると、今後PCを開発していくうえで、強いライバルを育てることになる恐れがあった。インテルのほう

が企業規模が小さくてIBMにとってくみし易いほか、モトローラのMPUを採用するアップルのPCと差別化することもできる。

　マイクロソフトは、ビル・ゲイツという大学生が友人のポール・アレンとともに1975年にニューメキシコ州に設立した、社員数十人の小さなソフトウェア企業だった。PC用のOSを独占することを目標に、BASICというOSをさまざまな機種のPC向けに開発していたが、IBMが要求するOSを短期間に開発するほどの余力はなかった。マイクロソフトは米国や日本の大手企業を紹介したが、それらの企業とIBMの交渉はまとまらなかった。そこでマイクロソフトは、シアトル・チップ・プロダクツというごく小さな会社が開発したOSの権利を5万ドルで買い、それを改良してMS/DOSと名付けたものを、IBMに供給することにした。マイクロソフトはインテルに比べてもさらに小規模な会社で、技術力もIBMの脅威にはならないと考えられた。IBMがマイクロソフトに支払うMS/DOSのライセンス料は、従量制ではなく一括払いとした。マイクロソフトにすれば、IBMのPCが売れても利益は増えないが、代わりに、IBMのPCと互換性がある他社のPCにも供給できる権利を認めさせた。

　システムの仕様を公開して外部発注を多用することで、IBMは事業利益を独占できず、製品の独自性を保ちにくくなる。しかしこのときは、IBMブランドをつけたPCを一刻も早く市場に投入することを重視した。システムの仕様を公開するほうが、IBM以外のメーカーが互換性のある部品を開発したり、IBM機で作動するソフトウェアを開発したりすることが容易になる。製品さえあれば、IBMのブランドを用いて市場シェアを奪うことは難しくない。まずライバルの独走を阻止してIBMのシェアを確保し、その後で製品の独自性を高めて利益率を上げれば良いと考えた。次期モデルは時間の余裕があるので自社内で開発できる。次期モデル以降で差別化した製品を投入し、たっぷりと利益を回収すれば良いと考えた。IBMは短い開発期間で、1981年に「IBM－PC」という製品でPC市場に参入し、すぐに30％のシェアを獲得して第1位メーカーになった。ライバルのアップルは、市場が急拡大しているので売上を増やしたものの、市場シェアを減らしていった。急いで参入してシェアをとるというIBMの戦略目標は、第一段階を見事に達成した。IBM－PCの発売時には、ソフトウェアの品揃えはアッ

プルより劣っていたが、ビジネス用のソフトウェアに関しては、当初からIBMのほうが充実していた。

　IBM－PCの市場投入から間をおかず、IBMは後継機の開発に入る。ここで自社開発によって差別化された次期モデルを投入し、すでに得たシェアをもとに利益率の高い製品を普及させることで、IBMの戦略は完成する。しかし予想外のことが起こった。IBMの技術力をもってすれば、IBM－PCの部品を供給した中小メーカーよりも、優れた部品を開発することは容易なはずであった。実際に多くの部品に関して、そのようになった。しかしPCの中核部品であるMPUに関しては、IBMはインテルの製品の性能に追いつくことができなかった。IBMは多くの優秀な技術者を有していたが、PC事業部に割ける人数には限界があった。一方でインテルはIBMに比べれば小さい会社であったが、伝説的な創業技術者たちに惹かれて集まった技術者は、IBMに負けず劣らず優秀であった。彼らは社運をかけてMPUの開発に集中した。その他にもいくつかの半導体チップやハードディスクなどで、IBMは技術的なリードを奪えなかった。これらはIBMにとって予想外のことであった。

　さらにOSに関しては、MPUとは異なる事情で、やはりIBMは自社製品で置き換えることができなかった。マイクロソフト社の製品と同等以上の性能のOSを開発することは、IBMにとって難しくなかった。しかしOSは、ユーザーが繰り返し使うことで習熟するという性質がある。一度使い慣れたOSを変えることは、ユーザーにとってかなりの負担であった。そして、同じOSを使っているPCの間ではデータを共有することができた。特定のOSのユーザーが増えると、そのOSで動く応用ソフトウェアも多く発売されるようになる。IBM－PCのシェア拡大に乗ってマイクロソフトのOSが普及すると、マイクロソフトのOSはユーザーにとってきわめて便利なものになった。IBMがマイクロソフトのOSより優れていると思えるOSを発売しても、ユーザーは容易にIBMの製品に切り換えなかった。マイクロソフトは自社製のOSで動く応用ソフトウェアも販売しはじめた。ソフトウェアはコストに占める開発費の割合が大きく、極端に規模の経済がはたらく製品である。マイクロソフトの財務基盤は急速に強化されていった。

**IBM 対アップル**

　IBM－PC に対して、アップルは1984年にマッキントッシュという新製品を出して対抗した。マッキントッシュの OS はアップル社の自社製で、以前にスティーブ・ジョブズがゼロックス社の研究所の試作機で見た、グラフィック・ユーザー・インターフェースを可能にしていた。マッキントッシュはその使いやすさと、画像の詳細さ、画像処理機能の豊富さなどのため、デザイナーなどの創作的な仕事をする人たちから熱狂的に支持された。マッキントッシュの OS は、モトローラ社の MPU でのみ作動した。そして仕様を公開しなかったので、アップル以外の PC では使うことができなかった。アップル社の事業は、ほぼ PC とその関連製品に集中していたが、PC 市場でのシェアは、IBM 互換機に押されて徐々に低下した。ただし製品の独自性と高い利益率は維持していた。

**規格化の影響**

　IBM－PC の後継機でも、IBM はインテルの MPU とマイクロソフトの OS を使うことになった。そのほかの基幹部品についても、IBM 以外のメーカーの部品は多数存在していた。専業特化した部品メーカーは、その生き残りをかけて部品の競争力を伸ばした。このことで、小規模な企業が PC メーカーとして市場に参入することはかなり容易になった。つまり標準部品を市場から調達すれば、自社で開発する部分を少なく抑えながら、IBM 製品とほとんど同じ性能の PC を作ることが可能になったのである。

　1980年代半ばから、IBM 製品と互換性のある PC を供給する新規参入メーカーが次々と現れた。それらは IBM クローン・メーカーと呼ばれた。既存の PC メーカーも、IBM 互換機に押されて市場シェアを減らすと、自ら IBM 互換の戦略に転向した。IBM 互換機はすべて、インテルあるいはそれと互換性のある AMD 社などの MPU と、マイクロソフトの OS を搭載していた。IBM 互換の PC が増えるにつれて、互換機同士の競争は激化し、IBM の PC 事業の利益は縮小していった。逆にインテルとマイクロソフトの利益は増加していった。

　IBM は事態に対処するために、インテルに対して技術競争ではなく、取引面で揺さぶりをかける。1986年に IBM は、インテルの最新で最高性能の

MPUである「80386」という製品を、自社PCに採用しないことにした。MPUの開発と生産には巨額の初期投資が必要であり、しかもその投資額は、製品が新世代に移行するたびに高まっていた。高級PCの販売に強いIBMが80386を採用しなければ、インテルは巨額の初期投資を回収できなくなる。しかしここで、コンパックという急成長していたクローン・メーカーが80386搭載のIBM互換PCを開発し、高価格帯のPC市場で大きな成功を得た。IBMもやがて、やむを得ず80386搭載のPCを発売することになる。

　1987年にIBMは、独自性の強い設計のPS/2を発売した。PS/2は自社開発の強力な画像処理チップを搭載するなどして、自社のIBM－PCとも互換性がないほど差別化されていた。PS/2は装備によって基本版から高級版まで、本体価格1,700～10,000ドルという広い範囲の製品ラインアップを用意した。PS/2が普及すれば、とくに高級機種はかなりの利益をIBMにもたらしたであろう。しかしPS/2は売れず、IBM－PCと互換性がないためIBM顧客が買い換える際に他社の互換機に流れ、IBMはPC市場のシェアを半分失ってしまった。コンパックがインテル社の最高性能のMPUを使った製品を発売したこともあり、PC産業におけるIBMの地位は崩れ始めた。IBMの売上に占めるPC事業の割合も、1980年代後半には20％を切った。

　1980年代後半には数十社のIBMクローン・メーカーが存在した。小規模なクローン・メーカーの多くは、研究開発費や間接費を限りなく圧縮して低コストを追求していた。1991年に入ると多くのクローン・メーカーが、米国内で大幅なPC価格の切り下げを行った。IBMのPC事業の間接費は、比較的高価格の戦略をとるコンパックやアップルに比べても、さらに30％以上高い水準であった。1991年、IBMは赤字を記録した。PC事業部単体としても収支は赤字であった。IBMは1980年代を通算して全産業のなかで世界1位の税引後利益をあげた企業である。1990年の株式時価総額も世界1位で、39万人の社員を擁していた。その企業が赤字に転落した。しかも売上の半分を占めるメインフレーム関連市場で、IBMは高コスト体質のためシェアを落とし続け、メインフレーム市場自体も今後は売上が縮小していくと予想されていた。

## コンパック・コンピューター

　コンパック・コンピューターは、テキサス・インスツルメンツ社の技術者達がスピンアウトして1982年に設立した会社である。最初の製品はPortableという、もち運びができる高価なIBM互換のコンピューターであった。1984年からIBM互換のデスクトップPCを販売し始め、1985年には累計生産台数が50万台を超えた。この年、設立後3年でフォーチュン500社にランクされ、アップルがもっていた最速記録を更新した。1986年、IBMがインテルを牽制するために最高性能のMPUである80386を採用しなかったときに、コンパックは80386を搭載するIBM互換のデスクトップPCを開発してIBMを出し抜いた。1987年にはさらに、80386搭載のPortableを発売した。これによってコンパックの売上は1986年の6.3億ドルから、1987年には12億ドルに倍増した。

　コンパックは自社のPCが、IBM互換でありながらIBMの製品より性能で上回るよう、高性能の部品を調達し、一部の部品は特注や自製して、高価格高性能の戦略をとった。製品開発時には、極限状態の暑さや寒さ、高湿度などに対する耐久性を試験した。そして組立のほとんどを自社工場で行い、製品の全量を品質検査の対象にして、高い信頼性を実現していた。徹底した低コストを図る普通のクローン・メーカーとは対照的な戦略である。1989年には、インテル社の最新のMPUである80486を搭載するPCを業界で最初に発売した。IBMが採用していなかった高性能のMPUや先端技術を使うことで、コンパックの製品はIBM製品以上に高性能であるという評判が生まれ、同水準の製品ならばIBMと同等以上の価格で受け入れられた。

　1989年からは、企業ユーザーの社内ネットワークのサーバーとして使える高性能のPCを販売した。あわせて、EDSやマイクロソフトなど業界の有力な企業と提携して、ネットワークを構築するユーザーへの、支援サービスの体制を整えた。

　コンパックの売上のほとんどは、PC本体および関連ハードウェアであり、市場シェアが10%に満たない程度のサーバーの売上もあった。ソフトウェアはほとんど自作していない。顧客は主として先進的な企業ユーザーで、販売とサービスは国内2,000、海外1,800の認定ディーラーを通してのみ行った。1990年の段階で、11,000人の従業員を雇用して、売上の58%が海外

からであった。しかし1991年はIBMクローン・メーカーの値下げの影響を受け、第3四半期には、創業直後を除いて始めて四半期ベースでの赤字を記録した。年間を通しては黒字を確保できたものの、減収減益であった。コンパックは業界最高の品質評価を得ていたが、調達や生産コストはクローン・メーカーの2倍以上の水準であった。

**デル・コンピューター**

　テキサス州の高校生だったマイケル・デルは、市販PCの部品を高性能なものに付け替えて愛好者に売り、高校生としては過分な小遣いを稼いでいた。そのため彼は、大手メーカーのPCと同じ性能のPCが、市販部品を組み立てることで随分と安く作れることに気づいていた。たとえば1982年当時、IBM－PCの小売価格は約3,000ドルであったが、同等のPCを作るための部品は600〜700ドル程度で調達できた。PCの組立は誰にでもできるような比較的簡単な作業である。また当時のPC販売店の経営者は、PCの知識に乏しく、販売後の技術サービスはほとんどできなかった。ユーザーは知識が少ないので高い買物をしているが、いずれユーザーはより多くの商品情報をもち、きめ細かいサービスを要求するようになる。そして何よりPCは急成長している産業である。こう考えたデルはビジネス・チャンスを見出し、1984年にデル・コンピューターを設立して大学を中退する。

　デル・コンピューターは、IBM－PCの部品を一部付け替えて、高性能にチューンアップして販売することから始めた。間もなくIBM互換のPCそのものを生産し始め、IBMの半額で販売した。販売チャネルを構築するような資本はなかったので、新聞や専門雑誌に広告を出し、電話で主として個人のユーザーから直接に注文を受け、製品を宅配便で発送する仕組みにした。直接販売なので、顧客が希望する部品を選択してカスタムメイドのPCを作ることも可能だった。

　デルでは顧客からの電話に出る者は、カスタムメイドの注文を受け付けるほか、販売後の質問にも答えるようにした。IBMはじめ大手のPCメーカーは、個人向けは卸業者や量販店を通して販売していたが、小売店の管理が弱かったため顧客ニーズが把握できず、欠品と売れ残りを繰り返していた。デルは注文生産なので在庫が少なく、顧客のニーズやクレームも素早く正確に

把握できた。PCの部品は毎月2～5％値下がりする。注文生産は見込み生産より部品の発注を遅らせることができるので、利益率に大きく貢献した。デルは部品やソフトウェアをほとんど生産していない。基本的にすべて外部調達した部品とソフトウェアを組み合わせる。デルはまた、コスト低減の一方で、企業ブランドの確立に努力した。丁寧な顧客サービスに加えて、トラブルには30日間の返金保証を付けるなどして評判が高まり、1980年代後半にPC業界で最も急速に成長するメーカーになった。

マイケル・デルは社員の採用にあたって望ましい人物のタイプを、「冒険心のある多芸多才な人間」と表現している。急成長する若い企業では、1人で何役もこなすことが求められる。多くの仕事をこなすことで、新しいアイデアが見つかりやすく、アイデアを実行に移すこともスムーズになる。デルでは販売担当者にも、自分が使うPCを自分で組み立てさせる。電話で注文を受けるデスクと、注文に従ってPCを組み立てる作業場は同じ部屋にあって、電話係が忙しければ組立作業をしている者が、席を離れて電話を取っていた。

組織の壁が低いことは、デルに限らず若い企業の特徴である。逆にIBMのように、長期間成功して高付加価値の戦略をとってきた企業は、自然と社員が増えて、組織の「壁」も増える。各部門間の連絡や協力は不活発になり、マネージャーたちはできるだけ仕事を部門内で完結させようとした。

## 1991年のPC産業

1980年代には、インテルの強力な80386や80486の能力を、十分に活かし切れるOSは存在していなかった。（アップル社のOSは高性能だったが、インテルではなくモトローラ社のMPUを使う仕様だった。）しかし1990年にマイクロソフトが、アイコンをクリックして操作するウィンドウズ3.0を発売した。ウィンドウズ3.0を使うと、インテルの最高性能のMPUとそれ以下のMPUの、使い勝手の違いは明らかになった。これで業界の競争環境を左右するリーダーが、従来のIBMから、マイクロソフトとインテルに変わったことが誰の目にも明らかになった。ウィンドウズ3.0がアップルと同じような操作方式になったことは、マイクロソフトのOSの利便性が、アップルのOSに大きく近づいたことを意味した。アップルが7年リードしていると言

われた OS の性能の差は、ウィンドウズ3.0によって1〜2年に縮まったと言われるようになった。

　IBM 互換の PC は、マイクロソフトの OS と、インテルまたはインテル互換の MPU を搭載していた。しかし MPU の設計力はインテルが他社を引き離しており、インテルの MPU は他社製品の2倍近い価格にもかかわらず、IBM 互換機の90％に搭載されていた。1980年代には、インテル社の売上の多くと利益の大半が MPU 事業から上がっていた。IBM に対して非互換の戦略をとる PC メーカーは、米国ではアップル、DEC、ゼロックス、ワングなどがあったが、意味のあるシェアと利益を得ていたのはアップルだけだった。米国外では NEC などの日本メーカーが非互換だったが、その売上はほとんどが日本市場からであった。アップルの OS はインテルの MPU では作動せず、モトローラの MPU でのみ作動した。モトローラの MPU を主力製品に使っているのは、大手の PC メーカーではアップルだけになった。ただしモトローラにとって MPU は、数ある同社の事業の中の1つにすぎなかった。

　PC メーカーの国際展開は年を追って拡大していった。世界の PC 市場の中で、米国は39％を占め、欧州が36％、残りの多くをアジアとくに日本が占めた。米国の PC メーカーは欧州やアジアにも進出していたが、日本においては言語の壁や日系メーカーの存在のため苦戦していた。米国で販売されている PC は、電源や一部のソフトウェアを交換すれば、海外でも売ることができた。その意味では PC は国際共通商品であるが、各国における PC の価格は、流通制度の違いなどを反映して大きな開きがあった。その中で米国は最大の市場であり、競争は最も激しかった。

　PC 市場は IBM とその互換機メーカーの製品が市場の過半数を占めていた。ユーザーは数あるメーカーの PC と周辺機器、応用ソフトウェアの中から、自分のニーズに合うものを選ぶ必要があった。より大型のコンピューターでも、選択の幅が広がっていた。1980年代後半には、異なる種類のコンピューターを接続するネットワーク用のハードウェアやソフトウェアが販売されはじめた。企業はそれらを用いて自社システムをネットワーク化しようとしたが、その際にも自社のニーズに合わせて製品を組み合わせる必要があった。

　アメリカの国土防衛用の通信回線として作られたインターネットは民間に解放されたが、もっぱら大学間や研究者間の通信ネットワークとして使われ

表8-2 IBM の業績

|  | 1988年 | 89年 | 90年 | 91年 |
|---|---|---|---|---|
| 売上高 | 597 | 627 | 690 | 648 |
| 売上原価 | 256 | 277 | 307 | 327 |
| 研究開発費 | 59 | 68 | 66 | 66 |
| 販管費 | 194 | 213 | 207 | 247 |
| 営業利益 | 88 | 69 | 110 | 67 |
| 純利益 | 55 | 38 | 60 | －29 |
| 期末市場価値 | 702 | 542 | 645 | 503 |

(単位は億ドル)

表8-3 アップルの業績

|  | 1988年 | 89年 | 90年 | 91年 |
|---|---|---|---|---|
| 売上高 | 41 | 53 | 56 | 63 |
| 売上原価 | 20 | 27 | 26 | 33 |
| 研究開発費 | 2.7 | 4.2 | 4.8 | 5.8 |
| 販管費 | 11 | 15 | 18 | 20 |
| 営業利益 | 6.2 | 6.3 | 7.1 | 4.5 |
| 純利益 | 4.0 | 4.5 | 4.8 | 3.1 |
| 期末市場価値 | 50 | 52 | 42 | 68 |

(単位は億ドル)

表8-4 コンパックの業績

|  | 1988年 | 89年 | 90年 | 91年 |
|---|---|---|---|---|
| 売上高 | 21 | 29 | 36 | 33 |
| 売上原価 | 12 | 17 | 21 | 21 |
| 研究開発費 | 0.75 | 1.3 | 1.9 | 2.0 |
| 販管費 | 4.0 | 5.4 | 7.1 | 7.2 |
| 営業利益 | 4.6 | 4.9 | 6.5 | 3.0 |
| 純利益 | 2.6 | 3.3 | 4.6 | 1.3 |
| 期末市場価値 | 43 |  | 49 | 22 |

(単位は億ドル)

表8-5　デルの業績

|  | 1988年 | 89年 | 90年 | 91年 |
|---|---|---|---|---|
| 売上高 | 1.6 | 2.6 | 3.9 | 5.5 |
| 売上原価 | 1.1 | 1.8 | 2.8 | 3.6 |
| 研究開発費 | 0.06 | 0.07 | 0.17 | 0.22 |
| 販管費 | 0.27 | 0.50 | 0.80 | 1.1 |
| 営業利益 | 0.08 | 0.25 | 0.12 | 0.46 |
| 純利益 | 0.09 | 0.14 | 0.05 | 0.27 |
| 期末市場価値 | 1.9 | 1.1 | 3.4 | 6.1 |

(単位は億ドル)

表8-6　インテルの業績

|  | 1988年 | 89年 | 90年 | 91年 |
|---|---|---|---|---|
| 売上高 | 29 | 31 | 39 | 48 |
| 売上原価 | 13 | 15 | 16 | 19 |
| 研究開発費 | 3.2 | 3.7 | 5.2 | 6.2 |
| 販管費 | 4.6 |  | 6.2 | 7.7 |
| 営業利益 | 8.1 |  | 12 | 15 |
| 純利益 | 4.5 | 3.9 | 6.5 | 8.2 |
| 期末市場価値 | 43 | 63 | 76 | 100 |

(単位は億ドル)

表8-7　マイクロソフトの業績

|  | 1988年 | 89年 | 90年 | 91年 |
|---|---|---|---|---|
| 売上高 | 5.9 | 8.0 | 12 | 18 |
| 売上原価 | 1.5 |  | 2.5 | 3.6 |
| 研究開発費 | 0.70 |  | 1.8 | 2.4 |
| 販管費 | 1.9 |  | 3.6 | 6.0 |
| 営業利益 | 1.9 |  | 3.9 | 6.5 |
| 純利益 | 1.2 | 1.7 | 2.8 | 4.6 |
| 期末市場価値 | 85 | 139 | 128 | 194 |

(単位は億ドル)

ていた。1989年にwww（world wide web）という、インターネットで各種の通信を行うためのインターフェースが提唱された。これによって、PCやコンピューターをインターネットに接続させて、個人や企業が世界的なネットワークに参加することが現実味を帯びてきた。しかし現時点では、インターネット上で必要な情報を効率よく検索（browse）する方法がない。そのため、PCをインターネットに接続させて各種の用途に使うのは、まだしばらく先のことのように思われた。

**参考文献**

Adams, Walter "The Structure of American Industry" 8th ed., Macmillan, 1990.
アナリー・サクセニアン著『現代の二都物語』（講談社、1995年）
D．マーサー著『IBMマネジメント』（ダイヤモンド社、1988年）
ロバート・スレーター著『IBMを甦らせた男 ガースナー』（日経BP、2000年）
ルイス・ガースナー著『巨象も踊る』（日本経済新聞社、2002年）
マイケル・デル著『デルの革命』（日本経済新聞社、2000年）

---

**演習課題8-3に関する設問**

演習課題8-3の内容をもとに、次の設問への解答を検討されたい。

**設問1**：コンピューター産業における、一般的な競争環境の推移には、どのようなパターンがあるか。また、競争優位の源泉にはどのようなものがあるか。

**設問2**：コンピューター産業における、個々の企業や事業のレベルで、持続的な競争優位の源泉になったものには何があるか。

**設問3**：演習課題8-3の内容と次の仮定を前提にして、(a)〜(d)の問いへの解答を検討されたい。

（仮定）1991年現在の米国における各社のPCシステムの、価格、供給コスト、市場シェア、PC事業の純利益率、は次の通りである。価格と供給コストは、各社の同じようなMPUの性能とメモリー容量の、代表的な機種のものを比較している。下に挙げた4社以外の市場シェア28％は、ほぼすべてがIBM互換のクローン・メーカーによって占められる。クローン・メーカーの価格は、デルと同じような水準である。

|  | 価格 | 供給コスト | 市場シェア | 純利益率 |
|---|---|---|---|---|
| IBM | 4,000ドル | 2,800ドル | 31% | −4.5% |
| アップル | 7,000ドル | 5,500ドル | 17% | 4.9% |
| コンパック | 5,500ドル | 4,000ドル | 20% | 7.0% |
| デル | 2,800ドル | 2,100ドル | 4% | 5.0% |

(a) 読者がこの時点のIBMのPC事業に関する意思決定者であるとして、米国におけるPCシステムの価格をどのように変更するか。市場での競争を有利にするために、価格の変更以外に何か行動をとるか。その際に、アップル、コンパック、デルが、それぞれどのような価格に変更する前提で考えるか。

(b) 読者がこの時点のアップルのPC事業に関する意思決定者であるとして、米国におけるPCシステムの価格をどのように変更するか。市場での競争を有利にするために、価格の変更以外に何か行動をとるか。

(c) 読者がこの時点のコンパックのPC事業に関する意思決定者であるとして、米国におけるPCシステムの価格をどのように変更するか。市場での競争を有利にするために、価格の変更以外に何か行動をとるか。

(d) 読者がこの時点のデルのPC事業に関する意思決定者であるとして、米国におけるPCシステムの価格をどのように変更するか。市場での競争を有利にするために、価格の変更以外に何か行動をとるか。

### 設問1の検討　競争環境の推移

　演習課題8-3に関する設問1を検討する。コンピューター産業では、メインフレーム、ミニコンピューター、PC、とほぼ10年ごとに新しい主要な製品が登場した。それらの事業に共通した傾向として、当初は利益率が高いが、やがて利益率が低下していった。

　その理由としては、各社の製品の差別化の程度が減少したことがある。当初は各社が互換性のない製品を供給しているが、やがて標準的な部品が普及し、各社がそれを採用することで製品の差別化が難しくなり、価格競争が激しくなっていった。差別化の程度が減少するほど価格競争が激しくなるのは、差別化バートラン・モデルを用いた図3-26、あるいは6-3節の説明に示すと

おりである。

　標準的な部品が普及する経緯はさまざまである。メインフレームでは、IBMのシステム/360が成功してシェアを伸ばすと、それと互換性のある周辺機器や互換機を供給する新規参入が現れた。互換機全体として数量が増えると、ソフトウェアなど互換機向けの補完品の品ぞろえも増える。すると競争で不利になった非互換機のメーカーが、互換に転換し、価格競争はさらに激しくなった。ミニコンピューターでは、そのような標準化と価格競争は比較的ゆっくりと進んだ。PCでは、当初成功したアップルは非互換の方式を守った。しかしIBMがオープンな技術方式で参入して成功すると、IBM互換の部品やソフトウェアの供給者も成長し、それが互換機の参入を促進して、市場全体の価格競争が激化した。

　メインフレーム、ミニコンピューター、PC、それぞれに経緯は異なるが、共通するのは、技術の標準化が進むことで徐々に差別化が困難になり、価格競争が進むことである。技術の標準化の影響を需要供給グラフに表すと、供給曲線が時間の経過とともに水平に近づくことで表される。コンピューター産業ではそれに加えて、需要の大幅な拡大、つまり需要曲線の右方向への移動が起きている。需要曲線と供給曲線の推移を1つの需要供給グラフにまとめると、図8-3のように表される。

　初期の供給曲線は比較的立ち上がっているが、成熟期の供給曲線は水平に

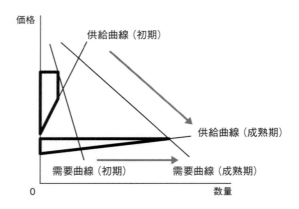

図8-3　需要曲線と供給曲線および生産者余剰の推移

近くなる。また、初期は製品の差別化ができているので、差別化バートラン・モデルの分析に見るように、価格を完全競争の水準より高く保つことができる。そのため初期の生産者余剰は太線で囲んだ台形のようになり、その面積が売上に占める割合は大きい。つまり利益率が高い状況である。その一方で成熟期は、需要は拡大しているが、差別化が難しいので価格は完全競争の水準になり、生産者余剰は太線で囲んだ三角形のようになる。その面積が売上に占める割合は小さく、利益率は圧縮される。

## 競争優位の源泉：規模とプラットフォーム

　電子部品、半導体、ソフトウェアなどの生産は、規模の経済が強くはたらく分野である。ソフトウェアにはそのほか、利用者が増えるほど価値が高まるネットワーク外部性もはたらくことが多い。したがって、それらを主要な構成品とするコンピューターでは、規模のメリットは強力な競争優位の源泉になる。

　ハードとソフトを分離する製品では、ハードを汎用化して多数のソフトを使えるようにすると、ハードの規模の経済をより活かすことになる。そのようなハードはプラットフォームの受け皿の性質をもつことになり、ハードが普及するほど、それを利用するソフトは売りやすくなる。ソフトのほか、周辺機器やサービスなどの補完財の品揃えも増え、それらがハードの販売を循環的に補強する。プラットフォームの構成にすることで、一群の製品は相互に補強する巨大な規模のメリットを享受できる。メインフレームにおけるシステム/360は、コンピューター産業で最初の、大規模な成功をおさめたプラットフォーム製品である。ほかにも多くのプラットフォームが生まれた。その中には、PCにおけるIBM互換の製品群のような、巨大な規模のメリットを実現したものもある。

　プラットフォームの中で巨大な利益をあげる企業の存在は、コンピューター産業の特徴である。プラットフォームとは、インターフェースを規格化するなどして、相互の補完関係と組合せを容易にした一群の製品である。プラットフォームを構成する補完財は、コンピューター本体、周辺機器、OS、応用ソフト、流通におけるサービスなどである。それらの品揃えと質は、プラットフォームを構成するそれぞれの財にとって、プラットフォーム外のラ

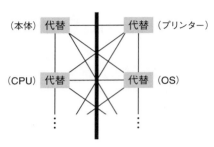

**図8-4　プラットフォームを構成する製品相互の関係（例）**

イバルに対する競争優位の源泉になりうる。

　プラットフォームを構成する製品相互の関係は、たとえば図8-4のように表される。プラットフォームを構成する同種の財は、互いに代替財の関係であり競争するが、異種の財は互いに補完財になり、相手の財の需要を拡大させる効果がある。図8-4の例でいえば、本体同士やプリンター同士は代替の関係で競争するが、本体とプリンターは補完の関係にある。それぞれの財が、同種の財との競争で価格対便益を向上させると、その効果は補完財である他の財の需要拡大に及ぶ。そのようにして一群の財は補完しあって市場を拡大させていく。

## プラットフォームと独占

　プラットフォームは単独財の場合より大きな規模のメリットを生み出す。しかしそれによる利益は、プラットフォーム内で独占的に財を供給する企業に偏る傾向があり、プラットフォームを構成するすべての財の供給者に配分されるとは限らない。

　もしプラットフォームの中で、特定の財が独占または独占に近い状況であると、図8-5のようになる。このとき独占的に財を供給する企業は、自社製品の価格を上げることができる。しかし他の補完財は、競争しているため価格を上げることができない。そのようにして独占企業（図8-5の例ではOSを供給する企業）は、他の補完財が競争して向上させる価値対便益の恩恵を利

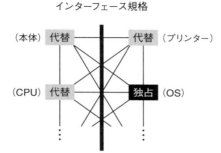

図8-5　プラットフォームを構成する製品相互の関係（例）

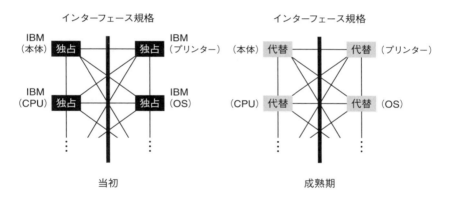

図8-6　システム/360のプラットフォーム

用して、単独財で独占する場合よりも拡大した市場で、より高い価格をつけて巨大な利益を得る可能性がある。

　メインフレーム事業においてIBMは、システム/360のプラットフォームを構成する諸製品を供給して他社を圧倒した。しかも諸製品を独占的に供給して、大きな市場から高い利益率をあげた。その状況は、図8-6の左側の「当初」のように表現できる。しかし他社が互換品を導入して、徐々に各製品に代替品が出現し、IBMの利益率は低下した。そしてアムダールが本体

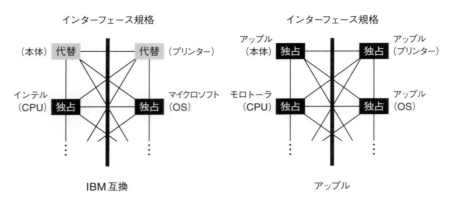

図8-7　PC事業のプラットフォーム

の互換機を発売したことで、ついにすべての製品で競争する状態になった。その結果は、図8-6の右側の「成熟期」のように表現できる。各製品に代替品が参入して、価格競争が激しくなっていくことで、市場全体の規模は拡大したが、当初独占していたIBMの利益率は低下した。

　PC事業におけるIBM互換とアップルのプラットフォームを比較すると、図8-7のようになる。PC事業では、IBMが技術を公開して多数の企業が参加する巨大なプラットフォームを作り、アップルのプラットフォームを規模で逆転した。しかしIBMは、意図していた自社による独占をその後作ることができず、逆にインテルによってMPUを、マイクロソフトによってOSを独占された。そしてインテルとマイクロソフトが、巨大なプラットフォームから高い利益率を享受している。IBMは独占する部分がなく、利益率は低い。アップルは一群の補完品を非互換にしてほぼ独占しているが、IBM互換のプラットフォームに規模で劣るため、競争では劣勢になっている。

## その他の競争優位の源泉

　コンピューター産業における競争優位の源泉は、規模とプラットフォームのほかにも、たとえば技術的な優位がある。製品同士の差別化が弱いと、価格競争が起こりやすい。それと対照的に、差別化によって価格競争は緩和され、利益率は高まる。

差別化による価格競争の緩和と似た状況は、顧客にとってのスイッチング・コストによっても発生する。一般に、先行して多くの顧客を得た供給者や、価格競争を避けたい供給者は、独自のデザインや顧客に合わせたサービスなどで、スイッチング・コストが高い状況を作ろうとする。逆に、価格競争で有利になる供給者は、成功した製品のデザインや機能を真似て、かつスイッチング・コストが低い状況を作ろうとする。メインフレームの例では、IBMのシステム/360が普及すると、互換性のある周辺機器などを低価格で供給する新規参入が続出した。シェアが大きいIBMは、それに対して価格競争をするのではなく、インターフェースを変更して互換性をなくすことで対抗した。他社のどの製品と互換性をもたせるかは、スイッチング・コストとともにプラットフォームの範囲にも関連するので、コンピューター産業における競争戦略の重要な事項になる。PCの例では、補完財であるインテル社のMPUとマイクロソフト社のOSは、その組合せで互いの性能を良く引き出しあうように設計されていた。これは複数の製品をセットで使うようにして、より大きな競争優位とスイッチング・コストを作る戦略である。
　また他の産業と同じように、ブランドや信用も競争優位の源泉になりうる。

## ハイテク産業の特徴と競争優位の持続性

　コンピューター産業をはじめとするハイテク産業では、技術や競争環境の変化が速いため、競争優位は必ずしも永続的なものではない。したがって競争優位が保たれるであろう期間のうちに、投資を回収するビジネスモデルが必要になる。

　ちなみに、ハイテクを直訳すると「高度な技術」となるが、特殊な部品の生産などはさておき、たとえばPCの組立は比較的簡単な作業である。やはりハイテクと呼ばれる遺伝子組み換えも、作業に使う薬品や手順は、いずれも比較的簡単なものである。それに対して、たとえば農業はローテクと呼ばれるが、一級品の食材やワインを作ることは簡単ではない。ときにかなり高度な技術も必要になる。競争戦略を考える上で、ハイテク産業の最大の特徴は、おそらく技術的な難しさではない。どの産業でも、競争優位を得ようとすれば、他社ができないような何らかの高い技術が必要になる。

　むしろハイテク産業の特徴は、技術の変化の速さであろう。その時代のハ

イテクと呼ばれる技術には、多くの投資と研究がなされ、技術の進歩が速まる。そして技術だけでなく、製品、用途、市場の競争環境が、他の産業より早く変わる。したがって特定の理由による競争優位は、持続しにくいと言える。規模の優位だけでなく、参入障壁、先行者利得、ブランドの効果なども、比較的短命になりがちである。プラットフォームにおける、主役や補完品の入れ替えも頻繁に起きる。コンピューター産業の歴史では、主要な製品は、メインフレームから、ミニコンピューター、デスクトップPC、ノートPC、スマートホンへと次々に変化した。今後はコンピューターの機能が、衣服や人間の体内に組み込まれるかも知れない。特定の製品市場を支配しても、市場自体がやがて縮小する。

　ハイテク産業では、競争優位を築いても、それは永続しない前提で事業を考える必要がある。主要な製品で利益率が低下しても、その製品の普及を利用して補完品やサービスで利益をあげる、あるいはさらなる新製品や新事業を開発するなど、連続して競争優位を作っていく必要がある。したがって持続的な競争優位の源泉の中では、イノベーションを生み出す能力の重要性が高い。

### 設問2の検討　　持続的な競争優位の源泉

　次に演習課題8-3の設問2を検討する。コンピューター産業における競争優位の源泉は、設問1の検討で述べたとおりである。しかしハイテク産業の特徴として、技術や市場の変化が速く、競争優位が長続きしにくい。その中で企業はどのように競争優位を築き持続させるのか。演習課題の企業の事例を参考に、その戦略を検討する。

### メインフレーム事業におけるIBMの戦略

　当初メインフレームを供給する各社は、比較的限定された用途の、互換性のない製品を供給していた。そのためユーザーは、異なる用途のために複数の種類のコンピューターを買う必要があった。IBMのシステム/360は、異なる用途を1台でカバーできる最初の汎用機で、ユーザーにとっての費用対効果が優れるという競争優位があった。コンピューターの生産には規模の経済がはたらくため、システム/360の販売が増えることは、補完品である周

辺機器を開発することや、手厚いサービスを提供するための原資を生んだ。プラットフォーム化による巨大な規模の経済は、システム/360の持続的な競争優位の源泉になった。

システム/360の成功は、製品価格の高い大きな市場を作ったため、新規参入を刺激した。しかしIBMは、仕様の変更とリース契約の組合せ、顧客ニーズにあわせたきめ細かいサービスなどで、参入者の製品へのスイッチング・コストを高く保つ努力を続けた。IBMの製品とサービスなら、トラブルは起きても不可抗力とみなされるような信用も、IBMの持続的な競争優位の源泉になった。

最終的には、互換性のある製品や周辺機器が増えて利益率は低下した。しかしメインフレーム事業におけるIBMの競争優位は、ハイテク産業としては長く持続したと言えるだろう。

## ミニコンピューター事業

当初各社は互換性のない製品を供給して、利益率は高かった。やがて標準的な部品やソフトウェアが普及して利益率は低下していったが、その推移はゆっくりと進んだ。圧倒的なシェアをとる供給者は現れなかったが、各社が比較的長期にわたって、極端な価格競争になることなく利益率を確保した。その意味では、各社の事業はそれなりに成功したといえる。

ただし、もし標準化や低価格化がより速く進めば、ミニコンピューターの市場はより大きく拡大し、メインフレームの市場からより多くの需要を奪った可能性がある。その状況で、大きな販売数量から規模の経済による利益を得たり、補完財から利益をあげる戦略はありえた。したがって企業によっては、規模を追う戦略で成功した可能性はある。

IBMはミニコンピューターへの進出が遅れたとされる。しかしミニコンピューターの市場を活性化させないことで、業界全体のダウンサイジングを遅らせ、自社のメインフレーム事業の利益を持続させた効果はあったと思われる。

## PC事業における各社の戦略

IBMの戦略に関しては、結果的には、技術仕様を公開したことで、短期

的に意図通りの成功を収めたが、長期的に失敗したと言える。失敗の原因の1つは、インテルの技術力やOSのネットワーク外部性を過小評価したことである。もし事前に正しく評価できていれば、インテルやマイクロソフトとの調達契約の段階で、IBMが将来の彼らの影響力を制限できるような条件を入れておく可能性があった。たとえば、知的所有権やライセンス契約の条件を、MPUやOSが大量に普及した場合とそれ以外の場合で変えるなどである。実現できたかどうかはわからないが、彼らに出資するのも1つの選択肢である。ただしIBMが委託先の行動や利益を制限しようとするほど、委託先へのインセンティブは損なわれる。もし参入者へのインセンティブが弱ければ、その後のPC市場で見たような、多くの部品メーカーやクローン・メーカーの活躍による、プラットフォームの成長はなかったかも知れない。

　IBMの失敗のもう1つの要因は、PC本体からの利益に依存し過ぎたことであろう。後発でPC市場に参入したIBMが、仕様を公開して補完品メーカーを引き付け、スイッチング・コストを下げることは、必ずしも間違いではない。当初の意図通りに、後継のMPUとOSで競争優位を取り戻すことができれば、複雑な主要部品での優位なので、PC本体としても持続的な競争優位を築くことができただろう。しかしそれができなければ、互換機との価格競争になり、コストの高いIBMにはかなり不利になる。IBMは多くの技術と経営資源をもつ企業なので、PC本体以外からでも利益をあげる戦略がありえる。各種ソフトのような補完財や、メインフレームなど他のIBM製品との接続に関するサービスなどは、持続的な競争優位の源泉になりうる。後継PC用のMPUとOSで競争優位をとれなかったIBMは、次善の策として、シェア1位の自社製品と互換性のないPCを販売して失敗した。ここでもPC本体の販売だけに依存したうえ、普及したOSのネットワーク外部性の効果を過小評価している。

　アップルは非互換の戦略を維持しているので、比較的に利益率は高い。他社が真似できない使い勝手の良さは、アップル製品の持続的な競争優位の源泉である。ただし多数派のIBM互換機群に比べて規模で劣勢であり、市場シェアを徐々に失っている。

　コンパックはIBM互換の戦略だが、たくみな製品戦略もあり、IBMより高品質という評判を獲得して、高い利益率と市場シェアを得ている。品質に

関する評判は、持続的な競争優位の源泉である。

　デルは直接販売と注文生産であるため、流通や在庫のコストが少なく、コスト面で競争優位がある。また直接販売のため、顧客のデータやニーズの情報を得やすく、カスタマイズした製品やきめ細かいサービスで評価を得ている。低コストで事業を運営するノウハウが、従業員に広く根付いていることや、蓄積された顧客データ、サービスへの評価などが持続的な競争優位の源泉である。

### 設問3の検討

　読者が各社の意思決定者であれば、どのような戦略で、いくらの価格に設定するか。以下の検討を参考に、具体的に考えてもらいたい。実際に各社がとった行動は、次の8-5節で続けて紹介する。

### 設問3 (a) の検討　　IBMの競争戦略

　演習課題8-3の現状のままでは、IBMはどうなるか。PC事業は赤字で、全事業の合計でも赤字である。主力のメインフレームとその関連事業の市場は、より小型のコンピューターに置き換えられて縮小していくと考えられる。企業全体としても、あまり余裕のない経営状況である。

　PC市場では、IBMの製品は比較的高価格なので、値下げをしない限り1位のシェア31％は徐々に低下していくだろう。ただしIBMは高コスト体質なので、価格競争で生き残ることは難しい。したがって何か新しい種類の製品を供給するか、新しい事業に展開しないと、長期的に利益を望めないであろう。大きな市場シェアをもっているので、ニッチ戦略をとるならかなりの資産の分割や縮小をしなければならない。しかし大きなシェアがあることで、競争上の選択肢は多い。たとえばPCの通信機能を充実させ、PC同士の通信やメインフレームとの通信機能で差別化するような方法がある。IBMのメインフレームをデータセンターにして、通信回線で接続するサービスを積極的に展開すれば、間もなくインターネットが普及した時点で、クラウドサービスの先駆けのような事業になるかも知れない。長期的には新製品や新事業の開発をする一方で、短期的には現在のシェアとブランドを活かして、利益を回収していくような戦略が適当であろう。シェアとブランドをあまり

損ねずに、新事業のための時間を稼げれば好都合である。

> 設問3(b)の検討　**アップルの競争戦略**

アップルは非互換の戦略を維持しているので、黒字ではあるが市場シェアは徐々に縮小している。現状のままでは、OS の性能でのリードが縮小したうえに、IBM 互換製品群が価格競争をしているため、彼らの製品とアップル製品との価格差は広がるであろう。したがって値下げをしない限り、シェア縮小は加速する可能性がある。非互換のため部品などの規模の経済が IBM 互換機より少なく、値下げをしても価格競争だけで生き残ることは難しい。IBM ほど逼迫した状況ではないが、やはり何か新しい種類の製品を供給するか、新しい事業に展開する必要があるだろう。

> 設問3(c)の検討　**コンパックの競争戦略**

IBM 互換であるが、IBM より高品質という評判で、高い利益率と2位のシェアを得ている。しかし IBM と同様に、本質的にはライバルとの製品の差別化が少ないので、値下げをしなければシェアは徐々に低下していくだろう。そして高コスト体質なので、価格競争で生き残ることは難しい。現在は黒字なので IBM より経営的に余裕があるが、新製品や新戦略の準備をする必要があるだろう。

> 設問3(d)の検討　**デルの競争戦略**

現状でも順調に売上と利益率を伸ばしている。コスト競争力があるので価格競争になっても生き残ることができるだろう。ただしもちろん、新しい試みや状況の変化への準備はしておくほうが良い。さらなる値下げで、大手のライバルからより速くシェアを奪っていく選択肢もある。

## 8-5 コンピューター産業の事例（続）

この節で検討する事例は、前節で検討したコンピューター産業の事例の続編である。前節の設問3で読者が予想した各社の行動と、実際の行動を比較

してみてほしい。

### 演習課題8-4

　IBMとアップルは提携して新しい低価格のPCを開発することにした。開発には2〜3年の時間がかかると考えられた。そのPCは、両社が共同開発する新しいOSと、モトローラも交えて共同開発する新しいMPUを使うことにした。新しいPCは、アップルの一部の既存の機種と互換性をもつが、それ以外とはどの企業のどの機種とも互換性のないものになる。IBMとしては、従来のIBM互換機との価格競争から解放されるとともに、インテルやマイクロソフトに依存せず、彼らに奪われていた利益を取り返すことができると考えた。アップルとしては、IBM以外の多くのメーカーとは非互換の関係を続け、価格競争に巻き込まれないようにしながら、次世代のOSとMPUを開発する負担をIBMに分担させることができる。IBMとアップルは、既存のPCの価格設定については、方針をとくに変えなかった。

　デルの価格設定は、他社製品の価格との比較で決めるのではなく、自社の利益率が5％になる水準に決めるというものだった。コスト低減を徹底させながら、つねに5％の利益率になるように価格を随時変更する。この方針をデルは、この後何年も続けることになる。

　コンパックは、従来の主要な顧客である企業ユーザーに加えて、個人ユーザーも対象にするとして、量販店向けの低価格PCのラインアップを追加した。さらにPCと周辺機器の価格を、既存製品も新製品もすべて大幅に引き下げた。そして今後は、同様なスペックのIBM製品より、つねに20〜30％低い価格にし続けると公表した。販売数量を増やして規模を追う戦略である。コストを下げるために、社外から調達する部品の割合を増やし、出荷検査は全数ではなく一部にした。研究開発の案件も絞り込んだ。そして人員削減と自発的な退職によって、社員は25％減少した。製品の中では、サーバーとしても使える上位機種を戦略的な重点機種にして、顧客企業の社内ネットワークのサポートを重視した。サーバーとして上位機種が採用されることで、同じユーザーに他の機種も合わせて売れると考えた。

　すぐにコンパックのPCの売上は25％増え、利益は50％以上増えた。そしてIBMのPCの販売は急減した。

**演習課題8-4に関する設問**

　読者がこの時点でのIBMのPC事業に関する意思決定者であるとして、米国市場における競争を有利にするために、どのような行動をとるか。各社の行動は、前節の演習課題8-3の設問3で読者が予想したものとは異なるかも知れない。実際に、IBMとアップルの提携は、当時の多くの者を驚かせた。そしてそれ以上に、コンパックの大幅な値下げは、多くの者を驚かせた。演習課題8-3で読者が考えたIBMとしての製品価格と戦略、およびアップルとの提携を、演習課題8-4の状況で継続するか、あるいは変更するかを考えてほしい。そして変更する場合は、どのような価格や戦略が適切かを考えてほしい。

**史実**

　まず演習課題8-4の状況で、IBMはじめ各社が実際にどのように対応したかを紹介する。その後で各社の行動を評価する。この事例に限らず、当事者の行動は必ずしも正解あるいは適切な行動とは限らない。あくまで参考として、実際にはこのような行動があったという例として考えてもらいたい。

　IBMはコンパックの値下げに対応して、コンパック製品より低い価格に値下げした。コンパックの製品はIBM製品より高品質というイメージをもたれているので、コンパックより高い価格では、IBMのPCは売りにくかった。するとコンパックは公表した方針を守って、それよりさらに20〜30%低い価格に再値下げした。そしてIBMとコンパックは値下げを繰り返した。IBMとアップルは、提携によるOSとMPUの開発は継続した。アップルは、価格競争に引きずられるように自社製品の価格を下げ、人員削減を行った。

　結局コンパックは、低価格機種のPCを業界最低の1,000ドル以下にまで下げ、価格競争でIBMを振り切った。コンパックはIBMだけでなくクローン・メーカーからもシェアを奪い、市場シェア1位の30%をとった。業界の予想を超えた水準までのこの値下げは、「コンパック・ショック」と呼ばれた。コンパックの上位機種は、戦略通りにサーバーとして普及し、コンパックはその後何回か、年間でシェア1位を得た。それでも、クローン・メーカーをしのぐほどのコスト競争力はなかった。やがて上位機種でも他社製品との競争が始まると、高い利益率は得られなくなり、1990年代後半の

インターネット・ブームが終わると業績が低迷し、2002年にヒューレット・パッカードに買収された。

　IBMはシェア1位をコンパックに譲り、その後も基本的にPC本体での利益を追うビジネスモデルを続けたが、利益はほとんどあがらず、2005年にPC事業部をレノボ社に売却した。アップルとの提携による新しいPCは、1994年に既存の機種と並行して発売したが、販売にあまり資源を使わず、間もなく販売ラインアップから消えた。

　デルはこの当時の戦略をその後も継続し、成長を続けて1999年にはシェア1位になり、コンパックを買収した後のヒューレット・パッカードとしばらくシェア1位を争った。

　アップルは非互換の路線を続けた。IBMとの提携による新しいPCは、既存の機種と並行して販売されたが、大きな成功にはならなかった。アップルはシェアを下げ続け、1990年代半ばには倒産がささやかれるようになった。そこで創業者のスティーブ・ジョブズがCEOに復帰して、新しい戦略を実行する。デザインを売りものにするPCのiMacに続いて、iPod、iPad、iPhoneなど差別化された製品群を開発し、PC以外に事業領域を広げて、時価総額世界1位の企業になったのは周知のとおりである。

## 各社の行動の評価

　IBMとアップルの提携は、魅力のある製品を作るシーズをもつ企業同士の提携である。したがって、価格競争に巻き込まれない差別化した製品を作り、同時に規模の経済も追求できるので、理解しやすい行動である。ただしIBMは、ライバルとの価格競争に経営資源を割いて、提携に十分な資源を使わなかった可能性がある。IBMとしては、コンパックの値下げによって急速にシェアを失う状況になり、時間がかかる提携の成果を待っていられなかったのだろう。しかし値下げの追随だけでは、将来の見通しを立てにくい。コンパックの戦略を追随するなら、上位機種を用いたネットワーク構築のサポートをするところまで真似すべきだろう。その方向なら、IBMの他事業の強みと複合させて、持続的な競争優位を作りやすい。IBMは従来と変わらず、PC本体での利益にこだわっている印象がある。PC以外に事業が広がらない背景には、社内事情として、事業部ごとの縦割りの組織風土があっ

たと思われる。

　コンパックの規模を追う戦略は、IBM が追随して値下げすると数量を取り戻され、むしろ利益を減らす危険がある。高品質の評価を得て、高価格が受け入れられているメーカーとしては、値下げは失うものが大きい。また、従来のオペレーションや企業文化と逆の戦略になり、危険が多い戦略のように思われる。ただしコンパックはそこを、徹底的な変革によって乗り越えた。PC の単純な価格競争に勝ち残れるコスト競争力はないので、サーバーに使える上位機種と、企業内ネットワークのサポートを重視する戦略は適切だったと思われる。その戦略が功を奏した背景には、IBM が PC 単体での事業展開にとどまり、上位機種やネットワークを含めてコンパックの戦略に追随しなかったことがある。コンパックとしては、IBM のそのような対応を予想していたかも知れない。しかしやがて、DEC やヒューレット・パッカードなどミニコンピューターのメーカーが、コンパックの上位機種の事業領域に参入すると、コンパックの業績は低迷した。コンパックは1991年以降数年の局面は、規模を追う戦略に切り替えて成功した。ただしその次の段階では、競争から抜け出す施策を打てなかった。

　デルの行動は、急速なシェア拡大はもたらさないかも知れない。しかし、コスト競争力や評判など独自の競争優位をもつ一方で、経営資源の少ないメーカーとして、堅実な戦略であるように思われる。一貫性のある戦略で事業を続けることで、従業員の戦略理解や習熟が進み、顧客や取引先の信用を得やすくなる。

　アップルはスティーブ・ジョブズの復帰後に、革新的な製品群をプラットフォームに育て上げ、PC 以外に事業領域を広げて大成功した。そのような展開は、IBM やコンパックにとっても、できれば望まれたシナリオである。そして彼らの技術や経営資源があれば、可能なシナリオでもあった。ただし組織の問題や戦略の不適合などにより、IBM の PC 事業もコンパックも、そのような新事業の成功を収める前に競争力を失ってしまった。

第9章

# 企業の利益と社会の利益

経済活動において、ものやサービスを取引する方法にはさまざまな形態がある。その中で、市場における当事者による自由な取引は、ある一般的な条件のもとで、社会全体の利益を最大にする方法である。ここで、法則の条件に注意されたい。すなわち、「ある条件」が満たされれば、自由な取引は社会の利益を最大にする。しかし条件が満たされなければ、自由な取引は社会の利益を最大にするとは限らない。この第9章では、自由な取引が社会の利益を最大にする条件と、その条件が満たされないときの対策を検討する。

9-1節では、市場における自由な取引が社会の利益を最大にする原則を説明する。9-2節と9-3節では、自由な取引ではなく規制をした場合に、市場の価格、取引数量、社会全体の利益が、どのように変わるかを説明する。自由な取引が社会全体の利益を最大にするときは、規制は一般に、社会全体の利益を減少させる。9-4節～9-10節では、自由な取引が社会全体の利益を最大にしない場合、いわば市場の限界を検討する。市場の限界は、しばしば社会問題の原因にもなる。市場がうまく機能しない場合には、対策として市場取引に適切な規制をすることが正当化される場合がある。9-11節では、市場の限界を補い社会的な問題を解決するさまざまな方法と、その長所と短所を比較する。

## 9-1　市場における自由取引のメリット

この章では、市場における自由な取引が社会の利益を最大にする条件と、その条件が満たされないときの対策を検討する。その際、社会の利益を表現するために需要供給グラフを頻繁に使う。条件を変えてグラフを比較することで、社会の利益を最大にする条件と、その条件が満たされないときの対策が明らかになる。

ここであらためて、第1章で紹介した取引モデルと、第3章で紹介した需要供給グラフを用いて、自由な取引が社会の利益を最大にする原則を説明する。図9-1は1-3節で図1-4として示した、1対1の取引モデルである。図では縦軸に価格をとって、取引する財の売手にとっての金銭評価額をC、買手にとっての金銭評価額をBで表している。CがBより小さければ、Cと

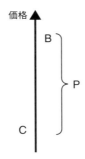

図9-1　1対1の取引モデル

Bの間のどこかで取引価格Pが決まり、取引が成立する。そして取引から売手はP−Cの利益（生産者余剰）を得て、買手はB−Pの利益（消費者余剰）を得る。

　当事者の自由な取引が可能ならば、CがBより小さいときに取引が成立して、財は利用価値の低い売手から利用価値の高い買手に移転する。つまり財の利用価値が高まる。逆にCがBより大きいときは、売手にとっての財の価値は高いので、売手と買手が同意する取引価格はなく、取引は成立しない。表現を変えると、利用価値が低下するような財の移転は、自由な取引では成立しない。

　つまり当事者の自由な取引にゆだねれば、財の利用価値は高まりこそすれ、低くなることはない。反対の見方をすると、自由な取引が制限されたり、自発的には成立しない取引が強制されたりすると、財の利用価値が低下する可能性がある。この性質は、1対1からN対Nまで、取引モデルに共通してあてはまる。

### 自由取引の余剰分析

　1対1の取引モデルで説明したことを、N対Nの市場全体にあてはめて余剰分析で示すと、図9-2で表される。図9-2は3-1節で図3-1として示した、競争市場の需要供給グラフである。図9-2の需要供給グラフでは、生産者余剰と消費者余剰は、需要曲線や供給曲線などに囲まれた領域で表される。消

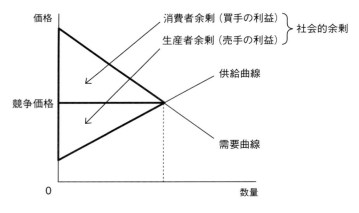

図9-2 競争市場の余剰分析

費者余剰は、グラフの縦軸と需要曲線と競争価格で囲まれる三角形の面積として示される。生産者余剰は、グラフの縦軸と競争価格と供給曲線で囲まれる三角形の面積として示される。消費者余剰と生産者余剰を合わせたものが、社会的余剰である。社会的余剰は市場取引によって生み出される利益の合計を表していて、社会的余剰が大きいほど、経済活動は効率的に行われていることになる。

　図9-2から視覚的にわかるように、取引される財は、売手にとっての価値が低いものから順に競争価格と同価値の分までが売り渡され、買手にとっての価値が高いものから順に競争価格と同価値の分までが買い取られる。つまり取引によって、すべての財はより価値づけの低い者から高い者に移転することになる。そして競争価格より高い価値づけの売手が売り渡すことはなく、競争価格より低い価値づけの買手が買うこともない。以上が市場における自由な取引の結果であるが、このとき社会的余剰は最大になる。そして価格や数量を競争均衡以外の値に直接に規制することや、課税や補助金などで市場に介入すると、社会的余剰は減少する。そのことを、続く9-2節と9-3節で余剰分析を使って説明する。

# 9-2 価格規制と数量規制

　市場における自由な取引が、社会的余剰を最大にすることを確認するために、価格を競争均衡以外の値に規制する場合の社会的余剰を分析する。続いて、取引数量を競争均衡以外の値に規制する場合についても社会的余剰を分析する。いずれも社会的余剰は競争均衡の場合より減少することがわかるであろう。

**競争均衡より低い価格の余剰分析**

　需要曲線と供給曲線は変わらないままで、何らかの理由で価格が競争均衡における値より低くなると、余剰分析は図9-3のようになる。たとえば規制で低価格を強制すると、このような状況になる。価格の低下によって供給量が減り、実現数量は競争均衡における値より左方に縮小する。少なくなった数量を買う買手は、かりに価値づけの高い者（1-3節の取引モデルでいえばBの高い者）から順になるものとする[1]。競争均衡より価格が低くなることで、生産者余剰は押し下げられて縮小し、消費者余剰は逆に下方に広がる。生産者余剰から消費者余剰に変わる部分は、利益を享受する者が変わるが、いずれにしても社会的余剰に含まれる。つまり取引によって実現する利益である。しかし同時に、取引数量が左方に減少することで、生産者余剰と消費者余剰の合計である社会的余剰の面積は小さくなる。実現数量より右側に残された、網かけされた部分の三角形は、競争均衡では社会的余剰に含まれるが、低価格では社会的余剰に含まれない部分である。低価格化にともなう数量減少によって、本来なら供給コストを上回る需要があり、取引が実現すれば社会に利益をもたらす可能性があるのに、実現しない逸失利益である。その部分のことを**社会的損失**（または死荷重：dead weight loss）という。

　価格を競争市場における水準より低く規制すると、社会的損失が発生し、

---

[1] 少なくなる数量の買手は、必ずしも価値づけの高い者から順になるとは限らない。低くなる価格を上回る価値づけをもつ誰もが買手になりうる。価値づけの高い者から順に買手になる仮定は、可能な買手の組合せの中で、消費者余剰が最大になり、社会的損失が最小になる仮定である。

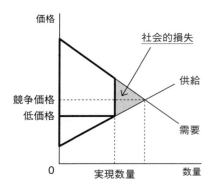 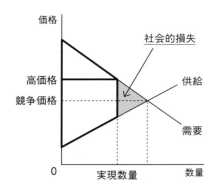

図9-3 競争均衡より低い価格での余剰分析　　図9-4 競争均衡より高い価格での余剰分析

社会全体の利益は減少する。低価格によって消費者余剰は増える可能性があるが、生産者余剰はそれ以上に減少し、社会全体としての利益は減少する。もし生産者よりも消費者の利益を重視することが社会的に求められるなら、価格を低く規制するよりも、市場は競争的にしたままで、別の方法で生産者から消費者に所得移転を行うほうが良い。

**競争均衡より高い価格の余剰分析**

逆に、需要曲線と供給曲線は変わらないままで、価格が競争均衡における値より高くなると、余剰分析は図9-4のようになる。たとえば規制で高価格を強制すると、このような状況になる。価格の上昇によって需要量が減り、実現数量は競争均衡における値より左方に縮小する。少なくなった需要量を供給する者は、かりに供給コストの低い者（1-3節の取引モデルでいえばCの低い者）から順になるものとする[2]。競争均衡より価格が高くなるので、生産者余剰は上方に圧迫され、消費者余剰は上方に広がる。消費者余剰から生

---

2　脚注1の説明と同様に、少なくなる数量の売手は、必ずしも価値づけの低い者から順になるとは限らない。高くなる価格を下回る価値づけをもつ誰もが売手になりうる。価値づけの低い者から順に売手になる仮定は、生産者余剰が最大になり、社会的損失が最小になる仮定である。

産者余剰に変わる部分は、利益を享受する者が変わるが、いずれにしても社会的余剰に含まれる。しかし同時に、取引数量が左方に減少することで、生産者余剰と消費者余剰の合計である社会的余剰は小さくなる。実現数量より右側に残された、網かけされた部分の三角形は、社会的損失である。高価格化にともなう数量減少によって、本来なら十分に低いコストで供給でき、取引が実現すれば社会に利益をもたらす可能性があるのに、実現しない逸失利益である。

したがって、価格を競争市場における水準より高く規制すると、社会的損失が発生し、社会全体の利益は減少する。もし消費者よりも生産者の利益を重視することが社会的に求められるなら、価格を高く規制するよりも、市場は競争的にしたままで、別の方法で消費者から生産者に所得移転を行うほうが良い。

### 競争均衡より少ない数量の余剰分析

次に、取引数量について、競争均衡以外の値に規制する場合の社会的余剰を分析する。需要曲線と供給曲線は変わらないままで、何らかの理由で取引数量が競争均衡における値より少なくなると、余剰分析は図9-5のようになる。たとえば財の取引量制限などが行われると、このような状況になる。取

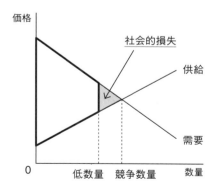

図9-5 競争均衡より少ない取引数量での余剰分析

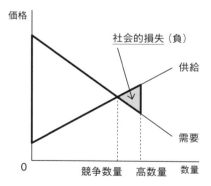

図9-6 競争均衡より多い取引数量での余剰分析

引数量は競争均衡における値より左方に縮小する。少ない数量を供給する者は、かりに供給コストの低い者から順になるものとして、それを買う者は、かりに価値付けの高い者から順になるものとする[3]。価格は、上限が需要曲線と低数量が交わる点に対応し、下限が供給曲線と低数量が交わる点に対応する。その範囲で価格はどの値もありうるが、どの値でも社会的余剰の領域は、太線で囲まれた台形であり変わりはない。取引数量が左方に動くことで、生産者余剰と消費者余剰の合計である社会的余剰は小さくなる。そして「低数量」より右側に残された、網かけされた部分の三角形は、社会的損失になる。取引数量の減少によって、本来なら価値を下回るコストで供給でき、取引が実現すれば社会に利益をもたらす可能性があるのに、実現しない逸失利益である。

### 競争均衡より多い数量の余剰分析

逆に、需要曲線と供給曲線は変わらないままで、取引数量が競争均衡における値より多くなると、余剰分析は図9-6のようになる。たとえば供給者に一定量の供給を義務づけると、量が多すぎた場合にこのような状況になる。取引数量は競争均衡における値より右方に拡大する。増える数量を供給する者は、かりに供給コストの低い者から順に、それを買う者はかりに価値付けの高い者から順になるものとする[4]。価格は、上限が供給曲線と高数量が交わる点に対応し、下限が需要曲線と高数量が交わる点に対応する。その範囲で価格はどの値もありうるが、どの値でも社会的余剰に変わりはなく、競争数量より左側の太線で囲まれた三角形の面積から、網かけされた部分の三角形の面積を引いたものに相当する。

図9-3〜図9-5では、取引数量が左方に動いて社会的余剰が縮小し、競争数量の左側に社会的損失が発生した。しかし図9-6では逆に、取引数量は右側に動き、競争数量より右側に新たな社会的損失が生まれる。このことを、図9-7を使って説明する。図9-7では余剰分析をわかりやすくするために、

---

[3] 脚注1と脚注2で説明するように、売手と買手の可能な組合せの中で、社会的損失が最小になる場合である。

[4] 脚注1と脚注2で説明するように、売手と買手の可能な組合せの中で、社会的損失が最小になる場合である。

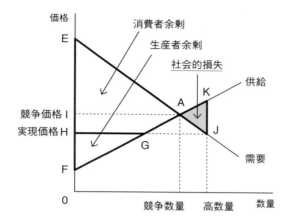

**図9-7　競争均衡より多い取引数量での余剰分析**

価格は「高数量」と需要曲線が交わる点Jに対応する、「実現価格H」になると仮定する。

図9-7で、競争市場における余剰分析と、競争市場より多い取引数量での余剰分析を比較する。消費者余剰は、競争市場では三角形EAI（△EAI：以下、三角形を△で略称する）で表されるが、高数量では△EJHに拡大する。生産者余剰は、競争市場では△FAIで表されるが、高数量では△FGH－△KJGに減少する。△KJGの部分は、実現価格が供給コストを下回るので供給者にとって損失になり、マイナスの生産者余剰になる。そして消費者余剰と生産者余剰を合計した社会的余剰は、それらの面積を合わせて、競争市場では△EAFで表され、高数量では△EJH＋△FGH－△KJGになる。ここで注意されたいのは、高数量での社会的余剰のうち、消費者余剰の一部である△AJGと、マイナスの生産者余剰の一部である－△AJGが相殺されることである。相殺される部分△AJGは、社会的余剰に含まれない。したがって社会的余剰は、相殺された残りの消費者余剰である四角形EAGHと、相殺後の生産者余剰である△FGH－△KJAを合計したものになる。それは△EAF－△KJAになり、競争市場の社会的余剰△EAFと比べると、－△KJAの社会的損失が生まれていることがわかる。この社会的損失は、数量の増加に

よって、価値を上回るコストで供給をしてしまう、資源の浪費分といえるものである。本来ならなされるべきでない取引が実現して、社会に損失をもたらすことを表している。

図9-3〜図9-7の説明でわかるように、競争均衡以外の価格や数量では、社会的損失が発生する。すなわち、当事者の自由な取引で決まる競争均衡の価格と数量で、社会的余剰は最大になる。

## 9-3 課税と補助金

市場に介入して、直接に価格や数量を規制することを直接規制という。前節で見たように、競争市場に介入して、価格や数量を競争均衡が導くもの以外に規制すると社会的損失が発生する。この節では、間接的に価格や数量を規制する制度である、課税と補助金の余剰分析を行う。

### 課税の余剰分析

図9-8と図9-9を比べることで、競争市場で取引される財に、数量あたりの課税をすることの効果を分析できる。図9-8は課税しない場合の、図9-9は課税する場合の余剰分析である。2つの図で、需要曲線Dと限界費用曲線MCは同じものにしている。課税しない場合の、消費者余剰と生産者余剰は図9-8に示す通りである。図9-9では税を導入して、競争市場ならば供給曲線になるMCの上に、税額を加えた供給曲線（MC＋税）を描いている。供給曲線（MC＋税）と需要曲線の交点が、課税がある場合の均衡になる。

図9-8と図9-9を比べると、税の導入によって、均衡価格が上がり、均衡数量が小さくなることがわかる。図9-9では消費者余剰は上方に圧迫され、生産者余剰も税によって上方に圧迫される。その下の、MCとMC＋税に挟まれた太線の四角形は、徴収される税の総額を表す。この税収は消費者余剰でも生産者余剰でもなく、政府の収入になるが、政府が供給する何らかのサービスによって社会に還元されるので、社会的余剰の一部と考えられる。したがって社会的余剰は、消費者余剰、生産者余剰、税収、の3つを合計したものになる。ただし3つを合計しても、図9-8の競争市場における社会的

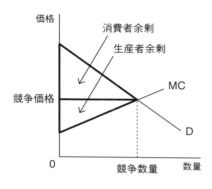

図9-8 課税がない競争市場の余剰分析

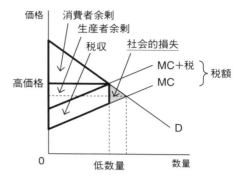

図9-9 課税がある競争市場の余剰分析

余剰に比べると、図9-9の低数量の右側にある網かけされた部分の三角形が、社会的損失になることがわかる。

　課税によって取引が減少し、そのことが社会全体の利益を減少させる。たとえば輸入される製品や材料に関税をかけると、輸入品の価格が上がり、取引数量が減る。税収は増えるが、それ以上に消費者余剰と生産者余剰が減るため、社会全体の利益は減るのである。同じような構造は、消費税などの間接税が取引に与える影響についてもあてはまる。

## 補助金の余剰分析

　数量あたりの補助金を、競争市場で取引される財の供給者に与えることの効果は、図9-10と図9-11を比べることで分析できる。図9-10は補助金がない場合の、図9-11は補助金がある場合の余剰分析である。2つの図で、需要曲線Dと限界費用曲線MCは同じものにしている。補助金がない場合の、消費者余剰と生産者余剰は図9-10に示す通りである。図9-11では、数量あたりの補助金を導入して、競争市場ならば供給曲線になるMCの下に、補助金額を引いた供給曲線（MC－補助金）を描いている。供給曲線（MC－補助金）と需要曲線の交点Jが、補助金がある場合の均衡になる。

　補助金がある場合は、均衡価格が下がり、均衡数量が大きくなることがわ

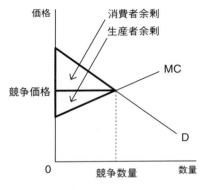
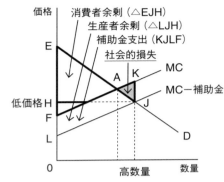

図9-10 補助金がない競争市場の余剰分析

図9-11 補助金がある競争市場の余剰分析

かる。消費者余剰は下方に広がり、生産者余剰も補助金によって下方に広がる。ただしMCとMC－補助金に挟まれた四角形KJLFは、交付する補助金の総額を表す。この金額の原資は、他の政府サービスを減らして社会の誰かの利益を減らすことから得られるので、社会的余剰の計算から差し引かなければならない。したがって社会的余剰は、消費者余剰と生産者余剰の合計から補助金支出を引いたものになる。図9-11の余剰分析を行うと、消費者余剰△EJHと生産者余剰△LJHの合計は△EJLで、そこから補助金支出にあたる四角形KJLFを引く。その際に、共通する四角形AJLFの部分が相殺されて、残る部分は△EAF－△KJAになる。図9-10に示した競争市場の社会的余剰は△EAFに相当するので、比較すると、補助金によって－△KJAの社会的損失が生まれていることがわかる。

　この社会的損失は、補助金によって取引数量が増える分は、価値を上回るコストを使って供給してしまう、いわば資源の浪費になることを表している。本来なら成立すべきでない取引が実現して、社会に損失をもたらすことになる。たとえば、経営環境が厳しく雇用問題が発生しそうな産業を支援するために、製品の供給に補助金を与えるとする。すると製品価格は下がり、取引数量は増える。それによって消費者余剰と生産者余剰は増えるが、その合計より多くの補助金を使わねばならず、社会全体の利益は減少する。一時的で

はなく構造的に不況になっている産業は、需要が減少していたり、供給側の条件が時代に合わなくなっていることが多い。そのような産業に、単に補助金を与えても、厳しい環境は変わらず、事業の変革を遅らせるだけに終わることが多い。むしろ事業の延命ではなく、変革を支援するための補助をするほうが良い。もし不況産業での所得低下や失業が問題であれば、産業転換を容易にするために、新しい事業のための技能教育などに資金を使うほうが良い。あるいは、市場には介入せず、所得の低下や失職をした人に直接に補償金を渡すことで、社会的損失を生まずに所得移転をすることができる。

### 一括税と一括補助金

図9-8〜図9-11の説明で、取引数量あたりの課税や補助金を導入することは、社会的損失を発生させることがわかる。この問題に対応して、社会的損失を発生させない課税や補助金の方法として、取引数量によらない定額の一括税や一括補助金がある。一括税をかりに供給者に課すとして、そのイメージを需要供給グラフに表すと、厳密な意味で正確なものではないが、図9-12のようになる。また、一括補助金をかりに供給者に渡すとして、同様なイメージを表すと図9-13のようになる。

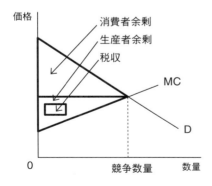

図9-12　一括税の余剰分析

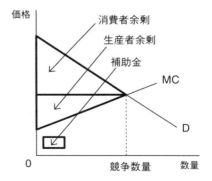

図9-13　一括補助金の余剰分析

一括税の例としては、事業免許に対して定額で課される税金や、固定資産税などがある。一括補助金としては、特定の品目の取引の量に応じた補助金を出すのではなく、一定額を渡す支援金のようなものがある。事業税や所得税は、経済活動による利益に連動して額が変わるので、一括税ではなく、経済活動を縮小させて社会的損失を生む性質がある。

　さまざまな公共サービスを受けとる個人に対して、一括して課税する考えをおし進めると、人頭税という考えにいたる。つまり個人の所得や享受する公共サービスの量にかかわらず、1人あたり定額の税を課すという考え方である[5]。人頭税は所得や支払い能力に応じないので、税の方式としては逆進的である。取引数量に影響を与えないので経済的には効率的だが、社会的な価値観に沿わないことが多く、あまり採用されていない。

## 9-4 市場の限界

### 市場の失敗

　前節までに見たように、市場における自由な取引にゆだねることで、一般的な条件下では、社会的余剰を最大にすることができる。しかし市場における自由な取引が、社会的余剰を最大にしない場合もある。その原因になるのは次のような要因である。それは言い換えれば、市場のメリットの限界になる要因ともいえる。

1. 外部性
2. 自然独占
3. 公共財
4. 不確実性

　上に挙げたどれかの要因によって経済的効率性が満たされない状況は、**市場の失敗**（market failure）と呼ばれる。市場の失敗に対しては、政府などが

---

5　課税ではなく、一括して定額の補助金を与えるなら、ベーシックインカムのような制度になる。

市場に適切な介入を行うことによって、社会的余剰を改善できる可能性がある。上の1～3の各要因による市場の失敗とその解決法について、次の9-5節～9-10節で検討する。

4の不確実性が取引に与える影響と対策については、2-2節で説明している通りである。不確実性のために、当事者の利益の合計が最大にならない条件で、取引がなされることがある。また、不確実性がなく真の値がわかっていれば成立する取引が、不確実性のために成立しない場合がある。逆に、真の値がわかっていれば成立しないような取引が、不確実性のために成立する場合もある。

## 取引コスト

上に挙げた4つの要因の他にも、取引コストの存在によって、市場における自由な取引が社会的余剰を最大にしないことがある。取引コストとは、財の対価以外に、取引の交渉や実施にともなって発生するさまざまなコストの総称である。たとえば、取引相手を見つけるためのコスト、取引条件を定めて契約を結ぶコスト、取引にともなうトラブルを予防したり解決したりするコスト、などが取引コストに含まれる。取引コストの大きさは、経済活動における不確実性の程度とも関連する。2-3節で紹介した探索理論における探索コストも、取引コストの一例である。

一般的な経済理論では取引コストはゼロと仮定する。取引コストが無視できる程度に小さいならば、当事者間の自由な取引が社会的余剰を最大にする。しかし現実では、取引コストが無視できない大きさの場合もある。たとえば当事者の人数が多く、交渉や契約に大きなコストがかかる場合には、自由な取引にゆだねるよりも、取引の条件を一律に法で定めるほうが、全体としてコストが小さいこともありうる。法規制でなくても、標準的な契約条件を作ったり、習慣や社会規範に従うほうが、取引コストが小さくなる場合がある。市場における自由な取引ではなく、大きな組織に合併・統合して、組織内の秩序や命令によって経済活動を進めるほうが、取引コストを小さくできる場合もある。

## 経済的効率以外の価値

　市場における自由な取引が、社会全体の利益の最大化という経済的効率性を満たしたとしても、経済的効率以外の価値を十分に満たさないことがある。経済的効率以外の価値は、たとえば公平性や正義などの価値観による評価である。公平性や正義は、一般に経済学の分析では範囲に入れない問題だが、現実のビジネスや政策では重要な問題である。その意味では、市場における自由な取引の結果が、当事者の利益の合計を最大にしても、利益の配分が不公平に偏るなど、人々に許容されないことがあれば、それも市場メカニズムの限界の1つといえる。

　ただし、公平性や正義をどのように定式化するかについては、経済学だけでなく哲学や政治学の分野でも、定説を見るにいたっていない。公平性や正義は、人により基準が異なる場合もあり、1つの公式やルールで規定できないことが多い。それでも、多くの人にとって倫理的に許容できない結果であれば、経済的効率性が満たされるとしても、取引への介入や修正が求められるであろう。

　経済学があまり公平性の問題を扱わないのは、公平性を軽視しているわけではなく、公平性の問題を効率性と分離して検討できることによる。つまり、公平性と効率性（社会全体の利益の最大化）は、必ずしも同時に最適化しなくても良いと考えるのである。まず社会全体の利益の合計を最大化して（パイを最大にして）、そのうえで公平性の要請に合うように個人間で利益を再分配すれば良いと考えるからだ。

　経済活動ではしばしば、当事者の利益の合計を最大にする行動（自由な取引）と、当事者に公平な利益配分を生む行動は異なる。その際に公平性を重視すれば、自由な取引では利益が少なくなる者の利益を増やすために、他者の利益をそれ以上に減らす行動を選ぶことになる。しかし経済活動の回数は多いので、ある活動で不利になる者が、別の活動で有利になることもある。そのように立場が相殺されるなら、活動のたびに公平性を考慮して、社会全体の利益を小さくするのは無駄になる。また、公平性の基準は定式化されていないので、活動のたびに何が公平かを考慮するのも大変である。そのような事情から、個々の取引では効率性を重視して、公平性については、主として所得再分配の政策などでまとめて調整するのが現実的になる。

## 9-5 外部性

　個人や企業の行動が、他者の効用や生産性を増減させるとき、その活動には**外部性**（externality）があるという。外部性には、他者の効用や生産性を増やす**外部経済**と、減らす**外部不経済**がある。外部性はさまざまな活動で発生する。その中で問題になるのは、外部性が市場の価格や取引条件に反映されない場合である。当事者による自由な取引では、外部性が価格や取引条件に反映しないと、外部経済がある活動は、社会的に最適な水準より過少になる。そして外部不経済がある活動は、社会的に過剰になる。

　外部経済の例として、感染症の予防接種がある。予防接種を受けることには、感染症にかかりにくくなる自分の便益だけでなく、自分から他者に感染させる可能性を減らすことによる他者の便益がある。教育にも外部経済がある。教育を受けることは自分の能力を高めるだけでなく、自分とともに働く他者を助けることになる。あるいは、親が受けた教育は、子育ての方法や健康管理などを通して、子供の利益にもなる。

　外部不経済の例としては、工場などから有害物質を排出すると、周囲の他者の健康を損ねることがある。一般的に公害問題と呼ばれるものは、外部不経済が問題になる。また化石燃料を燃やすことは、大気汚染のほか、二酸化炭素の増加による気象の温暖化を通して、他者の効用や生産性に影響を与えると考えられる。

　その他にも厳密に考えれば、外部性はさまざまな活動で、程度の大小はあっても発生する。市場の自由な取引においては、売手や買手の当事者は、自分たちが受ける外部経済や外部不経済を、市場の価格や取引条件に反映させる。しかし自分たち以外の第三者が受ける外部性は、市場の価格や取引条件に反映されない。外部性が市場価格に反映されないとき、個人や企業は、自分にとっての費用と効果だけを考えて取引と行動を決めてしまう。つまり外部経済にともなう第三者の便益や、外部不経済にともなう第三者の費用は考慮されないことになる。過剰な行動や過少な行動による、市場の失敗が起きる。この節では、外部性のメカニズムを余剰分析で表し、問題への対策を検討する。

## 外部経済の余剰分析

　外部経済がある場合の余剰分析を、予防接種の例をとって、図9-14の需要供給グラフを用いて検討する。横軸の数量は、接種を受ける人数である。予防接種の限界費用 MC は、接種を受ける人数にかかわらず一定とする。MC は水平に表され、競争市場ではこれが供給曲線になる。需要曲線は2種類を考える。「私的需要」は市場の自由取引における需要で、予防接種を受けることの、接種を受ける者だけにとっての便益を反映する。つまり自分が感染症にかかりにくくなることの便益である。「社会的需要」は社会全体にとっての便益を考慮した需要である。つまり私的な便益に、自分から他者への感染を防ぐことの、他者にとっての便益を加えたものである。予防接種には外部経済があるので、同じ接種人数に対して、社会的便益は私的便益より大きくなる。つまり社会的需要は、私的需要よりグラフでは上方に位置することになる。

　社会的に望ましい状況は、社会的な需要曲線と限界費用 MC が交わる、「最適量」の接種がなされることである。しかし市場における自由な取引にゆだねると、私的な需要曲線と供給曲線が交わる、「実現量」しか接種がなされない[6]。外部経済がある活動は、当事者の自由な活動にゆだねると過少

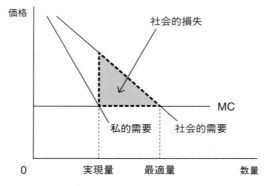

図9-14　外部経済の余剰分析（例：予防接種）

---

[6] 供給が完全競争の場合は「実現量」で、独占や寡占など不完全競争の場合はさらに少ない数量しか接種されない。

にしか行われない。予防接種の例にあてはめると、他者に感染症を広めないという社会的便益は、接種者にとっての私的な便益に反映されず、自由な取引では過少な量の予防接種しかなされないのである。その結果、余剰分析としては、図の太い破線で囲まれた三角形の面積にあたる社会的損失が発生する。この社会的損失は、供給コストを上回る社会的便益があるのに、実現されない予防接種による機会損失である。

## 外部経済への対策

外部経済がある場合には、市場における自由な取引では、実現する取引の量が過少になるので、最適量まで取引量を増やす対策が望まれる。

### （対策1）直接規制

取引量を最適値に近づける方法としては、法令などで行動を義務づけて、取引量を最適値に近づける方法がある。あるいは、価格を規制して間接的に取引量をコントロールする方法もある。市場の失敗がないときの規制は社会的損失を作るが、市場の失敗で社会的損失がある状況では、それを相殺する方向の規制が、問題を解決する可能性がある。

予防接種の例では、図9-14の「最適量」の取引がなされるように接種を強制または奨励して、接種者を増やす方法がある。あるいは接種の価格をMCより強制的に下げて、接種者を増やす方法もある。日本国内では、いくつかの感染症を対象にして、予防接種を公的プログラムで無料にして奨励している。国によっては年齢や職業などを条件にして、特定の予防接種を義務化することもある。

規制を最適なものにするためには、図9-14の「最適量」にあたる量、すなわち社会的に最適な接種人数、あるいは職業ごとなら接種すべき対象職種を、正確に知る必要がある。そのためには「社会的需要」すなわち社会全体への予防接種の疫学的な効果を正確に知る必要がある[7]。現在のわれわれの

---

[7] より包括的な分析では、接種の副作用が発生する確率を考慮した、接種者にとっての期待損失を「私的費用」に、副作用によって接種者以外の者が負担する期待損失を「社会的費用」に含めて分析する。

知識ではそれを正確に把握できないため、予防効果の推定値や、接種の実施しやすさを基準にして、接種の対象者を決めている。予防接種に限らず直接規制の成否は、社会的な効果と費用に関する情報の正確さに依存する。

### (対策2) 外部経済の内部化 (internalization of externality)

市場メカニズムの「外」の要因である外部経済を、取引する者の費用と便益に反映させて、市場メカニズムの「内」に組み込むという発想である。予防接種の例では、補助金を用いて、最適量の取引がなされるようにする方法がある。この方法を需要供給グラフで表すと、図9-15のようになる。価格を強制的に下げる対策1の代わりに、自発的に下がるように補助金を出す形になる[8]。補助金によって限界費用はMCから「MC−補助金」に下がる。それにしたがって、供給曲線と「私的需要」との交点である均衡点は、より低い価格に、そしてより大きな数量に移動する。補助金の額が適切ならば、均衡数量は「最適量」に重なる。供給が完全競争の場合は、供給曲線は限界費用を表す「MC」になる。しかし独占や寡占など不完全競争の場合は、供給曲線は一般に「MC」より上方、すなわち、高い価格になる。したがって

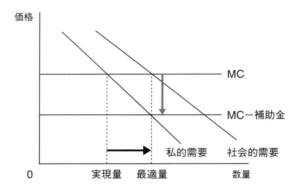

図9-15 補助金による外部経済の内部化

---

8 供給者に補助金を出すと、供給コストが下がって図9-15のようになる。需要者に補助金を出す場合は、私的な便益を表す「私的需要」に補助金が上乗せされると考えて良い。補助金に応じてMCが下方に移動するか私的需要が上方に移動するかの違いになる。

「最適量」にするための補助金の額は、完全競争の場合より多く必要になる。この方式の成否も、対策1の場合と同様に、社会的需要にもとづく「最適量」と、いくらの補助金によって私的需要が最適量になるかの、情報の正確さに依存することになる。

外部経済を受ける第三者が、外部経済を与える行動をする者と、契約する方法もある。外部経済を与える行動に対して、外部経済に見合う対価を与えるのである。予防接種の場合には、誰が誰に感染させる可能性があるかを網羅することは難しいので、あまり現実的ではない。一般に外部性が問題になるのは、外部性の当事者が誰であるか特定しにくい場合や、当事者の数が多すぎて、便益や費用を補償する契約を作れない場合が多い。契約が作れるならば、外部経済や外部不経済は、それを与えるか引き受けることを1つの財として、対価をともなう取引が成立しうる。

逆の見方をすれば、外部性の当事者を特定でき、当事者の間で低コストで契約や取引をすることができれば、外部性は市場メカニズムに内部化できることになる。たとえば情報技術の活用や、$CO_2$排出権市場の開発など、新しい技術や制度によってそのような問題を解決する方法がある。

## 外部不経済の余剰分析

外部不経済がある場合の余剰分析を、ガソリンの消費に例をとって、図9-16の需要供給グラフを用いて検討する。簡単にするためにガソリン供給の限界費用MCは一定と仮定して、水平なMC曲線を仮定する。ただし水平でないMC曲線であっても、この後の議論の本質は変わらない。図9-16では2種類のMC曲線を考える。「私的MC」はガソリン供給の限界費用である。これが競争市場における供給曲線になり、市場の自由取引において考慮される、ガソリンの消費者が支払う価格になる。「社会的MC」は社会全体にとっての限界費用で、私的費用に、他者が負担する健康被害や温暖化などの費用を加えたものである。外部不経済のために、同じガソリン消費量に対して、社会的費用は私的費用より多くなる。つまり社会的MCは私的MCより大きく、グラフではより上方に位置することになる。

社会的に望ましい状況は、需要曲線と社会的MCが交わる、「最適量」の消費がなされることである。しかし市場における自由な取引にゆだねると、

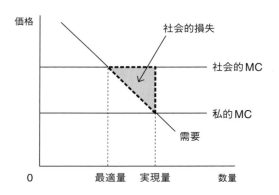

図9-16 外部不経済の余剰分析（例：ガソリン消費）

需要曲線と私的 MC が交わる、「実現量」まで消費されてしまう。外部不経済がある活動は、当事者の自由な活動にゆだねると過剰に行われる。ガソリン消費にともなう他者のコストは、自由な取引においては消費者にとっての私的な費用に反映されず、過大な消費が実現してしまう。その結果、余剰分析としては、図の太い破線で囲まれた三角形の面積にあたる社会的損失が発生する。この社会的損失は、ガソリン消費によって可能になる行動の価値より、社会全体のコストが高いことによる損失である。

供給が独占や寡占など不完全競争の場合は、供給曲線は一般に「私的 MC」より上方、すなわち、高い価格になる。供給曲線が「社会的 MC」より下方にあれば、やはり社会的損失は発生するが、その大きさは完全競争の場合より小さい。もし供給曲線が「社会的 MC」より上方にあれば、図9-16とは違って「社会的 MC」より上方に社会的損失が発生する。

## 外部不経済への対策

外部不経済がある場合には、市場における自由な取引では、実現する取引の量が過大になるので、最適量まで取引量を減らす対策が望まれる。

### （対策1）直接規制

法令などで取引量を規制する、または価格を規制して間接的に取引量をコ

ントロールする方法がある。あるいは、何らかの行動を義務づけたり禁止したりして、取引量を最適値に近づける方法もある。図9-16の例では、「最適量」のガソリン消費量になるように、消費節減を強制または奨励する。あるいはガソリン価格を強制的に上げて、最適な消費量に近づける方法がある。

　最適な規制をするためには、「最適量」を正確に知る必要がある。そのためには「社会的MC」、すなわちガソリン消費による大気汚染や、$CO_2$排出を介した地球温暖化の影響の、社会的な費用を正確に知る必要がある。現在われわれはそれらを正確に知ることはできず、過去の排出量や実行の可能性などを基準にした目標値を作っている。しかし外部経済の場合と同様に、直接規制の成否は社会的な効果と費用に関する情報の正確さに依存する。

### (対策2) 外部不経済の内部化

　市場メカニズムの「外」の要因である外部不経済を、取引する者の費用と便益に反映させて、市場メカニズムの「内」に組み込む発想である。ガソリン消費の例では、ガソリンの取引に課税して、最適量の取引ひいては消費がなされるようにする方法がある。この方法を需要供給グラフで表すと、図9-17のようになる。価格を強制的に上げる対策1の代わりに、課税をする形になる。課税によって供給曲線は「私的MC」から「私的MC＋税」へと上方に移動する。それにしたがい、需要曲線と「私的MC」の交点である均衡点は、より高い価格に、そしてより少ない数量に移動する。課税の額が適切ならば、「私的MC＋税」は図9-16の「社会的MC」に重なり、「課税後実現量」は図9-16の「最適量」に重なる。現実では、ガソリンには消費税、揮発油税、石油税などが課されていて、名目は異なるが実質的な効果として、ガソリン消費を抑制する方向に働いている。また、供給が独占や寡占など不完全競争の場合は、供給曲線は一般に「私的MC」より上方、すなわち、高い価格になる。その場合もガソリン消費を抑制する方向に働く。外部性の見地から、市場の価格や数量が適切であるかを判断するためには、対策1の場合と同様に、「最適量」を正確に知る必要がある。課税の成否も、「社会的MC」すなわち大気汚染や温暖化の影響などの、社会的費用に関する情報の正確さに依存する。

　外部不経済を受ける第三者が、外部不経済を与える行動をする者と、契約

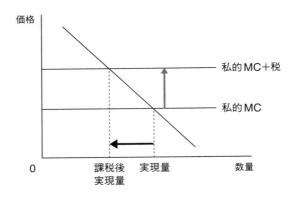

図9-17 課税による外部不経済の内部化

する方法もある。外部不経済を与える行動をしないことに対して対価を与えるか、外部不経済を受忍することの対価を求めるのである。一般に外部性が問題になるのは、外部性の当事者が誰であるか特定しにくい場合や、当事者の数が多すぎて、便益や費用を補償する契約を作れない場合が多い。ガソリン消費による健康被害などは因果関係の当事者の特定が困難である。しかし地球温暖化の外部不経済に対しては、$CO_2$排出権市場を含めた新しい制度の開発によって内部化できる可能性がある。

## 9-6　$CO_2$排出権市場

### 外部性の取引市場

課税や補助金以外の方法で、外部性を内部化する方法として、外部性をもつ行動をする権利を取引する市場を作る方法がある。たとえば二酸化炭素($CO_2$)を排出する経済活動の、外部不経済への対策として、$CO_2$排出権を取引する市場を作る例がある。考え方は、$CO_2$を排出する燃料に課税することに似て、化石燃料の使用に追加の費用がかかるようにすることで、使用量を減らして最適量に近づけようとするものである。

ただし現在の科学知識では、$CO_2$排出の温暖化への影響とその社会的な費

用を、正確に定量化することができない。したがって正確な最適量はわからないのだが、次のような方法をとっている。まず排出量削減の目標値を定め、それを関係者に配分する。目標値は多くの関係者の了解が得られる値になり、必ずしも最適値とは限らない。そして目標値より少ない排出量まで削減した者は、目標値より減らした分量の排出権を取引市場で他者に売ることができる。一方で排出権を買う者は、排出量が目標値を超えても、買った排出権の分までは排出できるという制度である。排出権を超えて排出した者に、排出量に応じた罰金を科すこともある。

　取引市場で削減分を売ることができるので、関係者には割り当ての目標値にとどまらず、さらに削減する経済的なインセンティブが生まれる。関係者がそれぞれ費用対効果を考えて削減に取り組むと、比較的低コストで削減できる者は、より多くの削減を行う。一方で削減が高コストになる者は、無理に削減するのではなく、取引市場から排出権を買うことを選ぶ。その結果として、各自に目標値への削減を強制する場合よりも、全体的に低いコストで総量の目標値を達成できるのが、取引市場のメリットである。

## 排出権の価格の意味

　ここで注意すべきことは、現在の$CO_2$排出権市場でつく価格の意味である。たとえば$CO_2$排出1トンあたり20ドルのような価格がつくが、この価格は$CO_2$排出の社会的な費用を評価したものではない。暫定的に定めた排出量の目標と、それを満たさなかった場合の罰則の水準、化石燃料を使用する経済活動の利益率や、$CO_2$排出削減の技術的コストなどで決まる均衡値である。排出目標を厳しくすれば排出権の価格は上がり、低コストの削減技術が普及すれば排出権の価格は下がるだろう。

　理想的には、$CO_2$排出による社会的費用を課税額にすることで、社会的な利益は最大になる。将来もし温暖化の影響のより正確な情報が得られれば、その情報からより適切な排出目標値や課金を算出できる可能性がある。あるいは、もし$CO_2$排出の被害者や公共団体が、排出を減らすために排出権を買いとるならば、価格は被害者にとっての被害の評価額に関連したものになるだろう。ただし社会的費用は世界中に分散するものなので、排出権の価格が社会的費用に近づくためには、特定の被害者ではなく影響を受ける全員で

買いとるような評価額である必要がある。

## 9-7 自然独占

　事業を行うための固定費が大きく、1社の供給の最適規模が市場規模より大きい場合は、自由な競争の結果でも、1社の独占になることがある。複数社による競争になっても、より規模の大きい企業がライバルを平均費用で下回り、ライバルを駆逐するからである。そして、参入のための固定費や規模での不利が、新規参入を抑制する。

　自然独占の例は、鉄道、通信などのネットワーク型の産業によく見られる。鉄道の例では、人口密度がかなり高い地域でない限り、複数の鉄道が並行して競争することはない。同様に、複数の企業が競争して通信回線を家庭ごとに敷設することもない。1本の鉄道や通信回線で十分に需要をまかなえるなら、需要の全範囲に対して規模の経済がはたらくことになる。そのような状況を需要供給グラフで表すと、図9-18のようになる。図9-18では限界費用MCは一定と仮定している。そして事業を行うために大きな固定費がかかり、

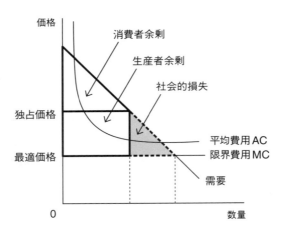

図9-18　自然独占の余剰分析

その固定費を供給数量で割り延べした平均費用を曲線 AC で表している。

## 自然独占の問題点

　独占者が利益を最大にするような高い価格を設定すると、独占均衡になり、図9-18の網かけされた部分の三角形の面積にあたる社会的損失が発生する。そのほか社会的余剰の最大化とは別の視点だが、大規模な事業が独占になると、売手に利益が偏在することで公平性の問題も発生しうる。

　しかし複数の企業による競争を強制すると、固定費が多重になり、別の意味での社会的損失が発生する。したがって問題は、独占それ自体ではなく、独占的な価格設定と考えるべきである。社会的余剰を最大にする価格は、限界費用 MC と需要曲線が交わる水準である。しかしこの価格は、独占における自由な価格設定では実現しないであろう。

## 自然独占への対策

　社会全体の利益を最大にするのは、供給側は独占で、しかし価格は独占価格ではなく、限界費用に等しいときである。この状況は自由な取引では実現しないので、価格規制などで実現させることが、社会的余剰を最大にする目的で正当化される。

　しかし図9-18にみるように、価格を限界費用の水準まで下げると、価格は平均費用 AC を下回り、売上は固定費を含む供給費用をカバーできなくなる[9]。つまり価格を限界費用の水準に規制すると、事業が赤字になり供給者がいなくなる可能性がある。代わりに、価格を平均費用の水準に規制する方法がある。この価格水準ならば事業は赤字にならない。そのほか、価格は限界費用の水準に規制して、事業の赤字を政府からの一括補助金で充当する方法がある。この方法は自然独占になる事業の社会的余剰を最大にするが、政府の財政的な余裕が制約条件になる場合がある。また、平均費用価格や一括補助金は、事業者がイノベーションや費用の節約によって利益を生むインセ

---

9　限界費用曲線が右上がりになり、固定費がそれほど大きくない場合には、限界費用と需要曲線が交わる価格による売上が、総費用をカバーできる場合がある。そのような場合に図形的には、平均費用曲線と限界費用曲線は、需要曲線より左側で交差する。

ンティブを欠くので、長期的に社会の利益を最大にしない可能性がある。

　各国の鉄道や通信の料金は、事業者の採算性をある程度参考にした規制価格になっていることが多い。ただし単純な赤字補てんでは、コスト削減などの経営努力のインセンティブが不足する。そこで固定投資の非効率な重複を避けながら、複数社により競争を導入することも多い。たとえば大きな固定投資が必要なネットワークの設営と管理の事業と、ネットワークを利用してサービスを供給する事業を分離することもある。その場合は、ネットワーク事業は規制のある自然独占であるとしても、ネットワーク上のサービスは複数社による競争で供給することができる。そのような例は、鉄道、通信、電力、ガス、などの事業で見られる。

## 9-8 ロードプライシング

**最適価格はゼロ？**

　道路、鉄道、通信など社会インフラ事業の多くは、大きな固定費用と比較的小さな変動費用が特徴である。たとえば道路は、建設と維持のために多くの費用がかかるが、道路を利用する人や車が増えても、道路の維持費はほとんど変わらない。舗装や橋梁は、通過する車両の軸重の4乗と速度の2乗に比例して劣化すると言われるので、過積載のトラックなどが通れば維持費は増えることになる。しかし風雨や塩害など環境要因による劣化に比べれば、利用による劣化の割合は小さいと言われる。社会の利益を最大にする利用価格は、限界費用に等しい水準である。したがって上述のように、道路の利用による費用の増加が無視できる程度ならば、社会的に最適な道路の利用価格はゼロである。これは一般の市中の道路でも、高速道路でもあてはまる。

　現実には、有料道路の場合は、建設費や維持費を回収するために利用料金を課している。しかしその場合は、図9-19に示すように社会的損失が発生する。図9-19ではわずかな額の限界費用 MC を想定しているが、MC をゼロと仮定しても大意は変わらない。社会的な最適価格は MC の水準である。それより高い価格、たとえば平均費用 AC の水準に価格を設定すると、利用量が減少し、図9-19の網かけされた部分の三角形の部分に社会的損失が発

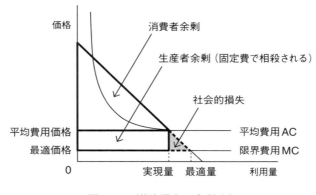

図9-19　道路課金の余剰分析

生する。道路を利用することの価値が費用を上回るのに、高い価格によって実現しない利用の機会損失である。

　社会的に最適な道路の供給は、利用は無料にして、必要な道路の建設と維持は一括補助金でまかなうことである。ある道路が「必要」か否かは、その道路が新たに創出する経済的利益と、建設および維持の費用の合計とを比較して判断する。ただし一括補助金の問題として、経営努力のインセンティブが不足するので、経営を監督したり、事業への参入などで競争を導入したりすると良いであろう。また、一括補助金の財源が税金であると、税負担者と道路の利用者が必ずしも一致しない問題が生まれる。受益者負担を追求するならば、利用価格を上げて、利用料収入の割合を増やすこともありうる。建設と価格設定に関する以上の考え方は、道路に限らず、鉄道や通信などにもあてはまる。

### 混雑の外部不経済

　道路や通信インフラを利用することによる、機械的な損耗や電力などのコストはわずかである。しかし利用量がインフラの容量の限界に近づくと、混雑によるコストが発生する。道路の例では、利用車両が少なく容量に余裕がある場合は、どの車両も任意の速度で走行できる。この状況では、道路の利用車両が1台増えても、混雑は生まれず、他の車両の速度と所要時間に影響

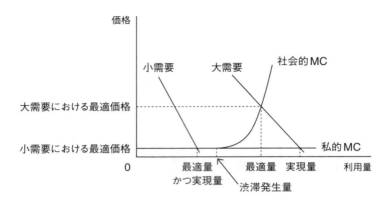

図9-20 混雑の余剰分析

を与えない。しかし利用車両が増えて渋滞が発生すると、利用車両が1台増えることで、それより後ろの車両の所要時間を、数秒程度であるが遅らせることになる。わずかな時間でも、影響を受ける車両が多ければ、合計の時間増加は大きくなる。その時間のコストは、混雑による社会的費用である。つまり、渋滞が発生すると、道路の利用には、混雑を悪化させる外部不経済が生まれる。この状況を需要供給グラフに表すと、図9-20のようになる。

図9-20では、インフラを利用することの限界費用MCを「私的MC」と表している。インフラの機械的な損耗など、利用量1単位あたりのインフラ供給の変動費である。ただし利用量が「渋滞発生量」を超えると、進入する車が他の車の所要時間を増加させる外部不経済のために、社会的には追加の限界費用が発生する。私的MCに外部不経済による限界費用を加えたものを、「社会的MC」と表している。渋滞発生量より少ない利用量では、混雑による外部不経済は発生しないので、社会的MCは私的MCに等しい。

道路の最適な利用価格は、需要曲線と社会的MCが交わる水準である。道路利用の需要は、図中の「小需要」と「大需要」のように、時間によって変化する。渋滞発生量より少ない小需要のときには、私的MCだけをカバーする低い価格が最適になる。車両1台の通過による道路の損耗が、無視できる程度の費用ならば、料金徴収の手間などを考慮して、利用を無料にしても

良いだろう。ただし、渋滞発生量より多い大需要のときには、混雑を悪化させる外部不経済を追加した、比較的高い価格（「大需要における最適価格」）が最適になる。もし高い水準の価格にしなければ、利用量は、私的MCと大需要が交わる「実現量」になり、渋滞はより激しくなり、時間損失の社会的費用は跳ね上がるであろう。

**混雑税**

混雑による外部不経済への対策として、利用者に社会的MCに相当する額を課金する、混雑税の考え方がある。有料道路の料金を、閑散時より混雑時に高くする設定は、混雑税の考え方を実施する方法の1つである。市街地中心部への車両の乗り入れに、時間帯によって料金を課す方法もある。毎回の乗り入れごとに課金する方法のほか、混雑時に乗り入れができる許可証を購入するような方法もある。混雑税の考え方を反映した料金は、一見するとやや皮肉な性質をもつ。それは、道路が混雑して走行速度が下がり、道路利用の便益が低くなるほど、逆に利用料金が高くなることである。ただしそのような性質のゆえに、混雑が軽減されることになる。

課金によって最適な利用料を実現するためには、画一的な時間帯と価格の設定ではなく、実際に利用料や混雑の状況に応じて柔軟に価格を設定・変更することが望ましい。そのような価格設定は、従来は難しかった。しかし近年は、道路の情報をリアルタイムに共有したり、車両にETCなどの自動課金装置を付けたりすることで、可能な条件が整いつつある。

## 9-9　公共財

1つの財を、多数の人が同時に消費することができ、かつ特定の人だけに消費を制限することが難しいとき、その財を**公共財**（public goods）という。たとえば道路は、同時に多数の人が利用できる。そして特定の人だけに利用を制限することは難しいので、公共財である。ただし高速道路のように、特定の出入口だけから進入できる構造にして、料金を払った人だけが利用できるようにすると、経済学的な意味での公共財ではなくなる。食物などの一般

的な消費財は、1人が消費すれば他者は消費できないので公共財ではない。しかし景観は、多くの人が同時に楽しめるので公共財である。警察や裁判所などの政府サービスも、誰もが利用できる制度なので公共財である。一般の公園は誰でも利用できる公共財だが、有料の遊園地は利用者を限定しているので公共財ではない。

## フリーライダー問題

　公共財には、その供給費用を誰が負担するかについて問題が起こりやすい。公共財の供給を自由な取引にゆだねると、誰かが財を買うと、他の者は追加して買うより、対価を支払わずに他者が買った財を消費しようとする。いわゆる「ただ乗り」をする誘因がある。そのため公共財の供給は、最適な量より過少になる。これを**フリーライダー問題**という。自由な取引にゆだねておくと、道路や公園は過少供給になる。道路は少なく混雑し、良い景観はわずかしか作られない。

　フリーライダー問題の構造は、図9-21と図9-22の比較で説明できる。図9-21は、食品など普通の財について、個人の需要が総需要に合成される様子を、需要供給グラフを用いて示している。普通の財では、1単位の財を消費するのは1人だけで、消費する人がその価格を支払う。したがって総需要量は、個人Aと個人Bの需要量が単純に合計された数量になる。図9-21では、個人の需要が横軸（数量軸）方向に合計されて、最も右の需要供給グラフの太線が総需要を表す。

　それに対して、図9-22は公園など公共財の、個人の需要が総需要に合成される様子を示している。公共財では、1つの財を複数の人が同時に消費できるので、個人Aと個人Bの需要は量的に合計されない。その代わりに、同時に消費できる各人にとっての価値を合計した総需要を考えることができる。合計の価値を表すと、図9-22の最も右の需要供給グラフのように、個人の価値を縦軸（価格軸）方向に合計した、太線の合計価値に表される。太線は社会的な需要曲線ともいえる。

　ここで図9-21と図9-22の余剰分析をする。図9-21が表す普通の財の市場では、太線の総需要と供給曲線が交わる点が均衡になり、「実現量」の取引がなされる。実現量は個人Aの消費量と個人Bの消費量の合計である。こ

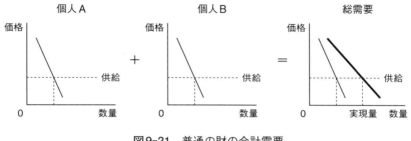

**図9-21　普通の財の合計需要**

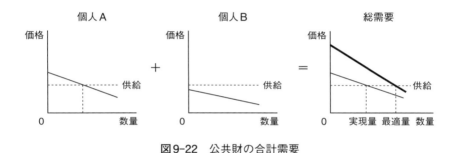

**図9-22　公共財の合計需要**

れは社会的余剰を最大化させる「最適量」でもある。一方で図9-22が表す公共財の市場では、社会的余剰が最大になるのは、太線の社会的な需要曲線と供給曲線が交わる点で、「最適量」の取引がなされる点である。しかし自由な取引ではフリーライダー問題のため、最も高い価値をもつ個人が購買する公共財に、他の者がフリーライドする。したがって均衡は、最も高い価値をもつ個人の需要曲線と供給曲線が交わる点になる。図9-22では、最も右の需要供給グラフの、細線の需要曲線が、最も高い価値をもつ個人の需要曲線にあたる。それと供給曲線が交わる点が均衡であり、「実現量」の取引しかなされない。

## フリーライダー問題への対策

　フリーライダー問題への対策としては、社会的な需要曲線と限界費用曲線

が交わる「最適量」を供給し、その供給費用を受益者たちが適切に配分して負担する方法がある。しかし最適量と適切な費用配分を知るためには、受益者各人にとっての便益を知る必要がある。便益の評価を客観的に行うことは難しい場合が多い。便益を自己申告して、それに応じた費用負担にする方法もあるが、各人には過少申告して費用負担を回避したい誘因がある。現実的には過少申告によって、過少供給が続くことが多いであろう。

　自己申告にもとづかない費用負担の方法としては、公的負担で供給する方法がある。この方法は、税負担の割合による費用分担をすることになるが、利用者の受益の割合は、納税額の割合とは必ずしも一致しない。また、納税者にとっては薄く広い負担であり、個々の公共財のために直接に支払うわけではないので、一般の納税者にとって負担の意識が低い。そのため特定の受益者が政治力を振るうと、逆に過剰供給になる可能性がある。そのような例は、過剰な公共投資の問題などに見られる。

　政府の公的負担ではなく、受益者が自発的に集団的な費用分担の仕組みを作る方法もある。それはたとえば、地域の市民団体、有志の会、同業者団体など、ある程度固定したメンバーの長期的な活動の一環としてなされることが多い。

## 9-10 外部性と公共財の例：環境保護コストの負担

　外部性と公共財の問題が複合している次の事例を読んで、それに続く設問を考えてもらいたい。

### 演習課題9-1

　大気や水質などの環境は、公共財としての性質をもつ。良い環境はその地域の住民に分けへだてなく享受される。同じ空気を呼吸し、同じ水源から水を引く限り、誰もが同じ環境に身を置くことになる。空気や水を汚せば、その悪影響は汚染者を含めた全員に及ぶ。しかし環境を保護する者（または汚染する者）と、その影響を受ける者が一致しないために、しばしば最善の環境対策がなされないことがある。

A盆地には2社が工場を1棟ずつ立地させており、各工場はそれぞれ1,000人の従業員を雇用している。各工場は排気を煙突から大気中に排出しているが、排気には人体に負担をかける成分が含まれている可能性がある。今後両工場とも浄化装置を設置しないなら、過去の同様な事例からの推測で、A盆地の人口の2％が健康上の不調をもつと予想される。ただし1工場が浄化装置を設置するごとに、健康上の不調をもつ人の割合は1％ずつ減少し、両工場が設置すれば不調をもつ人は0％となるだろう。

　問題を起こす可能性がある物質は、工場の排気系統に浄化装置を付加することで取り除くことができ、その工事には工場1棟あたり500万円の費用を要する。浄化装置の付加は、工事費以外に何ら工場の操業にコストを与えない。各工場の従業員は全員A盆地内から通勤しているため、従業員の健康不調は、地域住民と同じ割合で起きる。いずれの工場も、従業員1名が健康上の不調をもつたびに、200万円相当の生産性低下および医療費負担が発生すると予想される。

　B盆地はA盆地より10倍広く、Aにあるのと同様な工場が20社で20棟立地している。各工場は1,000人を雇用し、同様な排気を排出している。10倍の面積に10倍の工場が立地しており、大気汚染の影響はA盆地と同程度である。盆地内の全工場が浄化装置を設置しないなら、B盆地の人口の2％が健康上の不調をもち、1棟が浄化装置を設置するごとに割合は0.1％ずつ減少すると予想される。各工場の従業員は地区住民全体と同じ割合で健康上の不調をもつ。いずれの工場も、500万円の費用で浄化装置を設置することができ、従業員1名が不調をもつたびに200万円を損失するだろう。

　C盆地には、1社が10,000人雇用の工場1棟をもち、他の10社が1,000人雇用の工場を1棟ずつ計10棟を立地させている。浄化装置は、大工場には5,000万円、他の工場には1棟あたり500万円で設置できる。全工場が装置を設置しないなら地区人口及び従業員の2％が健康上の不調をもち、大工場の装置はその率を1％、他の工場の装置は0.1％低下させる。いずれの工場も従業員1名の不健康で200万円を損失する。

### 演習課題9-1に関する設問

各工場がそれぞれの操業利益の最大化をはかるとき、A、B、C各地における、工場の浄化装置の設置状況を予想せよ。

（注意：現実に演習課題のような事例があれば、工場は従業員の生産性や医療費以外にも、地域住民の健康に対して責任ある行動をとることが望まれる。しかしここでは、外部性と公共財の性質を簡潔に理解してもらうために、あえて単純に操業利益に焦点を当てる。ただし操業利益を検討するだけでも、そこから社会的な利益に関する重要な示唆が得られる。）

### 設問の検討

まずA盆地の一企業にとって、自らが浄化装置を設置する費用と効果を比較してみる。装置を設置する費用は500万円であるのに対して、効果は健康上の不調をもつ自社の従業員が1％減ることである。すなわち自社の1,000人の従業員の1％にあたる10人が不調を免れ、企業としては1人あたり200万円、10人分で2,000万円の損益改善になる。したがって費用500万円に対して効果は2,000万円で、A盆地では2工場とも浄化装置を**設置する**と予想される。

B盆地の一企業にとっては、自らが装置を設置することの費用は500万円であるのに対して、効果は健康上の不調をもつ従業員が0.1％減ることである。すなわち自社の1,000人の従業員の0.1％にあたる1人が不調を免れ、企業としては1人あたりの200万円の損益改善になる。したがって費用500万円に対して効果は200万円で、B盆地ではどの工場も浄化装置を**設置しない**と予想される。

A盆地とB盆地を比較すると、浄化装置の性能や各工場の規模は変わらないのに、A盆地では装置が設置され、B盆地では設置されないと予想される。浄化装置の設置は、どちらも1棟あたり500万円の費用で、地域の企業全体に4,000万円の効果をもつ。ただし違いは、次の条件から生まれている。どちらの地域でも、装置の費用は各工場が単独で負担する。それに対して効果は、A盆地では2工場に分散するが、B盆地では20工場に分散する。その結果、1工場にとっての費用と効果だけを考えると、B盆地では効果が費

用を下回ってしまう。社会的な費用対効果は、A、Bどちらも同じだが、私的な費用対効果が異なっている。ただしB盆地においても、もし3社以上が結束して装置を設置するならば、そのことは各社にとって費用500万円に対する効果600万円以上をもたらす。したがって、そのような結束によって装置が**設置される**可能性がある。

　C盆地では、規模の大きい工場にとって、自らが装置を設置することの費用は5,000万円であるのに対して、効果は健康上の不調をもつ自社の従業員が1％減ることである。すなわち10,000人の従業員の1％にあたる100人が不調を免れ、企業としては1人あたり200万円、100人分で2億円の損益改善になる。したがって浄化装置を**設置する**と予想される。一方で規模の小さい工場にとっては、自らが装置を設置することの費用は500万円で、効果は健康上の不調をもつ従業員が0.1％減ることである。すなわち1,000人の従業員の0.1％にあたる1人が不調を免れ、企業としては200万円の損益改善になる。したがって規模の小さい工場は、いずれも浄化装置を**設置しない**と予想される。ただしB盆地における分析と同様に、もし3社以上の小工場が結束して装置を設置するならば、そのことは各社にとって費用500万円に対する効果600万円以上をもたらすので、実現する可能性がある。

　また、小工場が装置を設置することの、大工場にとっての効果を考えると、別の予想も可能である。つまり小工場1棟が装置を設置すると、大工場においても、健康上の不調をもつ従業員が0.1％減る効果がある。すなわち大工場の10,000人の従業員の0.1％にあたる10人が不調を免れ、大工場として2,000万円の損益改善になる。したがって大工場としては、小工場が装置を設置しないなら、小工場での費用500万円を自ら負担してでも、装置を設置するよう交渉するインセンティブがある。小工場にとって、費用がゼロなら、効果は200万円あるので設置を受諾するであろう。そのような交渉がなされれば、C盆地ではすべての工場で浄化装置が**設置される**可能性がある。

## 含意

　演習課題9-1の3つの地域を比べると、環境問題への対策としての浄化装置の設置は、実現しやすい順に、A盆地、C盆地、B盆地となる。一般的な傾向として、外部性の問題は、外部経済や外部不経済を受ける者の数が多く

なるほど解決が難しくなる。また公共財のフリーライダー問題も、受益者の数が多くなるほど解決が難しくなる。

## 9-11 各種対策のメリットとデメリット

　この章で紹介した、市場メカニズムの限界を補完する各種の対策は、市場における取引価格や取引数量を修正したり、新しい市場や制度を作ったりすることである。それらは個々の売手や買手に、自由な取引で自己の利益を最大化する場合とは異なる行動をとらせることになる。そのような行動をとらせる方法は、大別すると次の4つに分類できる。この節では、それらのメリットとデメリットを比較する。

(1) 直接規制
(2) 経済的インセンティブ
(3) 教育・世論・社会規範
(4) 自発的な社会的貢献

　上に挙げた4類型のうち、(1) 直接規制と (2) 経済的インセンティブは、本質的に公式な契約としての性質をもつ。すなわち、想定され記述された内容に関しての権利と義務を定めるものになる。それに対して、(3) 教育・世論・社会規範と (4) 自発的な社会的貢献は、公式な契約ではない。そのため規定や解釈のあいまいさや、強制力の不足がある。しかし、いわゆる契約の穴や法律の穴のような、想定や記述がない状況で効力がなくなることは少なく、適用できる範囲は広い。この節では4類型それぞれの、メリットとデメリットを詳しく検討する。そして地球温暖化をもたらす外部性の問題を例に、対策を組み合わせることを検討する。地球温暖化に限らず問題への対策は、1種類に限定する必要はなく、複数の対策の効果的な組合せを考えれば良い。

## (1) 直接規制

　直接規制は、市場における取引価格や取引数量を定めたり、特定の行動を義務づけたり禁止することである。規制の内容を文章で記述するので、規制が効力をもつ条件と、義務づけられる行動を、明確に示すことができる。罰則などを伴う強制力をもたせることもできる。また、人々に従来の行動と異なる行動を要求する場合にも利点がある。つまり内容を明確に規定して、規制が効力をもつ期日を定めることで、特定の時点を境に従来と行動を変えることを期待できる。それに対して、習慣や社会規範は、慣性がはたらいて急な変更が難しい。

　ただし法令による規制は、同じ内容を誰にも一律に適用することが基本になる。案件ごとの個別の条件にあわせて、当事者の行動をきめ細かく最適化することは難しい。また、法令の変更は一定の手続きに従うため、頻繁な改変も難しい。法令以外の、業界団体などによる自主規制や、当事者間の契約のほうが、法令より機動的に運用・改変できるであろう。ただし自主規制は、法的根拠がなく強制力は弱くなることが多い。

## (2) 経済的インセンティブ

　課税や補助金などの間接規制によって、適切な経済的インセンティブを作り、市場メカニズムの限界を補完する方法がある。

　また、誰にも一律に適用する法律ではなく、当事者間の個々の契約によって、経済的インセンティブを作ることもできる。たとえば取引先に、環境汚染などの外部不経済を発生させないことを求める例もある。不確実性の問題を軽減するために、さまざまな情報の開示を求めることもある。いずれの例も、契約を取りたい取引先に対して、条件を満たすような経済的インセンティブをもつことになる。ただし当事者間の契約は、契約に関わる者たちにとっての費用対効果を最適にする内容でも、社会全体の費用対効果を最適にするとは限らない。外部性や公共財の問題では、影響を受ける者が多数いる場合に、交渉力の強い一部の者の影響しか契約に反映されない可能性もある。

## (3) 教育・世論・社会規範

　規制や契約のような法的な対策以外にも、教育・世論・社会規範などに

よって、市場メカニズムの限界を補完する方法がある。それらは、人々が社会的な利益を考慮するよう、彼らの価値観や習慣にはたらきかけて、行動に影響を与える方法である。

　教育・世論・社会規範によって人々の価値観に影響を与える方法は、法的に根拠のある規制や契約のような、強制力をもつことは難しい。また、価値観が醸成されたり変更されたりするには時間がかかるので、ある時点を境に人々の行動を短期間で変えるような、機動的な対策にはならない。また価値観や規範は、主観的な性質をもつので、内容を誰もがまったく同じように把握しているとは限らない。状況によっては、人によって、適切と考える行動が異なったり、専門的な正確さに欠ける判断基準になる可能性をもっている。

　しかし一方で、一般的な常識であるがゆえに、いわゆる契約の穴や法律の穴のような、想定や記述がない状況で効力が失われるようなことは少ない。想定外や規定のない状況でも、行動や判断の基準として、一般的に適用できる範囲は広い。

## (4) 自発的な社会的貢献

　企業や従業員が、自発的に社会的な利益を考慮した行動をとることは、きわめて有効な対策になりうる。企業や業界団体は、自社や業界が関与する問題に関して、しばしば最も多くの情報をもつ者である。したがって社会的貢献をする意図があれば、費用対効果に優れた対策を実施できる可能性がある。自発的な社会貢献は、企業や業界団体による自主規制の形をとることもある。上に挙げた教育・世論・社会規範が外的な要因として作用して、自発的な行動につながることもある。もし個人の価値観にもとづく行動にまで内面化できれば、その行動は他者から監視されない状況でも実行されやすい。

　立場を変えると、他者の自発的な社会貢献を評価し支援することも、社会全体の自発的な貢献を引き出すために重要である。支援とは、自発的な貢献をする企業を、取引相手に選んだり優遇したりすることを含める。企業が、自発的な貢献を評価されて事業面での見返りがあると期待するなら、それは経済的インセンティブの性質ももつことになるだろう。見返りを期待することだけが動機であれば、他者から監視されない状況では対策をしなかったり、効果を過大に宣伝するかも知れない。しかし一方で、他者から評価されるこ

とで内発的な動機づけが強まることもあるので、評価は総体として、自発的な社会的貢献を促す効果があるだろう。

## 対策の組合せ

市場メカニズムの限界に起因する問題には、この節で分類した対策を、単独または組み合わせて適用することができる。その際には、費用対効果に優れた対策、またはその組合せを選ぶことが重要である。そのためには、費用対効果に優れた行動を選べる者に選択させる、または費用対効果に優れた行動が何かを良く知る者に規制を作らせるのが良い。

たとえば自動車が排出する$CO_2$を削減するためには、直接規制の例として燃費の悪い自動車の使用を禁止する対策がありうる。燃費の悪い車の代わりに、燃費の良い車を使えば、同じ走行量でも$CO_2$排出量は減るであろう。しかしそのほか、経済的インセンティブとして、燃料に課税する対策もありうる。課税の方式では、人々は燃費の良い車を使うか、悪い車を使いながら走行量を減らす。走行量の多いドライバーは、燃費の良い車に買い替えるかも知れない。逆に走行量の少ないドライバーは、車を買い替えるより、走行量を減らすことを選ぶであろう。車を生産する工程でも$CO_2$は排出されるので、走行量の少ない車を買い替えることは、社会全体での$CO_2$排出量を増やすかも知れない。車の使い方に応じて具体的な行動を選ぶ方が、費用対効果の良い選択になるであろう。各人の車の使い方は、規制を作る者より、各人が良く知っている。したがってこの例では、間接規制による経済的インセンティブのほうが、社会的に費用対効果の高い対策になりそうである。

（1）直接規制や（2）経済的インセンティブの契約的な対策に、（3）教育・世論・社会規範や（4）自発的な社会的貢献の非公式な対策を組み合わせることも有効である。特定の行動を規定して実現させるためには、規制や経済的インセンティブは効果が高い。しかし、規定していない事態への対応や、他者の監視がない状況でも効果をもつためには、規制や経済的インセンティブだけでは十分でなく、教育・世論・社会規範や自発的な社会的貢献との補完が重要である。

## 地球温暖化問題への対策ミックス

　地球温暖化をもたらす $CO_2$ 排出の外部不経済への対策を例に、対策の組合せを考えてみる。$CO_2$ 排出を減らすために各国でさまざまな対策がとられているが、主なものとして次のようなものがある。

### $CO_2$ 排出権取引市場

　外部性を内部化する (2) 経済的インセンティブの典型的なものである。$CO_2$ を排出する燃料に課税することに似て、追加の費用をかけることで、化石燃料の消費量を減らそうとするものである。ただし排出権市場で決まる価格は、外部不経済の社会的費用を反映するものではない。排出権の価格は、排出量の目標水準や、$CO_2$ 排出削減の技術的コストなどによって決まる。目標を厳しくすれば排出権の価格は上がり、低コストの削減技術が普及すれば排出権の価格は下がるだろう。

　$CO_2$ 排出権取引は、排出量の (1) 直接規制とあわせて成り立っている。しかし直接の数量規制だけで目標を達成しようとするよりも、経済的インセンティブである排出権取引と組み合わせて、全体としてより低いコストで削減目標を達成できる利点がある。関係者がそれぞれの費用対効果を考慮して、最も優れた方法を選択できるからである。

　2018年時点で、すべての主要国がパリ協定のような $CO_2$ 排出量の目標設定と排出権取引を支持しているわけではない。しかし地球温暖化問題への有力な対策の1つである。

### $CO_2$ 排出自主規制

　法的な根拠のある規制でなくても、企業や業界団体などが、自主的に $CO_2$ 排出量の目標値を定めて取り組むことがある。$CO_2$ 排出量そのものでなくても、電気自動車を使うなど、環境への負荷が少ない活動を行うことを目標にする場合もある。そしてそのような基準が守られていることを、第三者に認証してもらうこともある。

　自主規制は、企業や業界の (4) 自発的な社会的貢献としてなされることもあるし、自らのイメージを高める広告活動としてなされることもある。その両方を目的にする場合も多いであろう。ただし $CO_2$ 排出削減の方法や費

用対効果に関して、企業や業界団体は、自社や業界ができる対策に関しては、他者より多くの情報をもつであろう。したがって真に社会的貢献をする意図ならば、一律の法的な（1）直接規制よりも費用対効果に優れた対策になる可能性がある。実際に、法的な規制よりも厳しい内容の自主規制が作られることもある。

**企業の自発的な社会的貢献**

　法規制や自主規制によって行動を定めなくても、個々の企業が、機会があるときに積極的に $CO_2$ 排出削減につながる行動をとることも有効な対策である。自主規制に関連して述べたように、企業は $CO_2$ 排出削減の方法や費用対効果に関して、多くの情報と技術をもつからである。

**行動への評価**

　立場を変えて、$CO_2$ 排出削減に積極的に取り組んでいる企業を支援することも、間接的に $CO_2$ 排出削減を促進する効果がある。支援する活動の例としては、グリーン購買や CSR 投資などがある。企業イメージが上がるという現象も、その企業を支援する人々の価値観と活動にもとづいている。自社の取り組みが評価されて、人々が選別的に自社の財を買ったり自社に投資することを企業が予想するなら、取り組みへの評価や支援は経済的インセンティブももつことになる。

## おわりに

　兵法では、戦わずして勝つことを上策とする。ビジネスにあてはめれば、ライバルのいない分野を見つけるブルーオーシャン戦略、または独占に近いほどの競争優位をもつことにあたるだろう。ただし戦わずして勝つことが、いつも可能だとは限らない。独占的な競争優位を得ても、いつかはライバルに追いつかれ競争をすることになるだろう。

　ビジネスの競争とスポーツの競争は同じではないが、スポーツの世界では、競争に勝つことよりも、勝ち続けることが難しいという。強いプレーヤーになると、ライバルに研究される。そして強い相手に勝つことは、挑戦者にとって、自分の存在を世に知らせる格好の機会になる。したがって他の者と競うとき以上に、彼らは力を出そうとする。

　長く勝者でいるためには、他にも難しさがある。勝ち続けるためには、負け続ける相手がいる。しかも正々堂々と負けてくれる相手である。相手は、強い者に簡単に勝てないと思えば、意表を突いたり、卑怯な手段だが怪我をさせようと思うかも知れない。怪我をさせられれば、勝ち続けることはできなくなる。

　誰でも負けることは悔しい。長く勝者でいるためには、その状況を、勝者になれない者にも納得させる、何かが必要である。その者の純粋な優秀さなのか、相手に否定的な感情を呼び起こさせない態度なのか。

　ビジネスに話を戻すと、企業が競争に勝ち続けることも難しい。優れた企業の行動は、ライバルに真似をされる。高い利益をあげ続ける企業に対しては、世の中の判官びいきや、いわれなき反感が生まれるときもある。高い利益を罰するように、規制が変更されたり、訴訟を起こされたりする。強いこと自体が、弱みになるともいえる。その中で好業績をあげ続けるためにはどうすれば良いか。

　営利事業でライバルより高い利益率をあげることは、供給する財を、ライバルより高い利益率で売ることである。それが持続するためには、顧客が、

もうけさせることを納得して、代金を払い続けてくれる必要がある。納得していなければ、顧客は不満をもち、企業に対する反感をもつであろう。顧客が納得する理由は、仕事の品質でも良いし、仕事に対する姿勢でも良い。顧客や取引先が、かりに高い価格であっても、この人が、この会社が、この仕事をしてくれて良かったと思うならば、その事業は持続する。顧客や社会に利益をもたらし続けることが、競争に勝ち続けることにつながる。

　ビジネスをする最終的な目的は、利益だけではなく、人々の幸福に貢献することであろう。だからこそ多くの人が、事業に夢や使命を感じる。そして幸福に貢献する事業を、人々は支援しようと感じる。ただし事業は利益をあげなければ続けられない。利益は、事業によって夢や使命を実現するための前提条件とも言える。

　本書は経済学の視点から、利益をあげるための方法を理詰めで書いている。本書を参考にすることで、事業の前提条件をクリアする方法のヒントをつかめると思う。それを土台に、読者の最終目的である夢や使命を実現してほしい。夢と使命は必ずしも理詰めで得られるものではないが、事業が人々から支援され、成功し続けるために欠かせないものである。

慶應義塾大学ビジネススクール
松下幸之助チェアシップ基金教授
大林厚臣

# 索引

## 【英字】

Bertrand, Joseph
　→バートラン, ジョゼフ
Besanko, David A.
　→ベサンコ, デイビッド
Cournot, Antoine-Augustin
　→クールノー, アントワーヌ＝オーギュスタン
Mueller, Dennis
　→ミューラー, デニース
Ross, David
　→ロス, デビッド
Scherer, F. M.
　→シェラー, フレデリック M.
Stackelberg, Heinrich Freiherr von
　→スタッケルバーグ, ハインリヒ・フリードリヒ

## 【あ】

後戻り推論　036, 039, 182
アンバンドリング　117-118
1 位価格入札　052, 054
（一様分布の）順序統計量の性質　046, 053, 055
売手独占　082
オークション　012, 030, 045, 052, 056-058, 060
オープン・クローズ戦略　142
オープン戦略　247
牡鹿狩り　165-166, 168

## 【か】

買手独占　082

外部経済　299-303, 305, 319
　——の内部化　302
外部性　081, 296, 299, 303, 305-306, 316, 318-321, 324
外部不経済　299, 303-306, 311-313, 319, 321, 324
　——の内部化　305-306
価格差別　106-113, 115, 118, 208, 210
学習曲線効果　122, 125-126, 128-133, 149, 187, 193
寡占　062, 070, 082, 084-085, 088, 091-092, 094, 096, 105, 107, 110, 300, 302, 304-305
　——市場　084-085, 088
完全競争　062, 068, 070, 072, 081, 085, 089, 091, 096, 102-103, 110, 269, 300, 302-305
機会主義的行動　044
規格　122, 131, 133-134, 139-149, 154, 172, 194, 200, 229, 236, 252, 254, 258, 269-272
規模の経済　002, 013, 015, 081, 083, 122-126, 128-136, 139, 141, 145, 148-149, 155, 187, 193, 198, 204, 206, 229-230, 249-250, 252, 257, 269, 274-275, 278, 281, 308
規模のメリット　122, 127-134, 137, 139, 141, 143, 145-152, 154, 156, 187, 191, 193-194, 199, 230-231, 235, 246, 269-270
逆オークション　045, 056
供給曲線　024, 062-067, 069-076, 079, 094, 096, 268, 285-290, 292-293, 300, 302-305, 314-315
競争価格　059, 079, 081, 085, 115, 286, 291

索引 329

競争均衡　079, 085, 090, 092, 286-290, 292
競争市場　023, 030, 059, 062, 070, 079-080, 082, 084, 094, 285-287, 289, 291-294, 300, 303
競争同位　188, 210
競争劣位　188-190
均衡価格　064, 067, 069, 071-072, 079, 092, 292-293
均衡数量　063, 067, 072-074, 292-293, 302
均衡点　064-065, 302, 305
クールノー, アントワーヌ＝オーギュスタン　085
クールノー・モデル　085, 087, 091
クローズ戦略　247
経済効率　018, 020, 022, 033, 042, 111
経路依存　195
ゲーム理論　085, 160, 162, 180-181
限界費用　069-071, 073, 079, 085, 089, 100, 107, 125, 131, 300, 302-303, 308-312
　──曲線　079, 086, 292-293, 309, 315
交換価値　027
公共財　296, 313-316, 318, 320-321
交渉コスト　031, 034, 038, 049, 056
交渉範囲　017-025, 030-035, 037, 042-043, 050-051, 056, 059
コーディネーション　015, 025
コミットメント　037-038, 160, 180-184

【さ】

最終通告効果　031, 034, 036-038, 040-041, 181
最適反応　086, 088, 179
財の差別化　096, 104-106, 111-112, 118, 139, 142, 160, 167, 170, 172
差別化バートラン・モデル　089-092, 105, 267, 269
参入障壁　135-136, 187, 191, 193-194, 204, 210, 274
シェラー, フレデリック M.　026
死荷重　287
時間コスト　031, 038-041
市場集中度　026, 093
市場の限界　284, 296
市場の細分化　096, 118-119
市場の失敗　296-297, 299, 301
市場の融合　118-119
自然独占　296, 308-310
持続的な競争優位　186, 191-192, 194, 196-200, 202-203, 205-208, 210-213, 215, 218-219, 228-231, 234, 246, 266, 274-277, 281
シナジー　157
支配戦略　165, 177-178
社会的損失　080-082, 115-116, 155, 287-296, 300-301, 304, 308-311
社会的余剰　071, 076-077, 081, 109-110, 286-287, 289-292, 294, 296-297, 309, 315
囚人のジレンマ　160, 163-168, 170, 174-176, 179-180
収入等価定理　052-053, 055-056
需要供給グラフ　012, 024-025, 062-065, 067-070, 072, 078, 085, 087, 092, 096, 101,

268, 284-285, 295, 300, 302-303, 305, 308, 312, 314-315
需要曲線　024, 062-064, 066-069, 072, 075, 079, 085, 089-090, 096, 099-100, 102-103, 107-108, 268, 285-293, 300, 303-305, 309, 312, 314-315
需要の価格弾力性　096-105, 168
使用価値　027
勝者の呪い　045, 058-059
消費者余剰　017-018, 032-034, 068-069, 071, 076-081, 109-110, 112, 143, 150, 285-294
情報集積効果　122, 126-131, 133, 149, 187, 193
スイッチング・コスト　141, 160, 169-172, 179, 187, 194, 249, 273, 275-276
スタッケルバーグ, ハインリヒ・フリードリヒ　087
スタッケルバーグ・モデル　087-088, 091
スノッブ効果　124-125, 131
生産活動　012-014, 025, 073, 123
生産者余剰　017-018, 032-034, 062, 068-074, 076-081, 107-110, 269, 285-294
せり上げ　030, 052-055, 057-058
せり下げ　030, 052, 054-055, 057-058
先行優位　171, 182-184, 191, 194, 198-199, 205-206, 210, 212
双方独占　082

【た】

代替財　137-138, 270

多角化　156-158
探索コスト　046-051, 060, 187, 297
チキン　136, 160, 174-175, 177-182
直接規制　292, 301-302, 304-305, 320-321, 323-325
デジュア・スタンダード　133
デファクト・スタンダード　133-134, 143, 154
独占価格　079, 085, 107-108, 309
独占均衡　079, 085, 087, 090, 309
独占市場　078-080, 084
取引コスト　297

【な】

2位価格入札　052
入札　012, 030, 045, 052, 054-060
ネットワーク外部性　083, 122, 124-125, 128-131, 133-135, 139, 141, 145, 148-149, 155, 187, 193, 269, 276

【は】

バートラン, ジョゼフ　088
バートラン・モデル　088-091
ハーフィンダール指数　093
範囲の経済　149, 156-158
バンドリング　096, 112-119, 154-155
比較静学　065, 067
非専有性　156
非排除性　156
不確実性　002, 030-031, 041-042, 044-045, 056, 060, 081, 141, 169, 181, 234, 296-297, 321

不完全（な）競争　103, 300, 302, 304-305
プラットフォーム　004, 096, 119, 122, 131, 137, 139, 143, 145-155, 200, 229-230, 233-235, 246-247, 269-276, 282
フリーライダー問題　314-315, 320
平均費用曲線　132, 309
ベサンコ, デイビッド　093, 125, 157
補完財　105, 122, 137-147, 149-155, 187, 195, 200, 269-270, 273, 275-276

【ま】

ミューラー, デニース　189-190

【や】

余剰分析　062, 067-068, 072, 076, 079, 109, 111, 155, 285-294, 299-301, 303-304, 314

【ら】

留保価値　030-033, 037
ロス, デイビッド　026
ロックイン　169-170, 172

［著者］
**大林厚臣**（おおばやし・あつおみ）

慶應義塾大学大学院経営管理研究科（ビジネス・スクール）教授。松下幸之助チェアシップ基金教授。
1983年、京都大学法学部卒業。日本郵船株式会社勤務を経て、1996年にシカゴ大学で行政学のPh.D.を取得。同年、慶應義塾大学大学院経営管理研究科専任講師、1998年助教授に就任し、2006年より教授。この間、2000～2001年スタンフォード大学客員助教授、2001～2006年社会技術研究システム研究員、2007～2011年慶應義塾大学グローバルセキュリティ研究所上席研究員、2007年～2014年PwCあらた基礎研究所研究員、2009年～2017年都市計画協会理事、2018年より戦略的イノベーション創造プログラム（SIP）課題「国家レジリエンス（防災・減災）の強化」評価委員長を兼任する。また、内閣府政府業務継続に関する評価等有識者会議（座長）、内閣官房内閣サイバーセキュリティセンター分野横断的演習検討会（座長）など多数の政府委員を歴任する。専門は産業組織論、リスクマネジメント、イノベーション。
主な著書に『ビジネス意思決定』（ダイヤモンド社）、『安全安心のための社会技術』（分担著、東京大学出版会）、『備えるBCMから使えるBCMへ』（分担著、慶應義塾大学出版会）、主な訳書に『戦略の経済学』（共監訳、ダイヤモンド社）がある。

## ビジネス経済学
── 勝ち続ける戦略をいかに策定するか

2019年2月20日　第1刷発行
2025年3月26日　第2刷発行

著　者――大林厚臣
発行所――ダイヤモンド社
　　　　　〒150-8409　東京都渋谷区神宮前6-12-17
　　　　　https://www.diamond.co.jp/
　　　　　電話／03・5778・7228（編集）　03・5778・7240（販売）
装丁―――遠藤陽一（デザインワークショップジン）
本文デザイン・DTP―岸 和泉
校正―――加藤義廣（小柳商店）
製作進行――ダイヤモンド・グラフィック社
印刷・製本―勇進印刷
編集担当――村田康明

©2019 Atsuomi Obayashi
ISBN 978-4-478-10748-5

落丁・乱丁本はお手数ですが小社営業局宛にお送りください。送料小社負担にてお取替えいたします。但し、古書店で購入されたものについてはお取替えできません。
無断転載・複製を禁ず
Printed in Japan

◆ダイヤモンド社の本◆

# 『戦略的思考とは何か』以来の名著！

意思決定に関する基本理論の解説と詳細なケースを通じて、決断力を体系的かつ実践的に鍛える。

## ビジネス意志決定
大林厚臣 ［著］

●A5判並製●定価（本体2400円＋税）

http://www.diamond.co.jp/

◆ダイヤモンド社の本◆

# 戦略論を科学的アプローチで体系化

米国ビジネス・スクールが教科書として採用するMBAの定番書。膨大な理論と事例を集約した、新世代の戦略論のテキストである。

## 戦略の経済学

デイビッド・ベサンコ／デイビッド・ドラノブ／マーク・シャンリー ［著］
奥村昭博／大林厚臣 ［監訳］

●B5判変形上製●定価（本体6400円＋税）

http://www.diamond.co.jp/